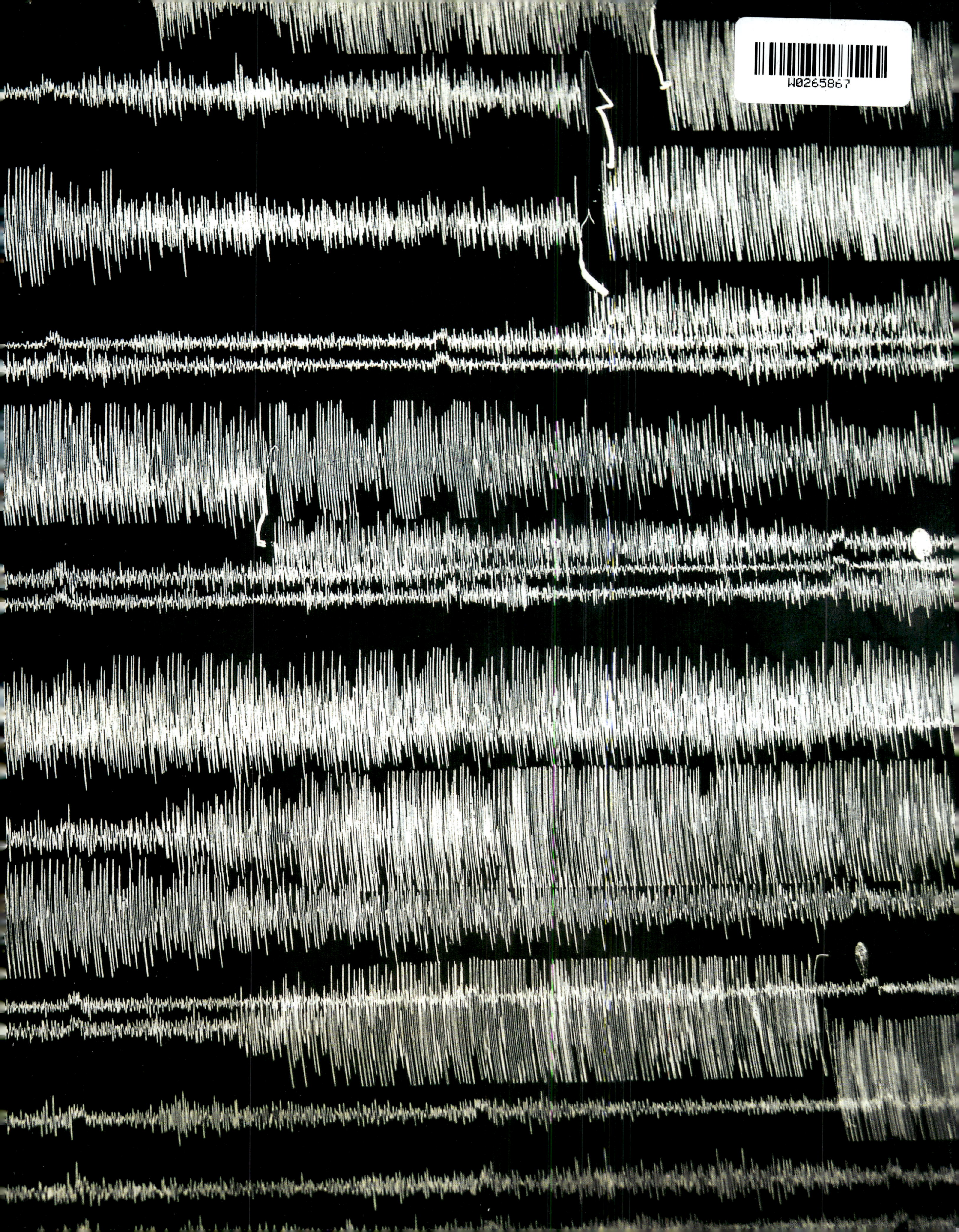

DIE BEDEUTENDSTEN VULKANE DER ERDE

unter den 1500, die in den letzten 10 000 Jahren aktiv waren

Schiwelutsch
Kljutschewskoj
Besymjannyj
Massif central
suv
Ätna
Stromboli
Nisyros
Santorin
Nemrut Dagi
Tokachi
Usu
Fujiyama
Unzen
Sakura-Jima
Tibesti
Pinatubo
Taal
Mayon
Erta'Ale
Ardoukoba
Fantale
Teleki
Mt. Cameroun
Longonot
Nyamuragira
Nyiragongo
Kilimandscharo
Ol Doinyo Lengai
Karthala
Itasy
Piton de la Fournaise
Krakatau
Galunggung
Merapi
Semeru
Kawah Ijen
Batur
Agung
Tambora
Rabaul
Aoba
Ambrym
Yasur
Taupo
Ruapehu
Erebus
0
1000
2000 km

Für Frédéric und Nicolas.
Ph. B.

Für Agnès, Héloïse, Arthur und Léonard. *J. D.*

Philippe Bourseiller

Mit Beiträgen von Jacques Durieux und anderen GEO-Autoren

VULKANE

IM REICH DER FEUERBERGE

GEO

ISBN: 3-570-19314-4

Originalausgabe: Des volcans et des hommes,

VORWORT

Herr Igarashi aus Fukushima wollte noch bis zu seinem 108. Lebensjahr ganz nach oben. Sie haben ihn geschoben, untergehakt und über die schwierigsten Passagen auch getragen, mal elf, mal 30 Begleiter. Sie haben ihm „Ganbatte!" zugerufen, „du schaffst es, halte durch." Und immer wieder hielt er durch, 13-mal insgesamt.

„Herr Igarashi hat das Ziel vor Augen", erfuhren die Leser von „Meinishi Shimbun", und sie sahen ihn auf der Strecke: ein Männlein mit Pudelmütze, dem der Mund offen stand und die Brille angelaufen war. Auf seiner Windjacke war zu entziffern: „Das Besteigen des Fuji ist das Größte auf der Welt." Und auf dem Plakat, das hinter ihm hergeschleppt wurde, stand: „Das Verlangen, auf den Berg zu steigen, ist jedes Jahr dasselbe."

Und als Herr Igarashi starb, kletterte Herr Masao weiter. Chef einer kleinen Firma, die den Fuji, Japans höchste Erhebung, auf rosarote Telefonkarten druckt. Er schrieb ein Buch, das er „Die Fußstapfen des Igarashi" nannte, und in dem er Tipps für Körper und Seele gab, praktische Ratschläge für die Überwindung der Schwerkraft am Berg.

Aber natürlich ist nicht nur Herr Masao weiter gegangen, ein ganzes Volk tut es – getreu dem Schwur des Dichters Akahito aus dem 18. Jahrhundert, der gelobte: „Solange ich Atem habe, werde ich den Lobgesang des Gipfels anstimmen."

Nun mögen die Japaner, von denen sich alljährlich rund 200 000 bis 500 000 auf den 3776 Meter hohen Vulkan bewegen, ein besonders inniges Verhältnis zu diesem Berg aller Feuerberge haben, der Selbstmörder ebenso anzieht wie Maler, die seiner perfekten konischen Form ihr ganzes Leben widmen – untypisch ist es nicht, dass Menschen, die am Fuße der latent bedrohlichen oder erhaben friedlichen Giganten wohnen, etwas Existenzielles mit ihnen verbinden. Von der Antike bis heute, von Kamtschatka bis Kolumbien und von Island bis Vanuatu: Vulkane bewegen mehr als Lava-Massen; sie bewegen die Fantasie, sie bewegen Volkswirtschaften, sie bewegen die Forschung – und sie haben jene zwei Franzosen bewegt und tun es noch, deren jahrelanger Arbeit das vorliegende Buch wesentlich zu verdanken ist: Seit 1991 fotografiert Philippe Bourseiller Vulkane. Und seit zwei Jahrzehnten steigt der Vulkanologe Jacques Durieux zu ihnen auf, um ihre Temperatur und ihr Temperament zu erforschen. GEO hat Bourseillers Fotografie regelmäßig großen Raum gegeben, GEO-Reporter haben über ein Vierteljahrhundert hinweg auch jene Facetten eines buchstäblich „heißen" Themas erkundet, die das auf aktuelle *Hot spots* konzentrierte Duo Bourseiller/Durieux außer Acht lassen musste.

So finden sich in diesem Buch Geschichten vom Alltagsleben unter dem Vulkan, von dramatischen Evakuierungsaktionen, von den geologischen Grundlagen des Vulkanismus. Aber auch Texte wie jener von Wolf Schneider, der den Ausbruch des Krakatau am 27. August 1883 beschreibt, eine der größten Naturkatastrophen aller Zeiten – und zugleich die erste, von der binnen Stunden via Telegrafie die ganze Welt erfuhr. Ein Ereignis also, das zugleich Mediengeschichte machte. Und ebenfalls Wolf Schneider zeichnet minutiös nach, was am 25. August des Jahres 79 in Pompeji geschah, als glühende Steine und tödliche Aschenwolken aus dem Vesuv über die Bewohner einer der prächtigsten Handelsstädte des Römischen Reiches kamen.

Texte aus GEO EPOCHE, dem Geschichts-Magazin, aus GEO WISSEN, dem Wissenschaftsmagazin, aus GEO SAISON und GEO SPECIAL, den Reise-Magazinen von GEO, und schließlich solche aus GEO selbst repräsentieren die höchst unterschiedlichen Tiefenschichten, die jenseits der rein naturwissenschaftlichen Beschäftigung mit den Dauerbrennern von Hawaii bis Java zu entdecken sind; nicht zuletzt ihre Bedeutung in der Kosmologie vieler Völker.

Die religiöse Aufladung dieser Berge wird mehr und mehr verblassen. Messstationen stehen an den Kraterrändern, Frühwarnsysteme dämpfen das Bedrohungspotenzial, Ingenieure optimieren Staustufen für erwartete Lavaströme. Und so „normalisiert" und entmythologisiert sich das Verhältnis der Menschen zu den Orten, die noch im Mittelalter als Pforte ins Inferno galten – einerseits. Andererseits überlebt ihre Anziehungskraft.

Noch einmal nach Japan. Der Fuji, diese vollendete nationale Erhebung, bringt „jedem Glück, der zu Neujahr von ihm träumt", sagt die Frau an der Münzwechselmaschine. Die Münzen braucht, wer den Fuji auf Zahnbürste oder Pudding, Keks oder Gelee, Käsekuchen oder Konfekt, Stäbchen oder Aschenbecher erwerben möchte. Der Vulkan füllt mehrere Supermärkte. Aber längst nicht nur die. Er füllt die Köpfe eines Volkes, wirkt wie ein Magnet, übersteht sogar die Enttäuschung, die sich unweigerlich einstellen muss, sieht man ihn aus der Nähe. Denn aus der Nähe ist er hässlich, baumlos bald oberhalb der Basisstation, eine schräge Ebene aus grauschwarzer, fein geriebener Schlacke. Und auch verhaltensauffällig ist er lange nicht mehr so recht gewesen, ist einer von 36 japanischen Vulkanen aus der Kategorie „aktiv", letztmals ausgebrochen 1707; an einer Nebenflanke. Täte er es noch einmal mit gleicher, mit größerer Wucht, so könnte sich seine Asche binnen fünf Minuten über Tokyo legen. Alles das reicht eigentlich nicht, sollte man glauben, ihn so unermüdlich bezwingen zu wollen.

Offenbar hat ein Berg wie er aber noch eine Dimension, die nicht in Kraterdurchmesser oder Höhe oder anderen geologischen „Leistungsdaten" zu bemessen ist. Der Vulkan namens Fuji ist eine Idee, die Existenz des Grandiosen, ein Zeugnis von den titanischen Kräften der Natur, in sich ruhend. „Der Fuji wird seine Form niemals ändern", sagt Herr Suganuma, der einmal die Ehre hatte, dem Kronprinzen und dessen 230-köpfigem Gefolge das Nachtlager vor dem Aufstieg bereiten zu dürfen, und der den Fuji seit immerhin 40 Jahren beobachtet. Zwar kapitulierte der Kronprinz bei seinem Marsch auf ultimative Höhe vor einem Taifun. Versicherte aber, es wieder versuchen zu wollen. Antriebsmotiv? „Dieser Berg ist so rein", ist am Fuji zu hören, „er ist ein Lehrer des Menschen."

Und manch einem gar Geliebte. Da ist zum Beispiel Herr Ohyama, zwei volle Jahrzehnte schon in eine ausschließliche, höchst poetische Liaison mit dem Vulkan verstrickt. Er sieht seinen Zauberberg mit den Wolken spielen, unter ihrem Baldachin tanzen, von zarten Farben umströmt, fern, entrückt und immer da. Eine Frau. Für sie steht er auf, um sie im besten Licht zu sehen; sie starrt er an, um jede ihrer Schattierungen genauestens zu studieren. Mindestens dreimal jährlich steigt er hinauf zu ihr; mitunter gar in einen Hubschrauber, um ihren Mund schauen zu können. Verlassen, etwa für einen anderen Berg, hat Herr Ohyama sie noch nie.

In Japan ist der Mann zu einiger Berühmtheit gelangt. Eine besondere Form von Höhenkrankheit? Oder nur der exzentrische Gipfel einer merkwürdigen Sehnsucht, die fast jeden erfasst, wenn er zu den großartigsten aller Berge aufschaut?

Hamburg, im Juli 2001

Peter-Matthias Gaede
Chefredakteur GEO

Vor- und Hintersatzblatt: Extreme Aktivität in den seismischen Aufzeichnungen verrät den Vulkanologen Bewegungen des Magmas in relativ geringer Tiefe – hier ein Beispiel vom Piton de la Fournaise auf Réunion. Solch „vulkanischer Tremor", der stunden- und tagelang anhalten kann, kündigt häufig Eruptionen an

Titel: Der Stromboli in Süditalien spuckt, solange menschliche Aufzeichnungen zurückreichen. In einem spektakulären Feuerwerk wirft er Fetzen glühender Lava und Asche aus. Ab und an bricht sich ein Lavastrom Bahn, der bis ins Meer fließt

Vorwort: Pflanzen spielen eine wichtige Rolle bei der Bewahrung vulkanischer Landschaften wie auf Island. Ihre Wurzeln festigen den Boden und mindern so die Erosion in den leicht angreifbaren Aschenablagerungen

Inhaltsverzeichnis: An der Flanke des Kilauea auf Hawaii hat sich 1984 ein neuer Schlackenkegel gebildet, Puu O'o, aus dem seither mehrere Kubikkilometer Lava geflossen sind

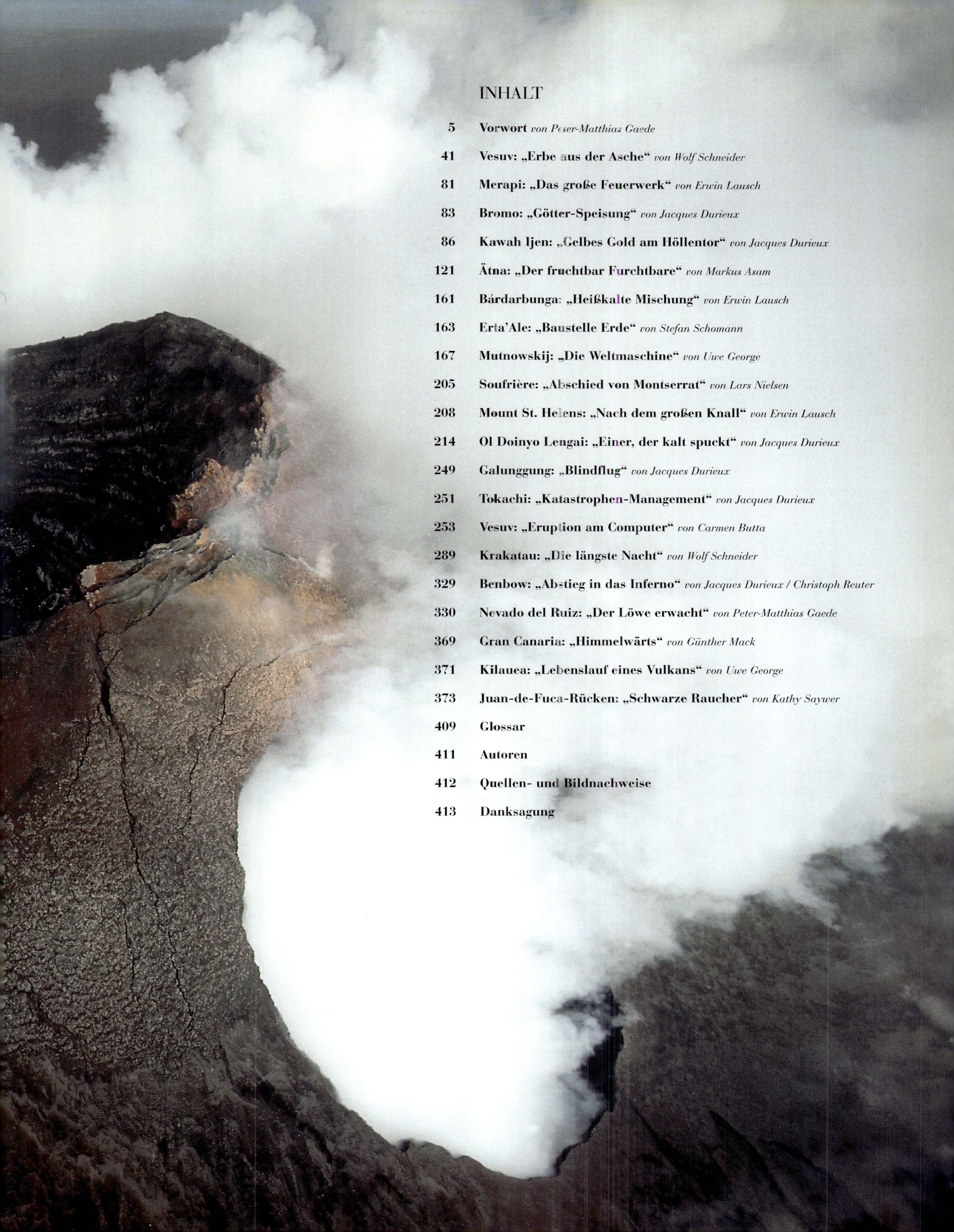

INHALT

Seite 9 – Wie eine Mondlandschaft wirkt der Krater des 2878 Meter hohen Ol Doinyo Lengai in Tansania. Dieser ostafrikanische Vulkan ist einzigartig unter allen heutzutage aktiven Feuerspeiern der Erde: Die Lava, die sich auf den Kraterboden ergießt, ist nicht heiß genug, um zu glühen. Die tiefschwarze Schmelze zerfällt innerhalb von Stunden zu hellem bröckeligen Gestein

Seite 10/11 – Im Krater des Kawah Ijen (Indonesien) bauen Arbeiter elementaren Schwefel ab

Seite 12/13 – Der 1783 entstandene Vulkankegel des Lakagigar auf Island ist heute malerisch von Moosen und Flechten überzogen

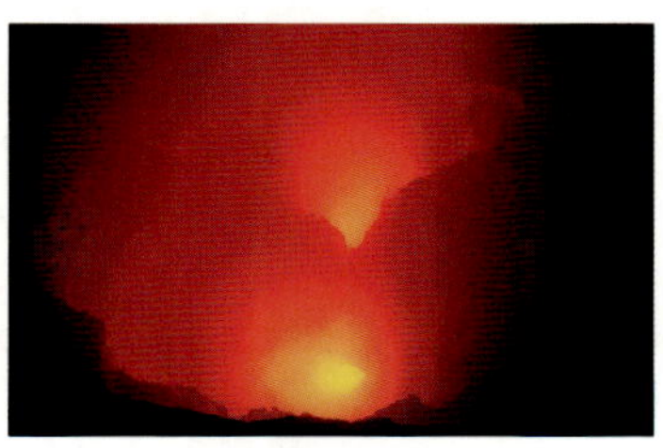

Seite 14/15 – Im Krater des Benbow im Südsee-Archipel Vanuatu brodelte zeitweise ein glühender Lavasee

Seite 16/17 – Italiens Liparische Inseln – hier ein Blick von Panarea gen Salina – sind sämtlich vulkanischen Ursprungs. Auf Stromboli und Vulcano gibt es aktive Vulkane

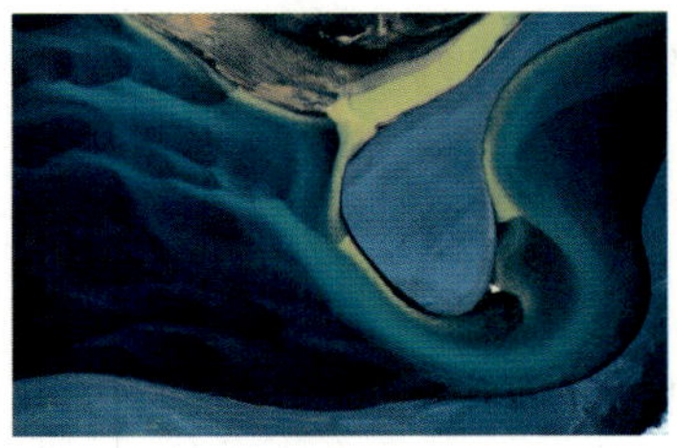

Seite 18/19 – Wie ein abstraktes Gemälde nimmt sich aus der Luft der Fluss im Süden Islands aus, der aus einem Gletscher strömt, großenteils gespeist durch vulkanische Energie

Seite 20/21 – Der bis in jüngste Zeit häufig aktive Vulkan Sakura-Jima liefert laufend heißes Wasser für Bäder, in denen sich Japaner gern entspannen

Seite 22/23 – Riskanter Abstieg in ein Inferno: Ein Vulkanologe seilt sich in den Krater des Benbow ab, um dort eine Probe frisch ausgeworfener Lava einzusammeln

Seite 24/25 – Am Gipfel des Merapi auf Java schwillt unter dem im Innern herrschenden Druck ein „Lavadom" an. Der Dom ist brüchig, immer wieder stürzen Teile davon zu Tal. Größte Gefahr für die Menschen am Fuß des Vulkans besteht, wenn bei einer Eruption der ganze Dom weggesprengt wird

Seite 26/27 – An den Flanken des Ätna auf Sizilien steigen mächtige Dampfwolken auf

Seite 28/29 – Im Abstand von nur wenigen Monaten bis Jahren ist der Piton de la Fournaise auf der Insel Réunion im Indischen Ozean aktiv. Glutfontänen und Lavaströme führen zu einem faszinierenden Feuerwerk

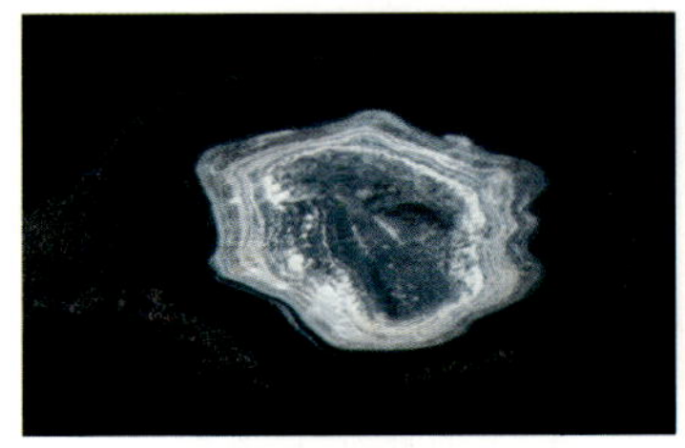

Seite 30/31 – Der Bogoria-See in Kenya, dessen Ufer riesige Scharen von Flamingos bevölkern, liegt im Krater eines erloschenen Vulkans

Seite 32/33 – Der aus der Luft aufgenommene Fluss in Südisland verdankt seine Farbenpracht Eisenoxiden, die sich aus verwittertem vulkanischen Gestein gebildet haben

Seite 34/35 – An den Rändern des Natronsees in Tansania steigen heiße Quellen mit ätzender Lauge auf

Seite 36/37 – Im Canyon von Waimea auf Hawaii hat intensive Erosion rotes Gestein freigelegt, das durch Verwitterung alter Lavaströme entstanden ist

Seite 38/39 – An Energie herrscht auf Island kein Mangel: Isländer nutzen seit langem Erdwärme aus dem Untergrund der Vulkan-Insel. Die große Anlage Svartsengi liefert geothermische Energie zum Heizen, und dabei fällt das ganze Jahr über hinreichend warmes Wasser zum Baden ab

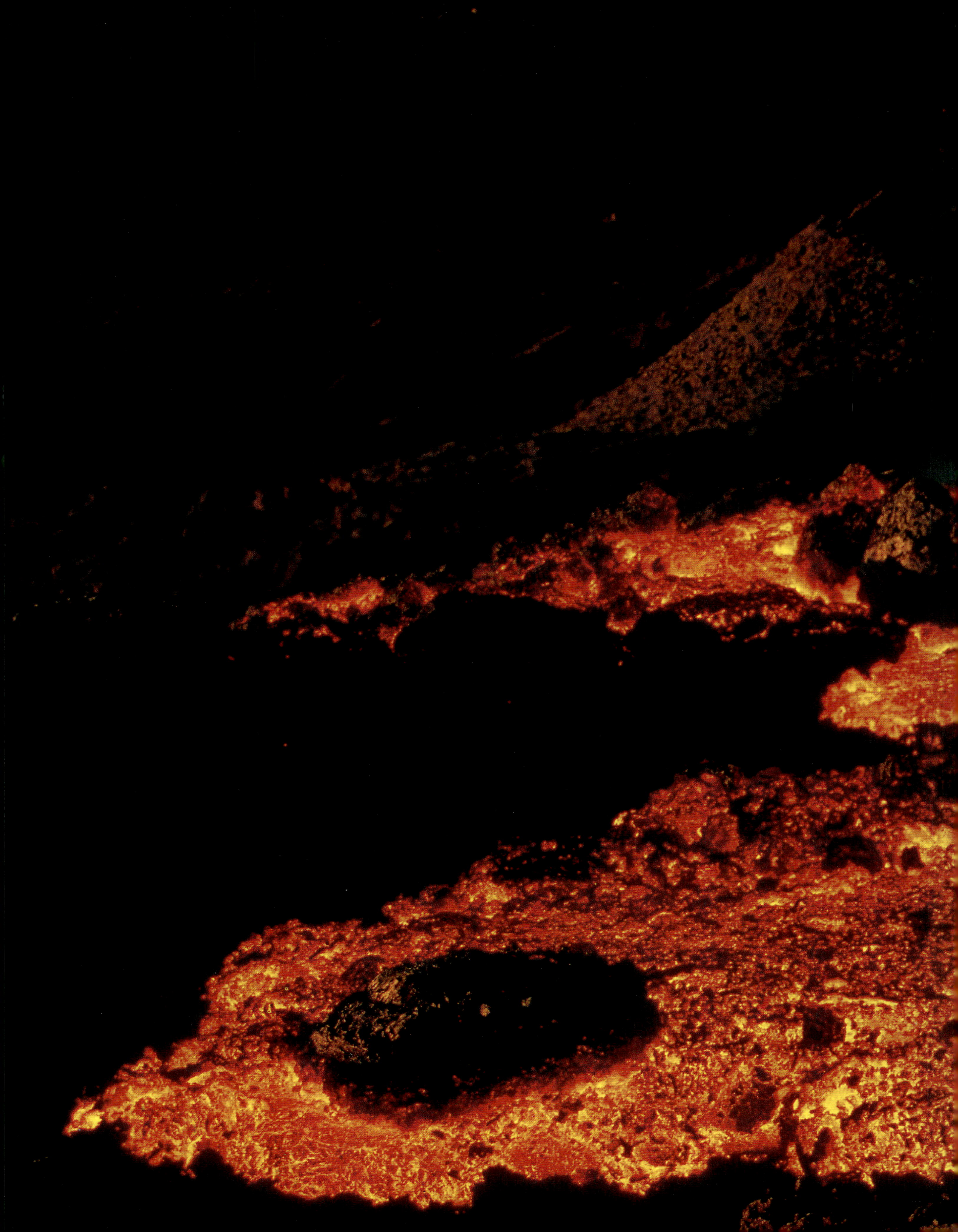

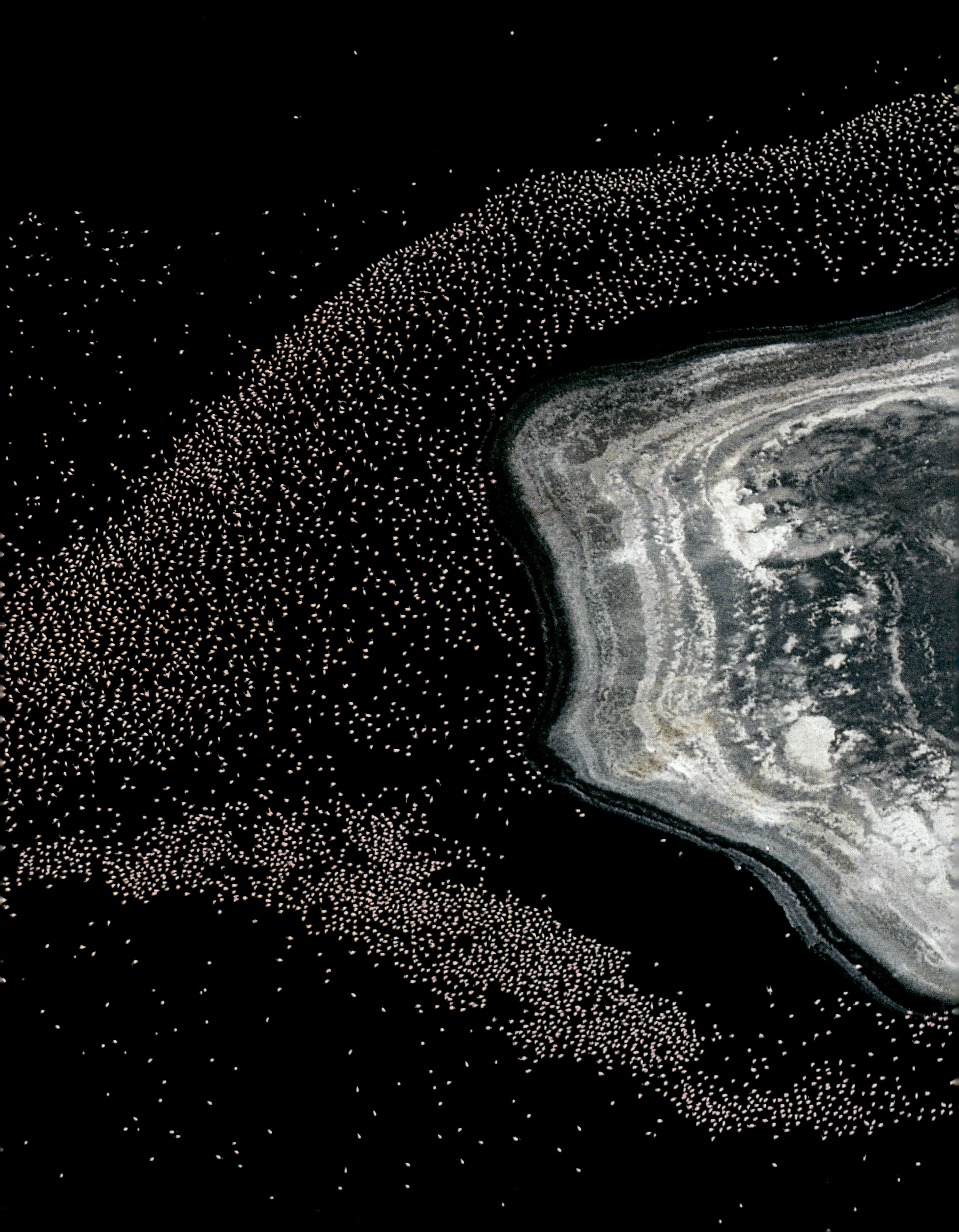

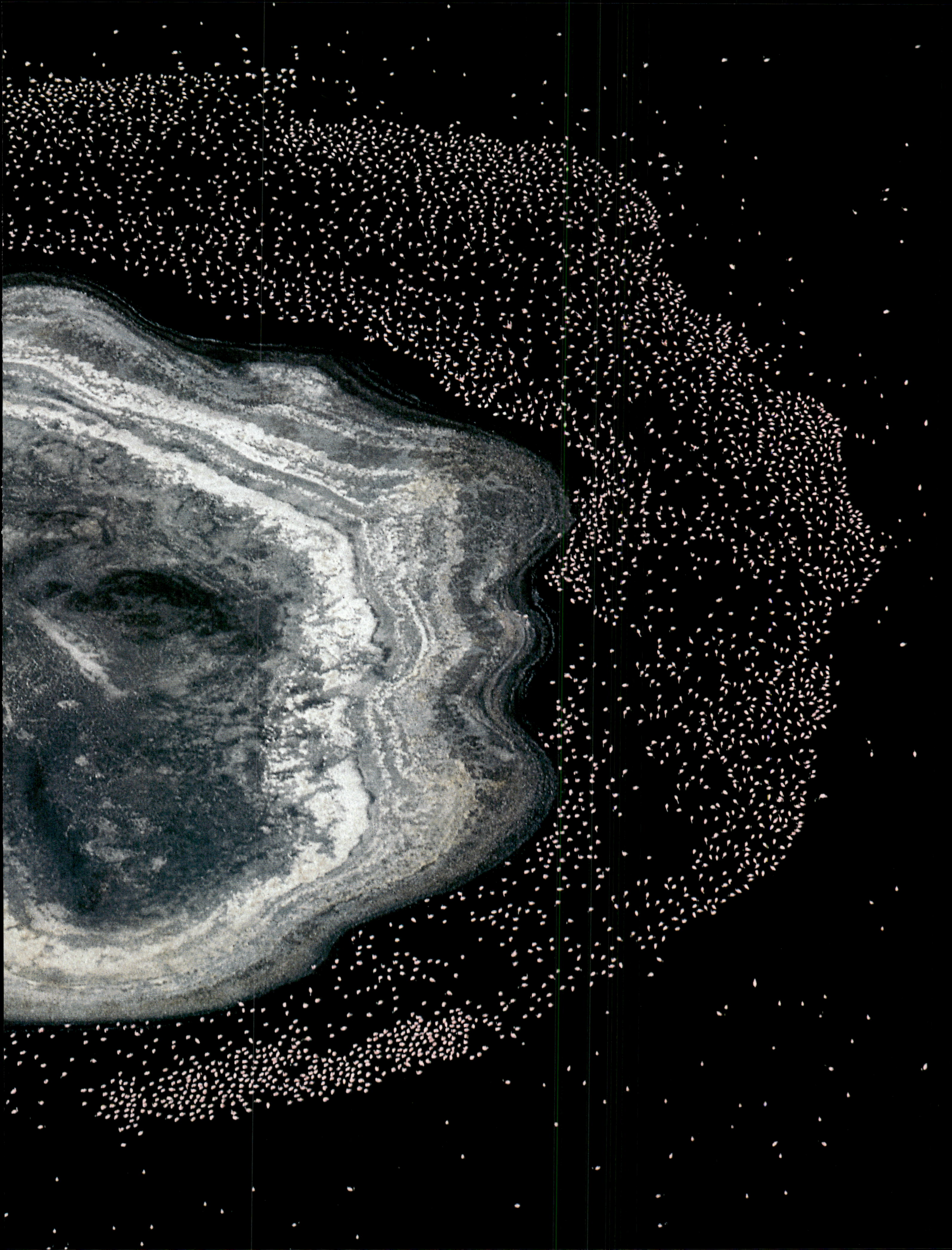

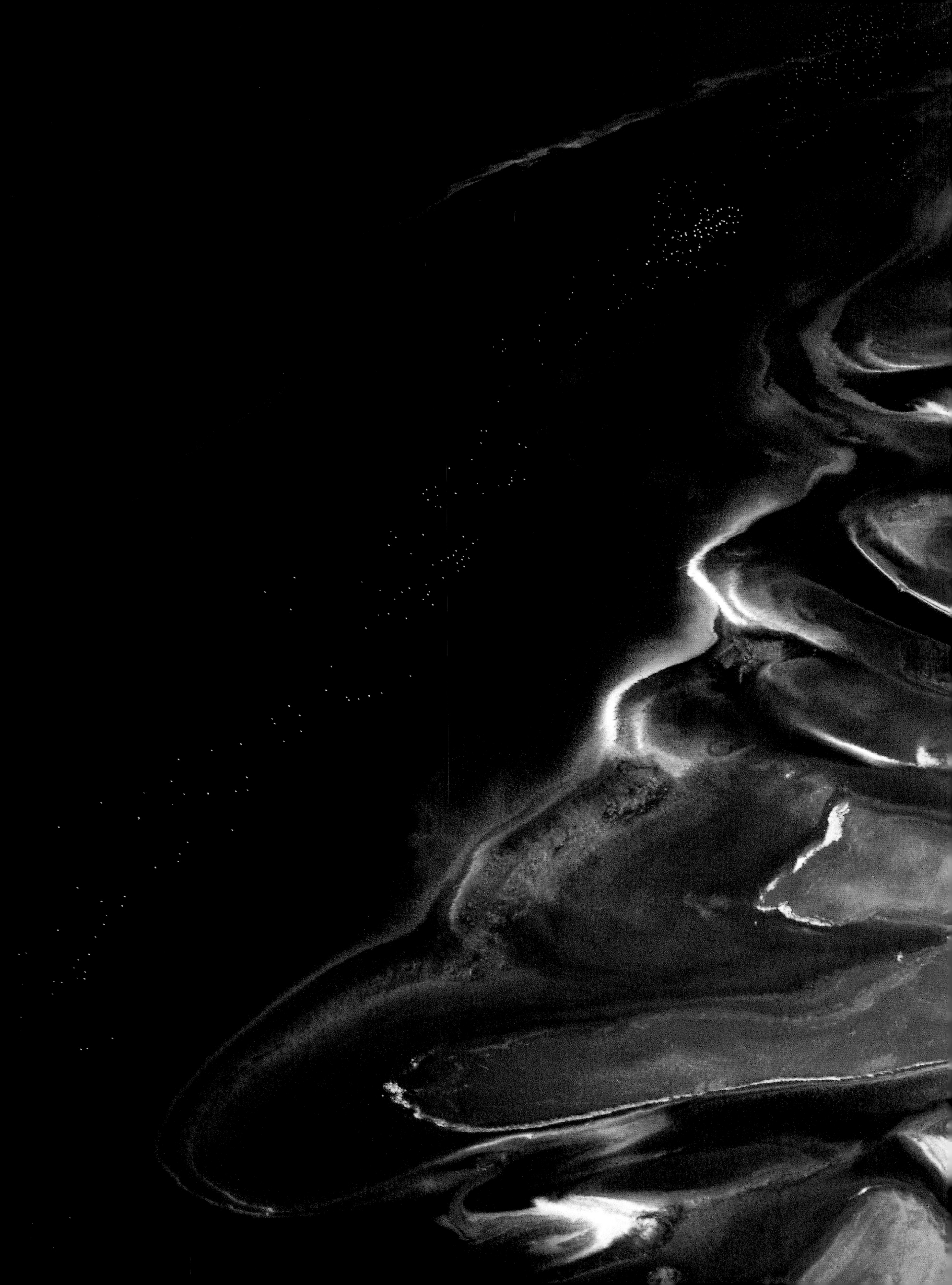

ERBE AUS DER ASCHE

Seit Tagen zittert die Erde. Kein Grund zur Aufregung. Am Fuße des Vesuv sind die Menschen Erdstöße gewohnt. Es ist der 24. August im Jahre 79. Tags darauf ist die Römerstadt Pompeji unter Aschebergen verschwunden

Von Wolf Schneider

Graffiti sind unverfälschte Überlieferung und Volkes Stimme. Wo der Zahn der Zeit sie nicht zernagt und kein Hausmeister sie abgewaschen hat, erzählen sie uns, wie die Menschen lebten und dachten. Und das in Pompeji noch nach fast zweitausend Jahren! Da lesen wir Spottverse, Wahlaufrufe und Verwünschungen, Selbstanpreisungen, Liebeserklärungen, Sexual-Protzereien, Glückwünsche und eine Art Kleinanzeigen, in denen für Waren oder Liebesdienste geworben wurde. Und vermutlich noch während die Stadt unterging im Hagel glühender Bimssteine aus dem Schlot des Vesuv, hat einer die Wörter „Sodoma Gomora" auf eine Hauswand gekritzelt – nach 1. Mose 19,24: „Da ließ der Herr Schwefel und Feuer regnen vom Himmel herab auf Sodom und Gomorra und kehrte die Städte um."

Am lieblichen Golf von Neapel, neun Kilometer vom Krater des Vesuv entfernt, haben Steine und Asche eine fast intakte antike Handelsstadt begraben und damit konserviert: die Dächer zwar eingeschlagen von den Gesteinsmassen, die Mauern indessen weithin unversehrt und mit ihnen die Gemälde, Mosaiken, Reliefs und Inschriften, die sie bedeckten; auch Backöfen mit Broten darin, Teller mit Bohnen und Zwiebeln. Am verblüffendsten und anrührendsten ist, dass wir die Menschen, die zu fliehen versuchten oder sterbend in den Winkeln ihrer Häuser kauerten, noch heute betrachten können mit ihren verzweifelten Gesten: Denn heiße Asche hat sie eingebacken. Sie erstarrte und bewahrte die Form der eingeschlossenen Leichen, als sie verwesten. Mit Gips ausgegossen, zeigen uns die Hohlräume nun bis ins Detail, wie da einst gerannt, gekämpft und gestorben worden ist: Frauen mit Kindern auf dem Arm; neun Menschen, die sich aneinander klammern; ein Mann auf der Flucht mit einem Sack auf der Schulter; zwei Knaben Hand in Hand, niedergeworfen von der Asche oder vom Orkan, der nach den Eruptionen vom Vesuv herüberfauchte.

Kurz: Das Unheil von 79 n. Chr. hat uns ein Freilichtmuseum der Antike hinterlassen – das Abbild einer reichen Stadt im Herzen des Römischen Reichs, das von Gibraltar bis Jerusalem und vom Nil bis nach Britannien reichte – eine Siedlung also, die an Wohlstand und Komfort fast allem auf Erden, was nicht den Vorzug hatte, eine Stadt des Imperium Romanum zu sein, unendlich überlegen war.

Unter römischer Herrschaft stand die alte italische Stadt mit ihren vielen griechischen Zuwanderern seit 89 v. Chr. Sie lag auf einem sanft geneigten Lava-Plateau 30 bis 40 Meter über dem Meer. Im Jahr der Katastrophe bedeckte das ummauerte Stadtgebiet 0,65 Quadratkilometer. Die Mauer umschloss sechs Tempel, drei Thermen, drei Freilichttheater und zwei *palaestrae*, Sportplätze; in den bis heute ausgegrabenen zwei Dritteln des Stadtgebiets wurden 2000 Leichen gefunden.

Gewiss, ein paar Lücken hat auch dieses Museum. Viele Überlebende haben, als die Asche nach ein paar Wochen erkaltet war, Löcher zu den Häusern gegraben, um Wertsachen zu bergen, vielleicht auch um zu plündern. Dazu kommen ein paar Deutungsprobleme: Nicht immer scheint klar zu sein, welche Räume welchen Zwecken dienten. Der Auswurf des Vesuv in jenen Augusttagen des Jahres 79 beendete das Leben einer Stadt, die, entgegen einer verbreiteten Legende, nicht bloß eine Kolonie der Reichen war, sondern einfach ein wohlhabendes Handelszentrum wie viele andere im Römischen Imperium. Ausgezeichnet lediglich durch seine idyllische Lage zwischen dem Meer und den Gärten und Feldern Kampaniens unter den üppig bewachsenen Hängen des Vesuv, an denen die Sommerresidenzen reicher Pompejaner in die Höhe wuchsen. Der Vulkan war schließlich nie explodiert in historischer Zeit. Allerdings, da hatte es siebzehn Jahre zuvor – 62 n. Chr. – das schlimme Erdbeben gegeben, das halb Pompeji zum Einsturz brachte. Unverdrossen machten sich die Pompejaner an den Wiederaufbau. Manches Fenster mauer-

ten sie dabei zu, manche Wand verstärkten sie mit einem Pfeiler, um das Haus stabiler zu machen – gegen Erdbeben. Vor der glühenden Asche und der Schwefelsäure aber, die der Vulkan später ausspie, schützten nicht einmal die Kellergewölbe in den Palästen der Reichen.

Unbestritten ist, dass der Wiederaufbau anno 79 n. Chr. noch nicht beendet war. Verschiedener Meinung sind die Archäologen in einem anderen Punkt: Waren unter dem Eindruck des Erdbebens viele Einwohner, zumal die Reichen, von Pompeji weggezogen, sodass sich die Stadt schon vor der finalen Katastrophe im Niedergang befunden hätte? Bis 1999 herrschte diese Meinung vor. Dann aber wurde, einen halben Kilometer außerhalb von Pompeji, bei der Verbreiterung der Autobahn von Neapel nach Salerno, ein großes, schönes Haus ausgegraben, allem Anschein nach ein Luxushotel für durchreisende Geschäftsleute und Müßiggänger, 1000 Quadratmeter groß und gerade erst vollendet, als die Lava kam – also ein Indiz dafür, dass Pompeji noch oder wieder in voller Blüte stand. Die frühere Vermutung, die Reichen hätten den Ausbruch des Vesuv gar nicht erlebt, könnte nur insofern stimmen, als viele im August, wie jedes Jahr, vor der stehenden Hitze in der engen Stadt aufs Land geflohen waren, wo die meisten ja eine

Oben: **Der 3340 Meter hohe Ätna ist oft in Wolken gehüllt, während der bedrohlichere Vesuv, nur 1281 Meter hoch, als sichtbares Mahnmal am Golf von Neapel aufragt**

Links: **Die Darstellung aus dem 17. Jahrhundert illustriert eine Legende, wie der Ätna zum Vulkan wurde. Typhon, ein von Zeus unter den Berg verbanntes Monster, gibt keinen Frieden, sondern lässt die Erde immer wieder Feuer speien**

Villa besaßen. Auch dort freilich kamen viele grässlich um, wie jener Diomedes, von dem noch die Rede sein wird.

Die reichen Pompejaner, die Grundbesitzer und die Großkaufleute, die Steuerpächter und die Geldverleiher – sie lebten in Dimensionen, wie sie sich heute allenfalls Multimillionäre leisten, und mit einem Aufwand an Dekoration an den Wänden, den heute kein Milliardär mehr treibt. Indessen auch mit mindestens drei Schwächen, von uns aus gesehen.

Die Pompejaner müssen, zum Ersten, viel gefroren haben. Fünf Grad über null sind am Golf von Neapel im Februar nicht selten, und zum Heizen gab es nur Becken oder Kessel aus Bronze oder Eisen, mit glühender Holzkohle aus der Küche gefüllt. Die Pompejaner mussten sich, zum Zweiten, mit einer Hygiene arrangieren, wie wir sie nur in Not und Armut kennen: Die Latrine war eine Kammer neben der Küche, darin eine Bank aus Holz oder Stein mit einem oder zwei Löchern, durch die die Exkremente in einen Abwasserkanal plumpsten. Die Pompejaner mussten, zum Dritten, mit wenig Licht auskommen. Ihre Häuser waren ja nach orientalischem Muster um einen Lichthof herum errichtet, das *atrium*, und nach außen völlig oder beinahe fensterlos. Zum Atrium öffneten sich alle Wohn- und Schlafräume. Es war meist nur 80 bis 100 Quadratmeter groß, außen herum noch dazu überdacht, sodass man bloß über der halben Fläche den Himmel sah. Und das hieß: Im Sommer viel Schatten und im Winter Düsternis. Immerhin kannte Pompeji schon den schönen Luxus gläserner Fenster – eine Errungenschaft, die in Deutschland sogar die Wohlhabenden erst mehr als tausend Jahre später erreichte.

So zu wohnen und nicht zu arbeiten – das war der Lebensstil der Reichen. Auf ihren Landgütern machten Sklaven die Arbeit, und was sie ernteten, genügte der Familie des Herrn für ein sorgloses Leben. Zu den Reichen zählten auch die Handelsherren. Sie verschifften Wein und Ziegel, importierten Baumwolle und Marmor aus Ägypten, Datteln aus Palästina, Erze aus den Alpenregionen und Gänse aus Germanien; und die letzten Schiffe landeten noch, als über dem Vesuv schon die Feuersäule stand.

Ein paar Erdstöße hat es ja gegeben vor dem 24. August, aber über dem Vesuv nicht ein Wölkchen und schon gar nicht jener himmelfüllende, wallende Blumenkohl von Qualm, mit dem sich viele Vulkanausbrüche ankündigen. Im Krater des Vesuv hält ein versteinerter Lavabrocken aus vorhistorischer Zeit den Schlot ins Innere der Erde verschlossen. Es geschieht gegen zehn Uhr, dass die Unschuld dieses Hochsommertags von einem gewaltigen Knall zerrissen wird: Im glühend flüssigen Magma aus der Tiefe hat sich ein Überdruck aufgebaut, der den Lavapfropfen hinaussprengt und ihn, zusammen mit Magma und Gestein vom Kraterrand, himmelwärts schleudert, fast mit Schallgeschwindigkeit.

Was davon aufs Umland niedersinkt, ist zunächst nur ein Schleier von weißer Asche, der Pompeji nicht erreicht. Dort aber regnet es bald darauf Steinchen vom Himmel, *lapilli* genannt. Drei bis fünf Zentimeter hoch bedecken sie Höfe, Straßen und Plätze – ein verwirrender Vorgang, ein böses Knattern auf den Dächern, aber noch nichts, um in Panik zu geraten. Die große Angst bricht erst aus, als es Bimsstein zu hageln beginnt: Lavabrocken, die im Flug blasig-schaumig erstarrt und dadurch leichter als Wasser sind, aber faustgroß oder noch größer, heiß oder glühend. Wer auf der Straße ist, rennt nach Hause oder unters nächste Dach. Dort sieht und hört er fassungslos, wie der Bimsstein sich daran macht, Pompeji zuzuschütten: Einen Meter, zwei Meter schichten sich die Lavabrocken innerhalb weniger Stunden hoch, unter ihrer Last stürzen Dächer ein und erschlagen die Bewohner, andere finden ihre Fenster eingedrückt, ihre Türen blockiert. Auf sieben Kinder in einer steinernen Loggia krachen die Trümmer der oberen Etage.

Die meisten Pompejaner raffen Schmuck und Geld zusammen, viele packen Lebensmittel ein, greifen sich ihre Kinder und suchen nach einem Weg, auf die Bimssteinschicht zu klettern und dem Verderben zu entfliehen – fallend und rempelnd in den Gassen auf dem Weg zum nächsten Stadttor, weg vom Vesuv oder kopflos noch näher heran an ihn, obwohl die Feuer aus ihm lodern und die Donner grollen, während die Erde immer wieder bebt.

Die Stadt Torre del Greco am Fuß des Vesuv hat immer wieder unter dem Vulkan gelitten. Die Darstellung eines unbekannten Malers zeigt Lavafluten, die bis in den Golf von Neapel flossen

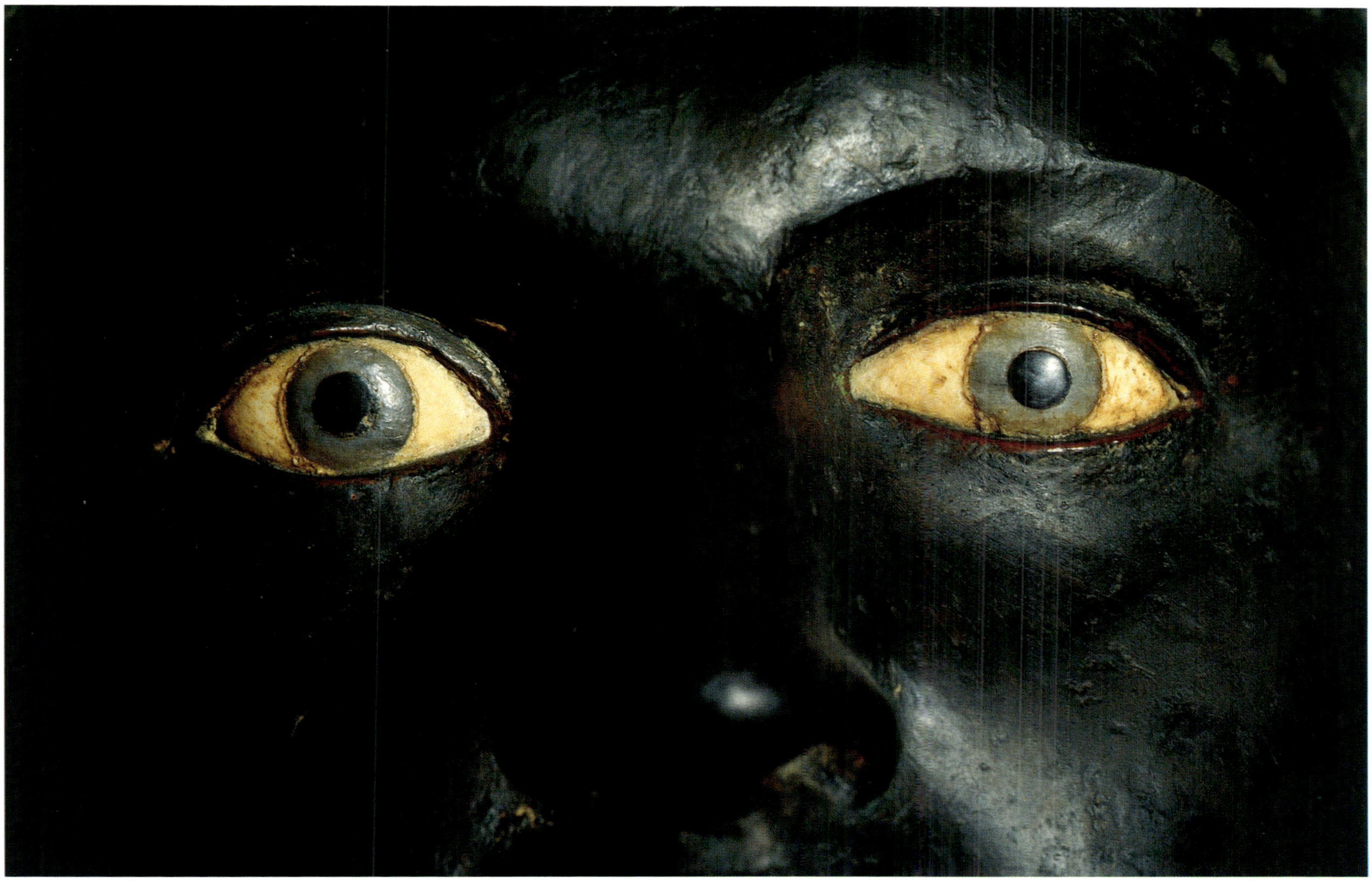

Der starre Blick einer in Pompeji gefundenen Bronzestatue scheint noch den Schrecken über das jähe Ende der Stadt widerzuspiegeln, die 79 nach Christus unter meterdicken Ascheschichten vom Vesuv begraben wurde

Viele der Fliehenden haben sich zum Schutz gegen die prasselnden Steine ein Kissen mit einem Tuch auf den Kopf gebunden. So wird es jedenfalls später aus Misenum westlich des Vesuv, 30 Kilometer von Pompeji entfernt, berichtet. Plinius der Jüngere, 17 Jahre alt und als Erwachsener ein bekannter Schriftsteller, hat es von dort mitgeteilt; und was die Distanz zu Pompeji seinem Protokoll an Bedeutung raubt, fügt sie ihm dadurch hinzu, dass Plinius aus Misenum berichten kann, aus Pompeji aber keiner mehr. Gegen 13 Uhr sieht er über dem Vesuv „eine Wolke von ungewöhnlicher Größe und Gestalt" – „eine wunderbare Erscheinung", wie er schreibt.

Aus ihr trommelt heißer Bimsstein auf die Fliehenden, erstickende Dämpfe steigen auf, und kein Hohlraum in der Asche legt Zeugnis davon ab, wie unten in der Stadt gebarmt, geschluchzt, geschrien, gezetert wird. Manche ersticken, andere verbrennen oder werden von Lavabrocken erschlagen, wieder andere legen sich erschöpft zum Sterben, wenn sie gestolpert sind, von einer Bö umgeblasen, von den Geschossen des Vesuv verwundet. „Viele glaubten, es gebe keine Götter mehr und über die Welt sei die letzte, die ewige Nacht hereingebrochen." Sie glauben es sogar in Misenum – wo die Leute sich zwar die Asche aus den Kleidern schütteln müssen, aber noch ihren Enkeln davon erzählen können.

Gegen Abend dieses ersten Tages endlich endet der Bimssteinregen. Zweieinhalb Meter dick hat er Pompeji zugedeckt, die meisten Dächer zertrümmert; die Mauern ragen aus einer graugrünen Mondlandschaft. Die meisten Bewohner jedoch sind noch am Leben, teils in ihren Häusern, teils schon obdachlos auf der Flucht; und da der Vesuv ein paar Stunden lang schweigt, wiegen sie sich in der Hoffnung, sie hätten zwar den unerhörten Schaden hinzunehmen und dazu den unbegreiflichen, den übermannshohen Müll – den Untergang ihrer Welt aber hätten sie lebend überstanden. „Vom Vesuv leuchten weite Flammenflächen in der Dunkelheit", berichtet Plinius aus Misenum.

Erst in der Nacht zum 25. August kommt die vollends tödliche Fracht: Der Vesuv beginnt, zusammen mit der Lava giftige Gase auszuspucken, Schwefel- und Chlorgase vor allem. Der Wind treibt sie über Land. Gegen acht Uhr, als es anderswo längst Tag ist, „dort aber Nacht, dichter und schwärzer als alle Nächte bisher", schreibt Plinius, „zerrissen durch jähe Feuergarben, die kreuz und quer hervorschossen" – an diesem Morgen des Grauens also erreicht die Giftgaswolke Pompeji. Sie dringt durch alle Ritzen und lässt in den Häusern, auf den Gassen, auf den Feldern die meisten derer sterben, die den ersten Schreckenstag überlebt haben. Wie jene kniende Frau, die ein Stück Stoff vor den Mund gepresst hat, offensichtlich in dem Versuch, sich vor dem Gas zu schützen. Sie ist eine von 13 Toten, die in der Nähe des südöstlichen Stadttors, der Porta Nocera, beim Fluchtversuch sterben und in Asche erstarren – drei Kinder unter ihnen und ein liegender Greis, der sich in einem letzten Aufbäumen auf die Ellenbogen stützt.

20 kommen im Landhaus des reichen Diomedes vor den Toren der Stadt um: Der Hausherr hat sich mit seiner Frau, seinen drei Kindern und 15 Sklaven in den Weinkeller geflüchtet, ein Souterrain mit gläsernen Luken zum Garten. Brot, Obst und andere Vorräte haben sie mit hinunter genommen, Frau und Kinder tragen Goldschmuck, der Mann hat ein Säckchen mit zehn Goldstücken

und 88 Silbermünzen bei sich. Für die Zeit des Bimssteinhagels ist der Raum eine rettende Zuflucht, eine Art Luftschutzkeller. Zugleich erzählen uns die Skelette, dass den Sklaven im Sterben eine ähnliche Chance auf Rettung zuwuchs wie den Herren. Doch am Morgen des zweiten Schreckenstages wird die relative Genugtuung, in dem wohl ausstaffierten Kellergewölbe aus einem Albtraum erwacht zu sein, zerstört durch die Wolke von Gas und glühender Asche. Der Hausherr und einer der Sklaven wollen die Lage sondieren, sie eilen die Treppe hinauf zur Haustür. Auf der Schwelle ersticken sie, Asche begräbt sie. Die Tochter im Keller stirbt mit dem Kopf in der Tunika, dem letzten Unterschlupf vor den tödlichen Dämpfen, und alle anderen sterben auch.

Es sind drei Ströme aus Aschenglut, die der Tragödie im Lauf des zweiten Tages ihr grausiges Ende setzen. In den Vulkankegel hat die Gewalt der Eruptionen Spalten gerissen, das Gestein zerbricht und schafft dem glutflüssigen Auswurf Platz. Über die Hänge des Vesuv fließt er hinab, von Flammen umzüngelt und mit neuem Gift beladen. Schon der erste Strom quillt über die Stadtmauer von Pompeji und ergießt sich zwischen die Häuserwände, die aus dem Bimsstein ragen. Der zweite ist stärker, er führt auch entwurzelte Bäume und die Trümmer unterwegs zerstörter Häuser mit, reißt in Pompeji Mauern ein und deckt den Bimsstein zu. Vermutlich ist es dieser zweite Strom, der die letzten noch Überlebenden verbrennt – solche, die in der Stadt ausgeharrt haben, weil sie die Flucht für das größere Übel hielten, und solche, die vom Bimsstein eingekerkert worden sind.

In einer Kammer mit verrammelter Tür und abgedichteten Fenstern liegen die Leichen zweier Männer und eines Kindes, im Stall neben einer Backstube die Skelette von sechs Eseln. Die waren dazu da, im Kreis herum den Göpel zu ziehen, den Drehbalken, mit dem das Korn gemahlen wurde. Im „Haus der Vestalinnen“ sind Mensch und Hund in einer Kammer eingeschlossen, und die Skelette zeigen, dass der Hund begonnen hatte, die Leiche seines Herrn zu fressen. Keiner jedenfalls hat die dritte Welle überlebt: eine glühende Lawine, die mit mehr als siebzig Kilometer pro Stunde durch die Geisterstadt gedonnert sein muss, gemessen an den Metern, um die sie Mauern versetzt, und den zwei Skeletten, die zerschmettert in einer Gasse liegen. Schließlich fällt noch ein Ascheregen auf Pompeji nieder, weiß wie Schnee. 30 Zentimeter dick lagert er sich ab – das Leichentuch auf der vitalen, der fröhlichen Stadt. Und dann stürmt es wieder und bläst die Asche durch die letzten Ritzen, und weitere Erdstöße schütteln die Ruinen, und die Asche backt zusammen und hilft die Formen schaffen, aus denen heute die gipsernen Leichen starren.

Der Vesuv rumort und spuckt noch einen dritten Tag lang. Erst am vierten, dem 27. August des Jahres 79, zeigt sich die Sonne wieder und beleuchtet ein gestorbenes Land. Schon bald aber sind in ihm die Wühlmäuse zugange. Wo immer auf den Feldern rund um Pompeji die Asche nur noch lauwarm ist und wo ein Arm, ein Fuß aus ihr ragen, werden Leichen geborgen oder ausgeraubt, denn ein Säckchen mit Geld und Schmuck hat fast jeder freie Mann vor der Flucht an sich genommen. Dort, wo einst Pompeji pulsierte, zeigen Mauern immer noch den Ort der Häuser an, sofern sie höher als vier Meter und nicht von den Ascheströmen umgerissen worden sind – und so kann mancher, der früh genug und weit genug geflohen oder zufällig nicht in Pompeji gewesen war, sein Haus wiederfinden und sich dort durch Asche und Bimsstein graben, auf der Suche nach Wertsachen oder den Leichen seiner Angehörigen; und mancher wird dabei verschüttet.

Kaiser Titus schickt eine Kommission, die nach Kultgegenständen und wertvollen Statuen fahndet und ein paar auch findet. Dann entscheidet sie, dass Pompeji begraben bleiben soll. Nun erst ist die Stadt verschwunden – und bleibt es mehr als anderthalb Jahrtausende lang. Auf der Asche bildet sich allmählich eine Humusschicht, Bauern nehmen den neuen Boden in Besitz, und da sie beim Hacken und Pflügen immer wieder auf Mauerreste stoßen, ahnen sie etwas von einer verschollenen Stadt unter ihren Füßen und nennen das Land – *la cività*.

Als 1631 der Vesuv wieder Feuer speit, so schlimm wie im Jahre 79 n. Chr. und noch mehr Menschen umkommen, taucht in Neapel die Frage auf, ob die Cività vielleicht jenes Pompeji sei, von dessen Untergang Plinius und andere berichtet haben. 1689 durchstoßen Brunnenbohrer zum erstenmal die Gesteinsschich-

Links: **Der Vesuv ist einer der gefährlichsten Vulkane der Erde. Seit 1944 ist er nicht mehr ausgebrochen, in den Jahrhunderten zuvor alle paar Jahre. Je länger der Vulkan schlummert, meinen Experten, desto gefährlicher wird sein Erwachen. Am dicht besiedelten Golf von Neapel sind dann bis zu einer Million Menschen bedroht**

Oben: **Die Zerstörung Pompejis als Strafe der Götter für das ausschweifende Leben seiner Bewohner – von diesem Thema fühlten sich zahlreiche Künstler angezogen, so auch der unbekannte Schöpfer dieses Ölgemäldes aus dem 19. Jahrhundert**

ten, finden die Inschrift „Pompeis“ und entfachen unter den Gelehrten einen Streit, ob es sich wirklich um die verruchte Stadt oder nicht vielmehr um eine Villa des Pompeius handelt, des unterlegenen Caesar-Gegners. Für Karl III., den in Neapel residierenden König von Neapel und Sizilien, reichen die Gerüchte, um 1748 einen spanischen Ingenieur mit einer systematischen Schatzsuche in der Lava-Landschaft zu beauftragen. Dabei stoßen die Suchtrupps in eines der drei Theater von Pompeji vor und fördern Statuen, Gemälde, Gold und Schmuck zutage; die stellt der König aus und lässt sie von seinen Gästen bewundern.

1758 besucht der preußische Bibliothekar Johann Joachim Winckelmann, der berühmteste lebende Kenner der antiken Kunst, die Grabungsstätte, und da er mehrere Schriften über die Funde publiziert und der Kardinal Alessandro Albani ihn überdies bald darauf zum Aufseher seiner berühmten Altertümer-Sammlung in Rom macht, findet sein Urteil in ganz Europa Widerhall: Ja, dies ist Pompeji, und so lohnt es sich und so gehört es sich, die Schatzsuche in eine wissenschaftliche Grabung zu verwandeln. Doch mit der sollte es noch gute Weile haben. Im März

1787 findet der weimaranische Geheime Rat Dr. von Goethe Pompeji in einem „wüsten Zustand“ vor und ist über die Enge und Kleinheit der Stadt verwundert. „Schmale Straßen, kleine Häuser ohne Fenster… Die Zimmer, Gänge und Galerien aber aufs heiterste gemalt… Den wunderlichen, halb unangenehmen Eindruck dieser mumisierten Stadt“ habe er sich erst in einer Laube am Meer wieder aus dem Gemüt gewaschen. Zwei Tage später allerdings notiert Goethe über denselben Besuch: „Ein herrlicher Platz, des schönen Gedankens wert“ – und dazu stellt er die kühne These: „Es ist viel Unheil in der Welt geschehen, aber wenig, das den Nachkommen so viel Freude gemacht hätte…“

Unter französischer Herrschaft (1798 bis 1815) blüht Neapel auf. Joseph Bonaparte, Napoleons ältester Bruder, stellt für die Ausgrabung von Pompeji zeitweilig mehr als 100 Arbeiter zur Verfügung. Erst 1860 aber, als Italien unter Viktor Emanuel II. geeint ist, ergreift mit dem neuen Grabungsleiter Giuseppe Fiorelli die Wissenschaft von der Stadtmumie Besitz und zusammen mit ihr endlich auch ein Quantum Arbeitsökonomie. Fiorelli legt ein Raster auf die Ruinen und nummeriert alle Gebäude durch. An die Stelle der höfischen Protokolle über die Besuche hoher Herren setzt er ein Grabungsbuch. Er sorgt für den Abtransport des Schutts und verbindet zum erstenmal die freigelegten Häuser miteinander. Und 1863 hat er seine Königsidee: die von Leichen gebildeten Hohlräume in der Asche mit Gips auszugießen und uns so die Menschen von einst zu zeigen in ihrem Todeskampf.

Heute drängen sich an die zwei Millionen Besucher pro Jahr durch die alten Gassen. Die Touristen hinterlassen Müll in allen Winkeln, und viele suchen nach einem noch nicht entwendeten Souvenir, am liebsten einem Stückchen Mauer mit einem Graffito darauf. Der Konservierung des Freilichtmuseums wäre, schmerzlich zu sagen, mit der Aussperrung aller Neugierigen am besten gedient. Aber was wäre das dann für ein Museum? Und sind nicht die Eintrittsgelder bitter nötig, damit das Ruinenfeld wenigstens leidlich instand gehalten werden kann? Für weitere Grabungen fehlen ohnehin die Mittel. Natürlich: Schon mit der Ausgrabung hatte unvermeidlich der Verfall begonnen. Die Mauern, des stützenden Vulkangesteins beraubt, der Verwitterung preisgegeben und inzwischen oft von den Wurzeln junger Bäume unterhöhlt, bröckeln, viele sind vom Einsturz bedroht. Und das heißt: Falls wir auch unseren Nachkommen jene Freude machen wollen, die Goethe allen gönnte – dann sollten wir jenes Drittel der Stadt, das noch im Griff des Vulkanauswurfs liegt, am besten einfach so liegen lassen, für ein Jahrtausend zum Beispiel oder mehr.

Rechts: **Von Engeln geleitet, fliegt San Gennaro, der Schutzpatron Neapels, über den Vesuv und segnet ihn, um seinen Zorn zu besänftigen. Ölgemälde eines unbekannten Künstlers aus dem 17. Jahrhundert**

Ganz rechts: **Römische Villa in Pompeji**

Seite 49 – Das Afar-Dreieck am südlichen Ausgang des Roten Meeres ist für Geowissenschaftler besonders attraktiv. Hier bildet sich neuer Meeresboden, und der ist – wie überall in der Tiefsee unterhalb der dünnen Decke aus Sedimenten – vulkanischen Ursprungs. In einigen Millionen Jahren wird die Wüste zum Ozean geworden sein

Seite 50/51 – Im Grenzgebiet von Äthiopien und Eritrea liegt Erta'Ale, einer von drei Vulkanen weltweit mit einem Lavasee. Vulkanologen in roten Anzügen beobachten vom Rand aus die Aktivität in dem knapp hundert Meter tiefen Krater. Feurig glühen die Stellen, an denen flüssige Lava durch die bereits erstarrte, auf dem See schwimmende Kruste bricht.

Seite 52/53 – Zwei Forscher (rechts) sind in den Krater des Erta'Ale hinabgestiegen und verfolgen das Köcheln der Erde aus sicherer Entfernung von einem Felssims in der Kraterwand

Seite 54/55 – In der Dämmerung leuchtet der glutheiße See besonders eindrucksvoll

Seite 56/57 – In Landmannalaugar im Süden Islands haben heiße und ätzende vulkanische Gase, die aus der Erde aufsteigen, das ursprünglich feste Gestein tiefgreifend zersetzt. Entstanden ist eine Wüstenlandschaft von bizarrem Reiz, die inzwischen als Touristenattraktion gilt

Seite 58/59 – Als im Mai 1980 im Westen der USA Mount St. Helens explodierte, verwüstete eine heiße Druckwelle 600 Quadratkilometer Waldgebirge. Zahlreiche Stämme wurden von den Berghängen in einen See, Spirit Lake, gefegt

Seite 60/61 – Am Kilauea auf Hawaii spiegelt sich die Abendröte in einer Dampfwolke wider

Seite 62/63 – Zu den Sehenswürdigkeiten von Réunion zählen Wasserfälle wie die Cascade du Trou de Fer. Auf die über 3000 Meter hohe Vulkaninsel gehen jährlich bis 8000 Millimeter Regen nieder, der sich über steile Basaltwände ergießt

Seite 64/65 – Die Insel Ambrym in den Neuen Hebriden (Vanuatu) ist ein Vulkankegel mit einem von steilen Felsen umfassten Hochplateau. Es handelt sich um eine zwölf Kilometer weite Caldera, einen Kessel, der über einer entleerten Magmakammer eingebrochen ist. Aus der Caldera erheben sich zwei kleinere Kegel, Marum und Benbow, die in kurzen Zeitabständen aktiv sind, seit Kapitän James Cook die Insel 1774 entdeckte. Bei den Ausbrüchen werden vulkanische Bomben, Asche und Lapilli ausgeschleudert, die den Boden der Caldera und die Nordwestflanke der Vulkan-Insel bedecken. Das Foto zeigt den Krater des Benbow

Seite 66/67 – Eines der zahlreichen Gebiete auf Island, in denen heißes Wasser oder heißer Dampf aus der Erde dringt, ist Hveravellir im Innern der Insel. An den Heißwasseraustritten lagert sich vom Wasser transportierte Kieselsäure als Kieselsinter (Geyserit) ab. Die Ablagerungen können, wie auf dem Foto, ansehnliche Größe erreichen

Seite 68/69 – Die Galápagos-Insel Daphne Mayor, Schutzgebiet für Meeresvögel, ist erkennbar vulkanischen Ursprungs

Seite 70/71 – Der Ol Doinyo Lengai in Tansania hat sich seit 1983 dramatisch verändert. Bis dahin lag der Boden des trichterförmigen Kraters tief unter dem Rand. Inzwischen ist er bis zum Überlaufen mit der Lava gefüllt, die schnell verwittert und dabei weiß wird

Seite 72/73 – Wo 1883 in Indonesien der Krakatau nach gewaltigen Eruptionen in der entleerten Magmakammer versank, wächst seit 1927 ein inzwischen 300 Meter hoher Nachfolger heran, der Aschewolken ausstößt und tonnenschwere Bomben in die Luft schleudert

Seite 74/75 – Zu Recht heißt der Vulkan Piton de la Fournaise auf Réunion „Spitze des Schmelzofens". Forscher tragen Hitze abweisende Schutzanzüge, wenn sie sich in der Nähe der über 1100 Grad heißen Lava aufhalten

Seite 76/77 – Pflanzen erobern einen Abhang auf der Vulkan-Insel Surtsey, die von 1963 bis 1966 vor der Südküste Islands unvermittelt aus dem Meer wuchs. Damit das Leben ungestört Fuß fassen kann, dürfen nur wenige Forscher das 2,8 Quadratkilometer große und 174 Meter hohe Eiland seit seinem Entstehen betreten

Seite 78/79 – Die Dromedar-Karawanen, die durch die Wüste ziehen, durchqueren eine Großbaustelle der Erde. Im ostafrikanischen Afar-Dreieck, gegenüber der Arabischen Halbinsel und deren Südwestecke auf dem afrikanischen Kontinent nachzeichnend, ist das Land in Aufruhr. Drei gewaltige Risse in der Erdkruste laufen hier zusammen: der Ostafrikanische Graben sowie die Zentralgräben des Roten Meeres und des Golfs von Aden, die sich fast zwei Zentimeter pro Jahr weiten. Unter dem Ziehen und Zerren ist neue Kruste vulkanischen Ursprungs entstanden. Neben Vulkanen und Thermalgebieten bezeugen Erdbeben und auffällige Bruchzonen das Wirken titanischer Kräfte im Innern der Erde

DAS GROSSE FEUERWERK

Indonesien hat 129 aktive Vulkane. Viele von ihnen sind Zeitbomben, deren Explosionen zu Katastrophen führen können. So auch der Merapi auf Java, an dem Forscher Eruptions-Vorhersagen erproben

Von Erwin Lausch

Die 25 Männer des Bautrupps, der im Flusstal arbeitete, hatten keine Chance. Das mehrere Hundert Grad heiße Gemisch aus vulkanischen Gasen, Gesteinsbrocken und Ascheteilchen stürzte mit über 100 Stundenkilometern fast lautlos den Berg herab. Ehe die Männer begriffen, was geschah, hatte die Glutlawine sie verschlungen. Eine aus der Glut aufgestiegene heiße Wolke aus Asche fuhr 80 Meter über dem Boden sengend durch ein Dorf. Dort wurde gerade eine Hochzeit gefeiert. Mehr als 100 der überraschten Bewohner erlitten Verbrennungen, denen viele in den nächsten Tagen erlagen. „Von jenen, die es am schlimmsten erwischt hatte", berichtete später ein Sanitäter, „sahen wir nur noch Knochen. Das Fleisch war verbrannt."

Es war kein besonders starker Ausbruch des Merapi in Zentraljava, dem am 22. November 1994 insgesamt 66 Menschen zum Opfer fielen. Im Dezember 1930 kamen am „Feuerberg", wie die Übersetzung des javanischen Namens lautet, über 1300 Menschen ums Leben. Und bei einer Serie von Explosionen im April 1872 wurden innerhalb von fünf Tagen alle umliegenden Dörfer in mehr als tausend Meter Höhe von glühenden Lawinen überrollt. Weitaus verheerendere Katastrophen werden in Zukunft erwartet.

Wie weit der heiße Atem des 2960 Meter hohen Merapi im Extremfall reicht, zeigen alte Ablagerungen, die bis ins Stadtgebiet von Yogjakarta reichen. Der steile Kegel erhebt sich aus der Ruine eines früheren Vulkans, der in einer gigantischen Eruption explodierte – wann, ist umstritten. Archäologen sehen in dem Ausbruch den Grund, dass die Mataram-Herrscher den Königshof um das Jahr 929 von Zentral- nach Ostjava verlegten. Vulkanologen hingegen gehen davon aus, dass der alte Merapi schon Jahrhunderte oder gar Jahrtausende früher platzte. „Würde sich solch ein Ausbruch heute wiederholen", sagt Jochen Zschau vom GeoForschungsZentrum Potsdam, Koordinator eines deutschen Forschungsprojekts am Merapi, „wären über eine Million Menschen gefährdet." Wegen seiner starken Aktivität, die womöglich auf einen größeren Ausbruch zusteuert, und der zahlreichen hier lebenden Menschen zähl[illegible] Merapi zu den gefährlichsten Vulkanen der Erde – ein [illegible]explosives Monster. Seit 1972 quillt nahezu ständig zähflüssige Lava aus seinem Gipfel. Die erstarrenden Massen bilden eine Beule, einen „Dom". Dieser Dom bröckelt, was regen Steinschlag zur Folge hat. Heiß poltern die Brocken den Berg hinab. Ein- bis zweimal im Jahr gerät ein Teil des Doms, alle 30 Jahre die ganze Beule ins Rutschen und stürzt zu Tal.

Sobald die Kappe nachgibt, entlädt sich der im Innern des Vulkans aufgestaute Druck explosiv. Aufgeschäumte Lava spritzt heraus. Die vulkanischen Gase, Asche und Bröckchen aus Bims – erstarrtem Lavaschaum – gleiten dann, vermischt mit gröberen Steintrümmern, als Lawinen zu Tal. Und meist eilt eine heiße Druckwelle gleich einem Feuersturm voraus.

Javas rastloser Feuerberg ist nur einer der 79 Vulkane Indonesiens, von denen Eruptionen in den letzten 400 Jahren belegt sind. Dazu kommen 50 weitere, denen Experten neue Ausbrüche zutrauen. Auch sie gelten als aktiv. Hunderte anderer sind erloschen. Kein anderes Land der Erde hat eine solche Fülle von Feuerspeiern. Fast 5000 Kilometer zieht sich die Vulkankette in weit geschwungenem Bogen von Sumatra über Java und die Kleinen Sundainseln bis in die Bandasee. Wie tückisch Indonesiens Vulkane sind, zeigt der Vergleich mit den bekannten, doch harmloseren Feuerbergen von Hawaii. Deren Lava sprudelt und springt, spritzt und sprüht ohne stärkere Explosionen, steigt zu tanzenden Fontänen auf und ergießt sich in leuchtend roten Kaskaden über steile Felswände. So berechenbar, dass Forscher Proben nehmen und Fotografen ganz aus der Nähe draufhalten können.

Grau in grau geben sich dagegen Indonesiens Vulkane. Sie puffen dunkle Wolken aus Asche hoch in die Luft und regnen ihre Fracht anschließend über das Land. Dichte Schwaden umhüllen die heißen Glutlawinen. Düster ist auch der Anblick der gefürchteten Schlammströme, die „Lahars" genannt werden. Sie entstehen nach heftigen Regenfällen, wenn das Wasser Massen von Asche und losem Gestein vom Berg spült.

Links: **Die Fruchtbarkeit vulkanischer Böden zieht die Menschen trotz großen Risikos an. Die Bewohner von Ngadisari in Ostjava können jedoch ruhig schlafen: Ihr Hausvulkan Batok gilt als erloschen**

Oben: **Durch Opfer-Zeremonien suchen Menschen in vielen Teilen der Erde Vulkan-Götter und -Dämonen zu besänftigen. Diese Dorfbewohner in Ostjava pflücken Blumen als Opfergaben**

Ursache des Kontrasts zwischen Indonesien und Hawaii sind unterschiedliche geologische Konstellationen, die chemisch anders zusammengesetzte Magma und darum auch verschiedene Vulkantypen hervorbringen. Hawaii erhebt sich über einem „Hot spot", einer „heißen Stelle" im Erdmantel, aus der seit Jahrmillionen Magma zur Erdoberfläche aufsteigt. Indonesiens Vulkane hingegen sind die Folge einer erdumspannenden Unruhe in der äußeren Hülle unseres Planeten. Acht riesige und eine ganze Anzahl kleinerer Platten, zwischen 20 bis 200 Kilometer dick, sind ständig in Bewegung. Mit Geschwindigkeiten von wenigen Zentimetern pro Jahr treiben sie dahin, weg von den Mittelozeanischen Gebirgsrücken, an denen sie durch frisch aufsteigende Lava laufend ergänzt werden. Tiefseegräben markieren jene Zonen, in denen eine Platte schräg abwärts unter eine andere abtaucht, zurück in den Erdmantel. Ab etwa 100 Kilometer Tiefe auf der

Im vulkanischen Tengger-Massiv in Ostjava leben etwa 300 000 Menschen relativ isoliert nach hinduistischen Traditionen. Höhepunkt im Brauchtum ist alljährlich das Kasodo-Fest mit Prozessionen zum aktiven Vulkan Bromo

schiefen Bahn einer solchen „Subduktion" setzen Schmelzprozesse ein: Es bildet sich neues Magma, das wiederum zur Erdoberfläche aufsteigt. So entstehen parallel zu den Tiefseegräben, etwa 200 bis 300 Kilometer von ihnen entfernt, Ketten von Vulkanen. Dieser explosive „Ring des Feuers" umgibt den Pazifik.

Auf den indonesischen Inseln kommt es häufiger als irgendwo sonst zu Vulkankatastrophen mit zahlreichen Toten und Verletzten. Unglaubliche 2800 Kubikkilometer Lava (entspricht dem Volumen eines Würfels von 14 Kilometer Kantenlänge) schleuderte etwa der Toba auf Sumatra vor 74 000 Jahren in die Luft – innerhalb von höchstens zwei Wochen. Als die Magmakammer zusammenbrach, entstand der Tobasee, die größte auf der Erde bekannte „Caldera", wie Vulkanologen solch einen Einsturzkessel nennen. 100 Kilometer ist er lang, 30 Kilometer breit und 529 Meter tief. Seither hat es am Tobasee keine Eruption mehr gegeben. Doch mitten im Wasser wölbt sich unter dem Druck von Magma, das sich in der Tiefe offensichtlich wieder angesammelt hat, die Insel Samosir als mächtige Beule auf. 520 Quadratkilometer ist sie groß.

Experten sind überzeugt, dass der Rekord-Ausbruch auf Sumatra enorme Auswirkungen auf das Klima hatte. Der Vulkan muss ungeheure Mengen von Asche und Schwefeldioxid in die Atmosphäre gespien haben, was zu einer Abkühlung um durchschnittlich drei bis fünf Grad geführt haben könnte; in hohen Breiten gar bis zu 15 Grad. Zwei amerikanische Forscher, Michael Rampino von der New York University und Stephen Self von der University of Hawaii, sehen sogar einen Zusammenhang zwischen dem Ausbruch und der jüngsten Eiszeit. Die durch Schwefeldioxid- und Aschewolken verursachte Abkühlung habe die Eiszeit zwar nicht ausgelöst, denn die Temperaturen auf der Erde waren schon eine Zeitlang gesunken. Aber sie habe für noch tiefere Temperaturen gesorgt. „Toba", so interpretierte das Wissenschaftsmagazin „Discover" die beiden, „hat einer lahmen Vereisung einen Tritt in den Hintern gegeben."

Auch in jüngerer Vergangenheit kühlten in der Atmosphäre zirkulierende Vulkanasche und Schwefeldioxid aus Indonesien das Weltklima ab. So wurde das Jahr 1816 in Europa, Neuengland und China zu einem „Jahr ohne Sommer" mit Missernten und Hungersnöten. Niemand dachte damals an einen indonesischen Vulkan als Ursache. Heute weiß man: Der Ausbruch des Tambora auf der Kleinen Sundainsel Sumbawa – der stärkste bekannte weltweit – war schuld am schlechten Wetter. Vor Ort kamen damals 92 000 Menschen ums Leben.

Später dann der große Knall von 1883 am Krakatau. Dieser Ausbruch in der Sundastraße zwischen Sumatra und Java wurde zum Inbegriff vulkanischer Gewalt. Erst gab es ein drei Monate langes Vorgeplänkel, dann setzte Ende August eine Serie von Explosionen ein, deren Druckwellen rund um die Erde liefen. Geschätzte 21 Kubikkilometer Auswurf lagerte sich in einer bis zu 60 Meter hohen Schicht auf den Nachbarinseln sowie dem nahe gelegenen Sumatra und Java ab. Am Himmel breiteten sich dichte Aschewolken aus und machten auf einer Fläche von über 800 000 Quadratkilometern den Tag zur Nacht. Als die Dunkelheit sich nach zweieinhalb Tagen lichtete, war der 1800 Meter hohe Krakatau verschwunden. Vier kleine Inseln, die höchste 800 Meter hoch, ragten an seiner Stelle noch aus dem Wasser. Zwischen ihnen lag ein sieben Kilometer breiter und 300 Meter tiefer Kessel.

Untersuchungen ergaben, dass der verschwundene Berg nicht, wie zunächst angenommen, in die Luft geflogen, sondern versunken war. Weniger als zehn Prozent des ausgeworfenen Gesteins waren geborstener Fels. Alles Übrige bestand aus Bimsstein und Asche. Die Zusammensetzung des Auswurfs verriet, was bei dieser Jahrhundertkatastrophe passiert war: Eine riesige Magmakammer unter dem Vulkan hatte sich zunächst in gewaltigen explosiven Stößen entleert und war dann zusammengebrochen. Die Mengen von leichtem, schwimmendem Bims waren so groß, dass Boote und Schiffe in der Sundastraße darin stecken blieben. Über 36 000 Menschen starben damals, manche durch Gesteinsbrocken und heiße Aschefälle, die meisten aber durch vier gewaltige Flutwellen, die durch den Einsturz der Magmakammer entstanden waren. Bis zu 41 Meter hohe Wogen rollten über die umliegenden Küsten. Im Dezember 1927 begann die Erde erneut zu rumoren, und Anfang 1928 durchstieß ein neuer Kegel – Anak Krakatau, das „Kind des Krakatau" – den Meeresspiegel. Inzwischen ragt das aktive Kind bereits 300 Meter aus dem Wasser und wächst weiter.

Unheil ist in Indonesien programmiert, da die Gebiete mit aktiven Vulkanen dicht besiedelt sind. Das extremste Beispiel ist Java. Dort leben mehr Menschen als in Deutschland – auf einem Drittel der Fläche. Auch auf Bali und der Nachbarinsel Lombok drängen sich weitaus mehr Einwohner pro Quadratkilometer als bei uns. Wer in so enger Nachbarschaft mit hochbrisanten Feuerspeiern lebt, arrangiert sich mit dem Unvermeidlichen. Für die Bewohner Javas oder Balis sind die Vulkane fester Bestandteil

GÖTTER-SPEISUNG

Wenn sie keine Opfer darbringen, droht dem Volk der Tenggeresen die Rache des Vulkans Bromo

Von Jacques Durieux

Fackeln und weiße Fahnen voran, steigen tief in der Nacht Zehntausende von Pilgern über die Lavawüste bergauf. Bastmatten schleppen sie mit sich, Körbe mit Reis und Hühnern. Ihr Ziel ist der Bromo, der Vulkan, aus dem eine dicke Rauchsäule gen Himmel steigt. Denn wieder jährt sich der Tag, an dem Kusumo verschwand: bei Vollmond im zwölften Monat, dem „Kasodo", nach dem das Opferfest heißt. Bis Mitternacht wollen die Menschen oben angelangt sein. Kein Anrainer des Vulkanmassivs im Osten der indonesischen Insel Java mag diese Nacht verpassen, denn sie entscheidet über Glück, Frieden und Wohlstand im nächsten Jahr.

Gegen elf Uhr abends erreicht die Prozession eine Caldera, die sich zehn Kilometer weitet. Sie ist der Krater eines mächtigen Vulkans, der sich selbst einst zerstört hat. Im Inneren der Wanne sind vier Vulkane entstanden und erheben sich aus ihrer Mitte, zerklüftete Riesen, inaktiv – bis auf den Bromo. Am Fuß des rauchenden Vulkans macht die Prozession Halt. Hier haben die Bewohner der Hänge des Tengger-Massivs, die hindugläubigen Tenggeresen, einen Tempel gebaut. Ein beschwichtigendes Menschenwerk inmitten einer Welt von Urgewalten. Der Bromo aber ist gutmütig – er qualmt nur.

„Ein Gott wohnt in diesem Berg", sagt Sujahi, der höchste Priester unter den Pilgern. Ein Allmächtiger, der mit sich nicht spaßen lasse. Doch eben das haben, der Legende nach, die Eltern von Prinz Kusumo getan. Prinzessin Roro Anteng und Prinz Joko Senger liebten einander sehr, und doch blieb ihnen Nachwuchs versagt. Da erschien der Obergott Gusti und verhieß ihnen 25 Kinder. Unter einer Bedingung: Das jüngste Kind sei zu opfern. Der Prinz und die Prinzessin versprachen es und bekamen 25 Kinder. Doch von dem Jüngsten mochten sie sich nicht trennen. Da wurde Gusti ungeduldig und drohte mit dem Untergang der Welt. Als die fürstliche Familie eines Tages am Bromo vorbeizog, stieg Feuer aus dem Krater und ergriff Kusumo, den jüngsten Sohn. Kurz bevor der kleine Prinz auf immer verschwand, bat er sein Volk, dem Bromo jährlich Opfer zu bringen.

Kurz nach Mitternacht stauen sich vor dem Tempel die Menschen. Dort hockt Sujahi mit anderen Priestern, murmelt Gebete und verbrennt auf einem Kohlefeuer Räucherharz. Zwischen ihnen kniet ein kaum sechs Jahre alter Junge. Er nimmt an der Zeremonie wie ein Erwachsener teil, denn er wird sie einmal leiten: Der Kleine ist als künftiger Oberpriester auserwählt.

Die Gläubigen tragen ihre Opfergaben in den Schutz der blauen Zelte rings um den Tempel. Dort benetzen Priester die Gaben mit heiligem Wasser. Es ist kalt in dieser Nacht in 2000 Meter Höhe. Gegen fünf Uhr in der Frühe ist es so weit: Gesegnete Bambussänften mit Gaben wie Mais, Kartoffeln, Zuckerrohr oder Hühnern werden hinaufgebracht zum Schlund des Bromo. Ein Wettlauf mit der Zeit beginnt, denn alle Opfer müssen übergeben sein, ehe die Sonne sich zeigt. Am Rande des qualmenden Kraters blicken die Pilger in Bromos Schlund, wo es 300 Meter tief zwischen schwefelgelbem Gestein aus Erdlöchern dampft wie aus den Nüstern eines Drachens.

Bromo, der einzige aktive Vulkan in der Caldera des Tengger-Massivs, stößt Dampf aus. Im Hintergrund dräut Semeru, mit 3676 Metern Javas höchster Vulkan

Als die opferbeladenen Sänften endlich bei ihnen ankommen, werden die geheiligten Güter ergriffen und in die Tiefe geschüttet.

An der steilen Innenwand des Kraters haben sich mehrere Dutzend Männer barfuß festgekrallt. Sie starren nach oben. Kommt etwas herabgeflogen, das ihnen essbar erscheint, fangen sie die Opfergabe mit großen Tüchern auf. „Das sind Muslime", sagt einer der Pilger gelassen. Jedes Jahr kommen sie aus den Ebenen Javas zum Fest der hindugläubigen Tenggeresen, weil es vieles umsonst gibt. Der Pilger steht am Kraterrand. Er zieht ein lebendes Huhn aus einer Plastiktüte und bittet Kusumo, er möge ihm auch dieses Jahr Glück gewähren. Dann lässt er das Huhn los. Unbeholfen flattert der Vogel durch die Luft und landet nach wenigen Metern im Tuch eines Muslims.

So endet die fünf Jahrhunderte alte Opferprozession der Tenggeresen als Volksküche. „Was die Götter wollen", sagt Sujahi, der oberste Priester, „das holen sie sich ohnehin."

von Alltag und Mythologie. Überlieferte Anschauungen, nach denen auf den Feuer spuckenden Bergen Geister und Götter ihren Sitz haben und über die Menschen wachen, dauern fort – ganz unabhängig davon, welcher importierten Religionsgemeinschaft sie heute angehören.

Nach traditionellem Verständnis hausen nicht böse, sondern gute Mächte auf den Feuerbergen. Denn die Inseln verdanken den Vulkanen ihre große Fruchtbarkeit – und deshalb auch die dichte Besiedlung. Dafür verehrt man die Überirdischen, bringt ihnen Opfergaben und akzeptiert, dass sie zuweilen als Tribut auch Menschenleben fordern. Die Beziehungen der Menschen zu Göttern und Geistern werden in zahlreichen, von Ort zu Ort unterschiedlichen Riten gepflegt. Alle zehn Jahre zelebrieren zum Beispiel die Balinesen eine Prozession zum 3142 Meter hohen Vulkan Agung. Durch Gebete werden die Götter angerufen, sich daran zu beteiligen. Nicht nur die hinduistischen Götter Brahma, Schiwa und Wischnu „erscheinen" und nehmen in reich verzierten Schreinen und Sänften Platz, sondern auch lokale Gottheiten aus alter Zeit: Götter des Wassers, des Windes, des Reisfeldes und einige Dämonen. Der Umzug währt mehrere Tage. Das Ziel ist Besakih, die größte und heiligste Tempelanlage Balis. 900 Meter hoch an der Südwest-Flanke des Agung liegt sie, für Balinesen der Nabel der Welt. Graziöse Tänzerinnen heißen die Pilger willkommen. Die deponieren Lebensmittel als Opfergaben und fühlen sich mit den Göttern vereint.

„Es wird oft gesagt", kommentiert der französische Vulkanologe Jacques Durieux, „die Feierlichkeit sei dazu bestimmt, sich mit den Mächten des Vulkans zu versöhnen. Die Wirklichkeit ist vielschichtiger. Es kommt für die Balinesen darauf an, die Welt in Harmonie, im Gleichgewicht zu halten – dann hat in ihren Augen das Unheil keine Chance mehr. Sie suchen die Balance der Gegensätze, rufen Götter und Dämonen, gehen vom Meer zum Berg, opfern dem Wasser wie dem Feuer."

In Yogjakarta, im Schatten des Merapi, beginnen solche Opfer-Zeremonien am Sultanspalast. Hamengku Buwono X. ist ein aufgeklärter Regent, Geschäftsmann, Politiker, Muslim. Zudem besitzt er göttliche Autorität – weil er nach der Überlieferung von der Meeresgöttin Kanjeng Ratu Kidul abstammen soll. Und er ist der Erbe eines Versprechens, das einst die im Krater des Merapi hausenden Geister einem seiner Vorgänger als Sultan von Yogjakarta gegeben haben sollen: Niemals werde der Vulkan seine Lava nach Süden zum Palast schicken. So haben viele Opfergaben an den Berg einen direkten Bezug zum Sultan: kleine Kuchen, deren Mehlanteil nach dem Körpergewicht des Herrschers bemessen wird; vom Regenten getragene Kleidungsstücke oder seine abgeschnittenen Fingernägel und Haare.

Nach den Umzügen im Palast verlassen zwei Prozessionen die Residenz: eine nach Süden, wo die Pilger die in Körben verpackten Gaben dem Meer übergeben; die andere nach Norden, an einen vorbestimmten Platz an den Hängen des Merapi. Dort werden die Opfergaben nach einer rituellen Mahlzeit hinterlassen. Reagiert der Vulkan jedoch nicht wie erhofft, kann es für den Herrscher unangenehm werden. Als sich im November 1994 eine tödliche Glutlawine aus dem Merapi nicht, wie üblich, nach Südwesten, sondern mehr nach Süden ergoss, entstanden Diskussionen im Volk, was das zu bedeuten habe. Zwar war der Palast

Bei der mehrtägigen Kasodo-Zeremonie pilgern Zehntausende Hindus auf den Kraterrand des Bromo. Sie werfen Blumen, Feld- und Gartenfrüchte, aber auch Hühner und Zigaretten in den dampfenden Krater

des Sultans verschont geblieben, doch als Mahnung wollten viele den Ausbruch schon verstanden wissen. Waren die Geister mit des Herrschers Verhalten nicht einverstanden? Erregten Missstände ihren Unwillen? Missfielen politische, gesellschaftliche, moralische, ökologische Veränderungen? „Was immer als Missstand gesehen und im repressiven Staatssystem Indonesiens oft nicht geäußert wird, kann mit dem Protest von übernatürlichen Wesen verknüpft werden. Naturgeschehnisse und Geistervorstellungen werden auf diese Weise in einer aktuellen Krisensituation auch zum Ausdruck von politischer Kritik." Das sagt die Ethnologin Judith Schlehe von der Universität Bremen, die den Geistervorstellungen in Java ihre Habilitationsarbeit gewidmet hat.

In Koexistenz mit den mythischen Mächten spielen im Umgang mit den brisanten Feuerspeiern zunehmend auch Forschung und Katastrophenschutz eine Rolle. Der schnell wachsende Vulkanologische Dienst Indonesiens mit Hunderten von Mitarbeitern betreibt mittlerweile Beobachtungsstationen an beinahe 70 Vulkanen. Bei drohenden größeren Eruptionen hat Indonesien häufiger Evakuierungen eingeleitet als jedes andere Land der Erde. Vulkankatastrophen haben in der Regel ein feuriges Vorspiel. Die Frage ist dann: Bleibt es bei dem harmlosen Zauber oder braut sich Verheerendes zusammen? Schwierige Entscheidungen. Denn wirklich verlässliche Vorzeichen gibt es nicht. Das Instrumentarium, das Vulkanologen für Frühdiagnosen aufzubieten haben, liefert bislang nur Ergebnisse von begrenzter Aussagekraft: Seismometer, Neigungsmesser, mit denen Verformungen der Oberfläche durch unterirdisch zuströmende Lava erfasst werden können, Temperatursensoren, Geräte zur Analyse vulkanischer Gase, Magnetometer.

Mit ihren Problemen stehen Indonesiens Vulkanologen nicht allein. Besonders der Merapi lockt seit den achtziger Jahren Fachleute aus aller Welt an – Amerikaner, Australier, Deutsche, Franzosen, Japaner und Niederländer. Wegen seiner Aktivität gilt er als idealer Platz, um neue Geräte, Verfahren und Ideen zu erproben. An den Flanken des Merapi wurden schon in den dreißiger Jahren unter niederländischer Kolonialherrschaft fünf Beobachtungsstationen eingerichtet. Seitdem kontrollieren Observatoren rund um die Uhr, was sich am Vulkan tut, machen Fotos vom Dom und melden jede beobachtete Veränderung an das Merapi-Vulkan-Observatorium in Yogjakarta. Eruptionen und Schlammströme sollen möglichst sofort erfasst werden. Wird Alarm ausgerufen, haben die Menschen in der bedrohten Region höchstens acht Minuten Zeit, bunkerartige Schutzräume aufzusuchen oder weniger gefährdete Gebiete zu erreichen.

Als die Vereinten Nationen für die neunziger Jahre eine „Internationale Dekade zur Vorbeugung von Naturkatastrophen" ausriefen, wurde der Merapi als einer von 15 Hochrisiko-Vulkanen für die intensive Erforschung ausgewählt. Deutsche Wissenschaftler nahmen sich seiner besonders an. In Kooperation mit indonesischen Experten entstand das Projekt MERAPI, dessen Name auch für Mechanism Evaluation, Risk Assessment, Prediction Improvement steht. „Unser Ziel ist", übersetzt Projektleiter Zschau, „das Verständnis vulkanologischer Prozesse und Mechanismen zu vertiefen, Methoden zur Abschätzung der Gefährdung zu verbessern und Strategien für eine mittel- bis kurzfristige Vorhersage vulkanischer Ereignisse zu entwickeln." An dem Vorhaben, das über die inzwischen abgelaufene Dekade hinaus fortgesetzt wird, sind 17 Universitäten und geowissenschaftliche Institutionen beteiligt.

Gebete begleiten die Segnung der Opfergaben im Tempel zu Füßen des Bromo. Der kleine Junge ist ausersehen, Oberpriester zu werden

Um besser zu verstehen, was im Innern des Vulkans geschieht, versuchen die deutschen Forscher mit modernsten, zum Teil neu entwickelten Geräten genauer als jemals zuvor zu erfassen, was an Äußerungen – „Aktivitätsparametern" – nach außen dringt. Sie registrieren zum Beispiel vulkanische Beben. Dabei ausgelöste Wellen bieten normalerweise gute Möglichkeiten, verborgene Strukturen unzugänglichen Gesteins aufzuklären. Voraussetzung dafür ist allerdings, dass sich der Entstehungsort der Bebenwelle lokalisieren lässt. Das aber ist am Merapi problematisch. Die monotonen Vibrationen, verursacht wahrscheinlich durch Schwingungen des Magmas in den Aufstiegskanälen des Vulkans, ähneln den Geräuschen in den Rohren einer Heizung und sind bisher nicht zu orten.

Erfolgreicher waren die Vulkanologen bei einem anderen Bebentypus mit sehr komplexem Schwingungsbild. Durch einen aufwendigen Verbund besonders leistungsfähiger Seismometer gelang ihnen nachzuweisen, dass diese Beben ihren Ursprung direkt unter dem Gipfel haben und somit vermutlich in engem Zusammenhang mit dem Wachstum des Lavadoms stehen dürften. Der heterogene Aufbau eines Vulkans mit seinen kompakten und weniger kompakten Gesteinsfolgen erschwert die Ortung der Signalquellen allerdings ganz erheblich.

Botschaften aus dem Vulkaninnern erhoffen sich die Wissenschaftler auch von den 800 Grad Celsius heißen Gasen, die der Vulkan ständig auf zwei Fumarolenfeldern am Gipfel ausstößt. Da diese Gase aus dem Magma stammen, könnte ihre Zusammensetzung über Bewegungen im Vulkan Aufschluss geben. Mitarbeiter des Vulkanologischen Dienstes steigen alle paar Wochen auf den Berg und nehmen Proben. Weil das aber nicht ausreicht, wird jetzt eine ständige Gipfel-Station das Gas in kurzen Zeitab-

In Yogjakarta in Zentraljava werden die Opfergaben für die Vulkangeister des nahen Merapi im Sultanspalast von den Frauen der herrschenden Familie und ihren Dienerinnen zusammengestellt

ständen automatisch analysieren und die Messwerte nach Yogjakarta funken. Kernstück der Anlage ist ein Gas-Chromatograph in einer temperatur- und säurefesten, wasser- und gasdichten Kunststoffkiste, etwa 30 mal 40 mal 25 Zentimeter groß. Einen Meter vom Gasaustritt ist sie aufgestellt. Eine Pumpe saugt das Gas durch einen Schlauch an. Solarzellen liefern Energie, Akkus speichern sie für die Nächte und für düstere Tage. Indonesische Träger haben das alles auf ihren Köpfen 1400 Höhenmeter hinaufgeschleppt.

Der Potsdamer Geochemiker Martin Zimmer, der das Gerät entwickelt hat, ist selbst oft oben gewesen. „Wir beginnen den Aufstieg immer nachts um eins", sagt er. „An der Nordseite des Merapi ist der Aufstieg relativ sicher. Steinschlag, Glutlawinen und Schlammströme gehen zur Zeit auf der anderen Seite ab." Bei Sonnenaufgang, bevor Wolken den Gipfel umhüllen, sind die Forscher oben. Zimmer hat auch schon auf dem Vulkan übernachtet, in einem alten, erloschenen Krater. Die Luft in fast 3000 Meter Höhe ist kalt, dafür der Boden angenehm warm. Das Gas der Fumarolen glüht in der Dunkelheit, ebenso wie der Lavadom und das bröckelnde Gestein.

Die Analysenstation hat kleinere Eruptionen bereits heil überstanden, und es gibt auch vorläufige Ergebnisse: Die Konzentration der Gase schwankte mit der seismischen Aktivität. Bei einer Zunahme der Beben, was für erhöhte Lavazufuhr spricht, stiegen die Anteile von Kohlen- und Schwefeldioxid im Gasgemisch. Erkenntnisse, die ein Schritt sein könnten – auf dem Weg zu besser gesicherten Vorhersagen.

GELBES GOLD AM HÖLLENTOR

Im Krater des Kawah Ijen im Osten Javas brodelt ein Gemisch aus Salzsäure und Schwefeldämpfen. Dennoch steigen Tag für Tag Menschen in den Vulkankegel – um elementaren Schwefel abzubauen

Von Jacques Durieux

Seit ein Uhr nachts marschieren die Männer, und jetzt, vier Stunden später, liegt ihr Ziel immer noch im Dunkeln – der 2386 Meter hohen Kawah Ijen im Osten Javas. Fackeln aus hohlen Bambusstäben, mit Werg gestopft und mit Petroleum getränkt, leuchten ihnen den Weg. Noch eine knappe Stunde, dann werden sie den Krater des Vulkans erreicht haben. An der Spitze läuft Soekarmo. Mit 13 Jahren stieg er zum ersten Mal hinauf; jetzt ist er 37. Vor ihm ist schon sein Vater auf den Vulkan gegangen, sein Onkel, sein Bruder. Weder der aufgehenden Sonne noch der grandiosen Landschaft schenken die Männer einen Blick. Sie klammern sich an diesen Weg, der an der Flanke des Kraters hinaufsteigt und schließlich eine weite Senke erreicht, die an einem Abgrund endet. Dort klafft der Krater des Kawah Ijen, grau und gelb, die Hänge von zahlreichen Furchen der Erosion gezeichnet. Ein steiler, rutschiger Trampelpfad führt hinab, an das Ufer eines unheimlichen Sees. Türkisblaues Wasser klatscht gegen die Böschung. Der See brodelt, aufgewühlt von Gasen, die dem Vulkanschlot am Grunde entweichen. Die Männer sind am Ziel.

Auch der Vulkan war in der Nacht aktiv. Er hat gefaucht, gequalmt und durch unzählige Spalten bis zu 300 Grad heiße Dampfschwaden ausgespuckt. Die gelbe Frucht seiner Nachtarbeit türmt sich zu einem Hügel an der steilen Böschung des Sees: Schwefel. Soekarmo greift nach einer Spitzhacke und klettert den fauchenden Hügel hinauf, die anderen warten unten. Nach wenigen Schritten verschwindet er im Schwefelnebel. Ab und zu zerreißt ein Windstoß den Gasschleier, und Soekarmo ist kurz zu sehen: Mit einem Stemmeisen attackiert er den Schwefel. Schon bald rollen große Brocken den Hang hinunter. Jedesmal wenn der Gasnebel sich verdichtet, klammert sich Soekarmo an den Hang, die heißen Dämpfe verbrennen ihm fast die Lungen. So wartet er, den Kopf mit einem Kleidungsstück schützend, bis ein Windstoß kommt und die Gase wegbläst – und dann schlägt er erneut wie rasend auf den Schwefel ein, als wollte er zeigen: Hier ist mein Platz, ein Platz, den ich niemandem überlasse. Ich bin der Stärkste, ich biete dem Vulkan die Stirn.

Zehn Tonnen „gelben Goldes" pustet der Kawah Ijen täglich aus seinen Fumarolen. Diese Risse und Spalten stoßen weder Lava noch Asche aus, nur höllisch heißen, schwefligen Dampf, der beim Abkühlen zu rötlich-braunen Rinnsalen kondensiert, dann zu gelbem Schwefel erstarrt. Im Laufe der Zeit hat sich so am östlichen Ufer des Sees ein mächtiger Schwefelstock aufgetürmt. Soekarmo steigt jeden Morgen als Erster in den Krater und prüft, wie sehr der See brodelt. Starke Bewegung könnte einen bevorstehenden Ausbruch des ständig aktiven Vulkans unter der Wasseroberfläche anzeigen. 36 Millionen Kubikmeter ätzendes Gemisch aus Regenwasser, Schwefel- und Salzsäure. Die Träger bemühen sich, nicht an den See zu denken: Er bringt den Tod, wenn Explosionen riesige Säurefontänen emporreißen. So wie am 24. Januar 1817, als eine gewaltige Eruption einen Teil des Sees aus dem Krater schleuderte und der ätzende Strom bis ins Tal floss, Menschen und Äcker unter sich begrabend. Die Gefahr soll heute gebannt sein: Holländische Vulkanologen, die den See untersuchten, fanden heraus, dass er umso heftiger explodierte, je höher der Wasserstand war. Sie sprengten einen Tunnel in die Westwand des Kraters, sodass die heftigen Monsunniederschläge abfließen können und die Flüssigkeit über dem Vulkan nicht über 200 Meter ansteigt.

Von Zeit zu Zeit steigen gewaltige Gasblasen mit Schwefel- und Chlordioxid aus dem See auf. Sie bilden eine tödliche Falle für alle Lebewesen im Krater. Vor Ort leugnet man die Gefahr zwar und versichert, ein Unfall habe sich noch nie ereignet. Doch Untersuchungen internationaler seismographischer Institute beweisen das Gegenteil. Im Jahr 1976 erstickte ein Gasausbruch 49 von 50 Arbeitern, die im Krater arbeiteten. Der jüngste Unfall ereignete sich im Februar 1989 – 25 Opfer wurden geborgen.

Soekarmo ist einer der wenigen Festangestellten der halbstaatlichen Firma Pertamina Candi Ngrimbi, die hier die Schürfrechte besitzt. Mit vier erfahrenen Kollegen teilt er sich die Verantwortung für den Schwefelabbau am Kawah Ijen. Ihnen untersteht ein Heer von 200 Trägern und 30 Schwefelschürfern. Seinen Monatslohn von 75 000 Rupien, etwa 50 Mark, stockt er noch auf, indem er auf eigene Rechnung Schwefel abbaut und verkauft. Die Männer unten am See stapeln die gelben Brocken, die Soekarmo aus dem Hang gebrochen hat, in Körbe. Mit größter Sorgfalt, denn die enorme Last von 60 bis zu 120 Kilo ist nur zu bewältigen, wenn die zwei Körbe pro Mann das gleiche Gewicht haben. Die Männer befestigen ihre Körbe an einer Bambusstange, legen sie quer über die Schulter und marschieren los. Mit äußerster Konzentration steigen die Männer die 280 Meter hohe Kraterwand hinauf. Alle zehn Minuten müssen sie eine Pause einlegen: Luft holen, Kräfte sammeln. Oben auf dem Kraterrand verzehren sie eine bescheidene Mahlzeit. 25 Kilometer liegen noch vor ihnen. Der Abstieg führt durch tropischen Regenwald, schlängelt sich, glitschig und feucht, zwischen Farnen und Bäumen hindurch. Immer wieder unterbrechen die Träger ihren Trab für eine Rast, ziehen hastig an ihren Zigaretten.

Tarsipan arbeitet seit über 15 Jahren als Träger am Vulkan. Die Folgen sind hörbar: Der Schwefeldampf, den die Männer einatmen, reduziert die Oberfläche der Lunge. Fast alle Arbeiter leiden unter chronischem Husten, Asthma und Bronchitis. Wo Gasmasken angebracht wären, ist ein Stück Stoff, mit Speichel befeuchtet und zwischen die Zähne geklemmt, der einzige Schutz. Auf den Schultern lässt der ewige Druck der Bambusstange Wülste wachsen. Doch für Tarsipan bedeutet der Kawah Ijen mehr Geld, als er auf dem Feld oder im Büro verdienen könnte. Ein Kilo Schwefel bringt 100 Rupien, sieben Pfennig; die tüchtigsten Träger verdienen zwischen 6000 und 10 000 Rupien, fünfmal mehr als ein einfacher Landarbeiter.

Wenn sich der Regenwald lichtet, führt der Weg über weite, brandgerodete Flächen, durch Reisfelder, eine Kaffeeplantage. Die Gegend gehört zu den fruchtbarsten auf Java, denn der Dünger, mineralreiche Vulkanasche, fällt hier vom Himmel. Am Ausgang der Plantage wartet ein Lastwagen. Die meisten Träger lassen sich die letzten Kilometer bis zur Fabrik fahren. Wer allerdings seinen ganzen Lohn behalten will, schleppt die Körbe bis zur Waage. Bezahlt wird an der Kasse nebenan. Der Schwefelabbau am Kawah Ijen deckt den jährlichen Bedarf von Indonesiens Zucker-, Pharma- oder Chemiefabriken nur knapp. Deshalb sollen weitere Vulkane erschlossen werden. Etwa der Vulkan Egon auf der Insel Flores. Sein täglicher Ausstoß dürfte an die sechs Tonnen betragen. Doch noch fehlen Arbeiter und Träger, die willig und fähig sind, täglich in die Hölle hinabzusteigen.

Die heiligsten Opfergaben in Yogjakarta sind getragene Kleidungsstücke des Sultans sowie seine abgeschnittenen Fingernägel und Haare. In Holzkästen verpackt, werden die Gaben bei der Prozession von ehrwürdigen Palastwächtern getragen

Seite 89 – Der 2000 Kilometer lange Inselbogen der Alëuten ist eine Kette von Vulkanen. Sie kennzeichnet eine tektonische Grenze: Hier wird die Pazifische Platte unter die Nordamerikanische geschoben – ein Kraftakt, der mit heftigen Vulkanausbrüchen und Erdbeben verbunden ist

Seite 90/91 – Auch dieser Fluss im Süden Islands ist durch Minerale gefärbt, die aus Vulkanen stammen

Seite 92/93 – Von vulkanischen Gasen zermürbtes Gestein in Landmannalaugar, Island

Seite 94/95 – Die heißen Quellen des japanischen Heilbades Beppu sind vulkanischen Ursprungs. Der Dampf verbirgt, dass Mineralien das Wasser unterschiedlich gefärbt haben

Seite 96/97 – Stillleben auf Island: Bei einer Eruption unter dem Gletscher Vatnajökull wurde Eis zum Aschestrand

Seite 98/99 – Während einer Eruption des Piton de la Fournaise auf der Insel Réunion beobachtet ein Vulkanologe, wie ein Schlackenkegel emporwächst. Solche Kegel bilden sich um Ausbruchsstellen, an denen Lavafetzen mit explosiver Wucht emporgeschleudert werden und wieder zurückfallen. Die derart aufgetürmten Schlackehaufen können von wenigen bis zu Hunderten von Metern hoch werden

Seite 100/101 – Kleine Kegel markieren auch Ausbruchsstellen der besonders kühlen und leicht zersetzbaren Lava des Ol Doinyo Lengai in Tansania

Seite 102/103 – Der am indonesischen Vulkan Kawah Ijen in Indonesien abgebaute Schwefel wird gereinigt und zu Platten verarbeitet, die in der Sonne wie Blattgold leuchten

Seite 104/105 – Am Rand des Turkanasees in Kenya steigen salzige Quellen in Lavaströmen aus jüngerer Zeit auf

Seite 106/107 – „Pahoehoe" (hawaiisch: glatte Decke) heißt die nicht nur auf Hawaii häufig auftretende Lava, die blasenartig vorankriecht und mit glänzender Oberfläche erstarrt. Von nachschiebenden Lavamassen gedrängt, bricht ein „Zeh" nach dem anderen durch die bereits erstarrende Haut

Seite 108/109 – Vulkane stoßen enorme Mengen Wasserdampf aus. Sämtliches Wasser auf unserem Planeten, so haben Geowissenschaftler erkannt, verdanken wir Vulkanen, die im Laufe der Erdgeschichte tätig geworden sind. Der in die Luft geblasene Dampf kondensiert und kehrt als Regen oder Schnee zur Erdoberfläche zurück. In den Kreislauf des bereits vorhandenen Wassers eingegangen, führt sein Weg zuweilen über spektakuläre Wasserfälle wie diesem hier auf Island

Seite 110/111 – Algen und Bakterien färben im Natronsee, Tansania, in weißen „Augen" aufsteigende Sodalauge blutrot

Seite 112/113 – Steil ragt der Vulkan Ol Doinyo Lengai aus dem Ostafrikanischen Graben auf, einem gewaltigen Bruchsystem der Erde, das vom Sambesi bis zum Roten Meer Tausende von Kilometern weit reicht

Seite 114/115 – Das von ätzenden Gasen aus Fumarolen zersetzte farbenprächtige Gestein in Landmannalaugar auf Island bildet einen krassen Kontrast zu dem schwarzen Gestein, das von jüngeren Lavaströmen stammt

Seite 116/117 – Schlammtöpfe wie am isländischen Vulkan Krafla, in denen heißer Schlamm blubbert, sind im Prinzip Heißwasserquellen, denen es an Wasser mangelt. Bei guter Wasserversorgung würde hier dampfendes Wasser sprudeln, vielleicht ein Geysir Fontänen in die Luft jagen. So aber wirft lediglich von sauren vulkanischen Gasen staubfein zersetztes Gestein träge Blasen

Seite 118/119 – In der Nähe des japanischen Vulkans Sakura-Jima wurden Unterstände für Autofahrer gebaut, die unterwegs von einer größeren Eruption überrascht werden

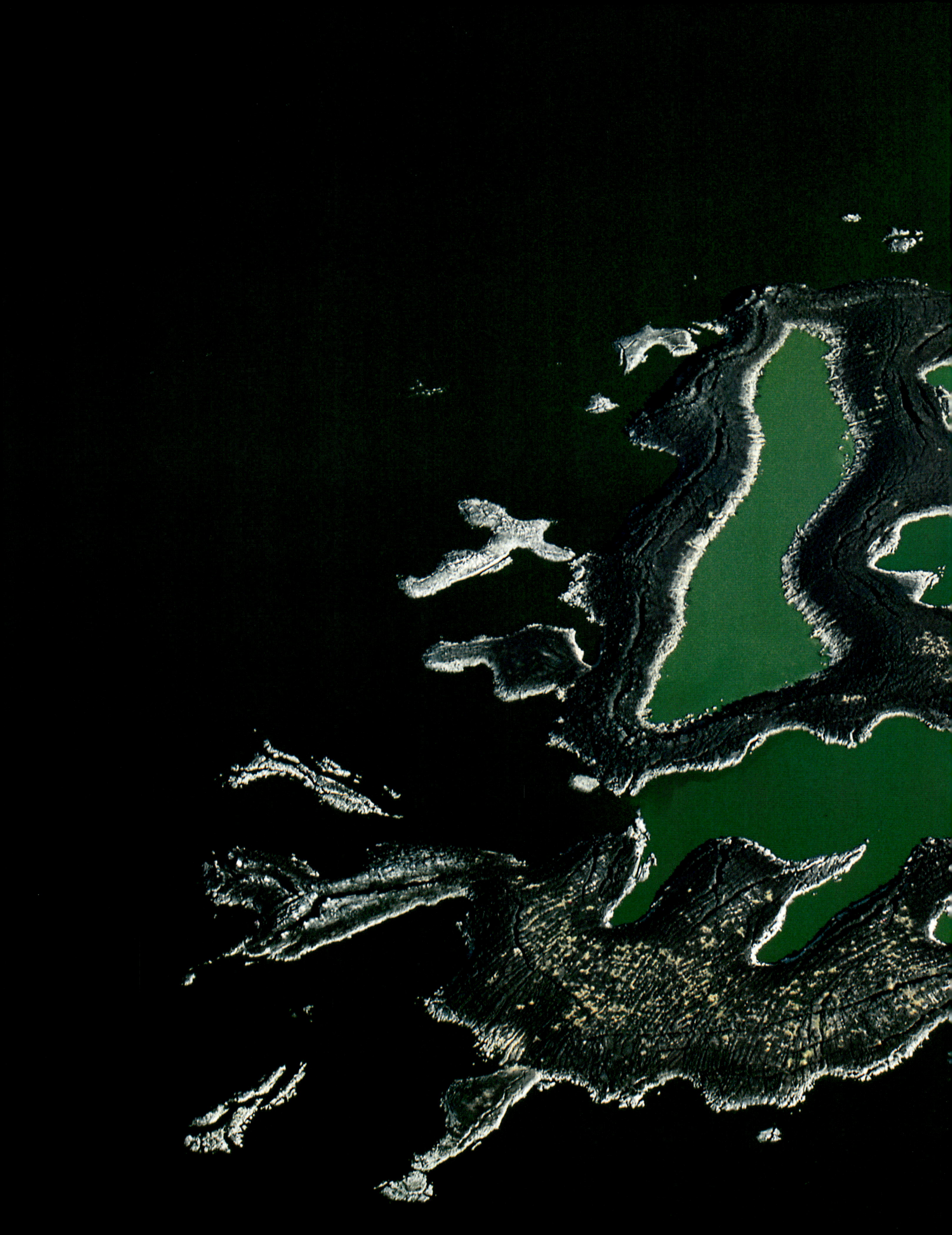

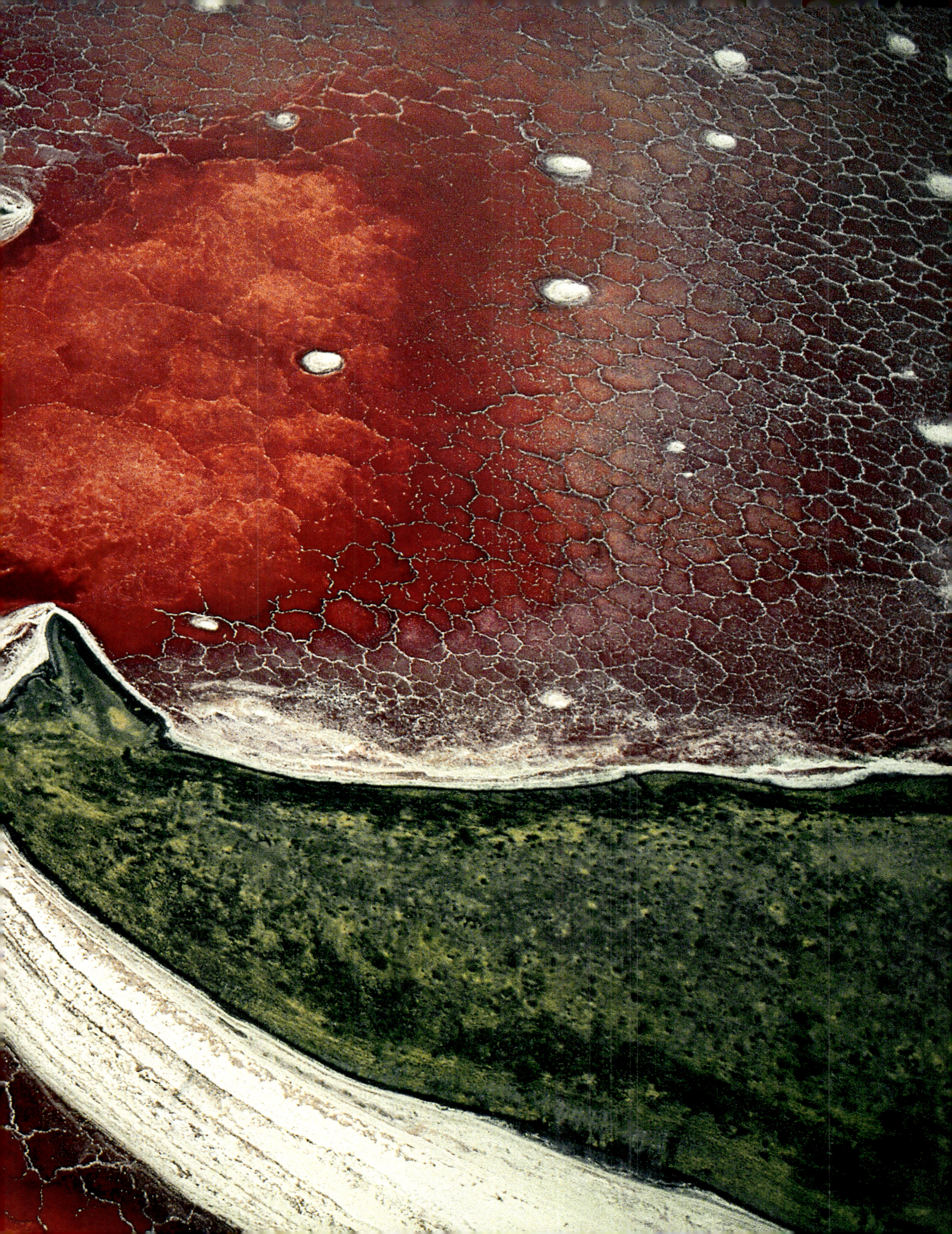

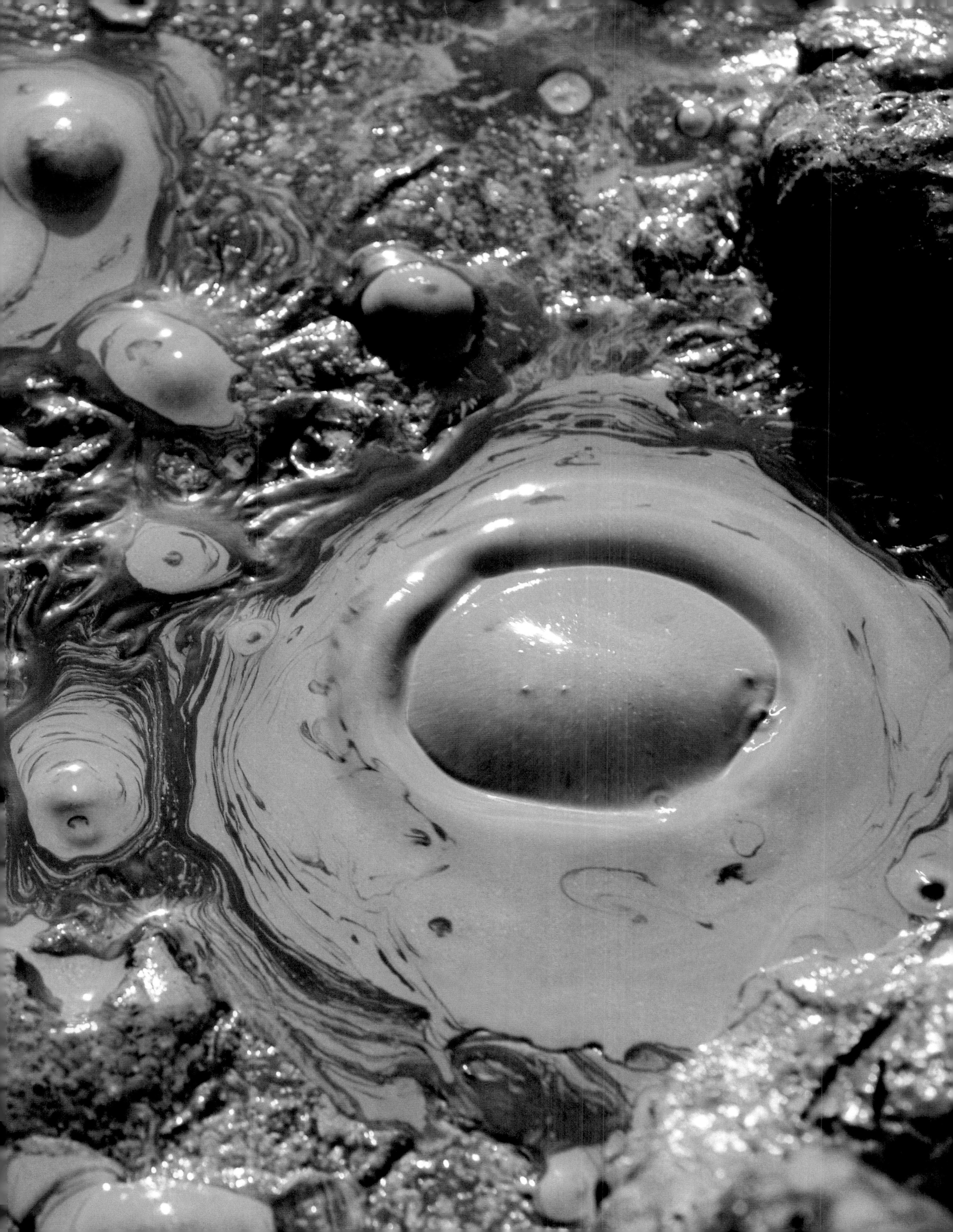

退避壕

DER FRUCHTBAR FURCHTBARE

Die Menschen, die am Vulkan Ätna leben, haben einen unbändigen Willen zur Normalität. Auf ihre eigene, sizilianische Art trotzen sie der Bedrohung durch den mächtigen, unruhigen Nachbarn

Von Markus Asam

Die Explosionen kommen jetzt in kurzen Abständen, und der Mann stirbt unter einem Baum. Sein vorletzter Blick irrt über die Ebene zum Vulkan, der friedlich dasteht und nur ein wenig flimmert.

Der Vulkan ist noch nie ausgebrochen und wird es auch nie tun. Er flimmert nicht wegen der Hitze, sondern weil der Bildschirm schlecht ist. Die Explosionen, die den Mann getötet haben, hat David per Knopfdruck ausgelöst. Niemand aus dem Dorf Milo am Fuß des Ätna beherrscht dieses Videospiel so wie er.

David, der König der jugendlichen Horde im Hinterzimmer der Kneipe, lockert seine Handgelenke, um den Mann noch mal sterben zu lassen. König David, rundohrig und gekrönt von Naturlocken: ein zwölfjähriges, stämmiges Powerpaket, anderthalb Meter hoch, mit den Beinen eines pensionierten Postboten und auswärts gerichteten Fußspitzen nach Art des Geschäftsführers; als routinierter Sizilianer fähig zu drei verschiedenen Handhaltungen beim Lungenzug, stößt er eine Qualmwolke aus, die jeden Vulkan zieren würde.

Und die Rothaarige an seiner Seite betet ihn an. Seine Venus, die Venus von Milo. Mit Zahnspange. Etwa 40 000 Menschen leben an den latent bedrohten Hanggebieten des Ätna, aber kaum einer ist sich so sicher wie König David, auf was es ankommt im Alltag eines Vulkaniers. Die zahnspangige Venus hängt an seinen Lippen. „Du musst den Mann mindestens fünfmal treffen", sagt David. Und empfiehlt sich nach einem beiläufigen Blick zur Uhr mit dem Hinweis, wegen der Asche seien weiße Socken hier unpraktisch und höchstens beim Kirchgang angemessen.

„Das Pfarrhaus ist eigentlich unbewohnbar", sagt Padre Gigi. Seine Faust prallt auf das Brokattischtuch wie ein Lavabrocken, und aus dem Riss in der Zimmerdecke bröselt etwas Mörtel. Der 55-jährige Pfarrer von Zafferana, dem Ort neben Milo, hat ein gütiges Rundgesicht, aber auch die Statur eines nicht ganz austrainierten Jahrmarktboxers. Und sein eruptives Temperament erlaubt Wutanfälle, die dem Erdbeben von 1984 ähneln, das sein Pfarrhaus eigentlich unbewohnbar machte.

Doch Gott wird seinen Diener schützen. Und Padre Gigi bleibt und erneuert täglich seinen heiligen Zorn, gerichtet gegen den Staat, der kein Geld für Restaurierung schickt, obwohl Ministerpräsident Andreotti persönlich ihm Hilfe versprochen hat. Nur eitel Geschwätz: In der gesperrten Prachtkirche kopulieren Ratten unter Schutthaufen, und die Notlösung ist zur Normalität geworden. Die Notlösung auf einer Piazza in der Ortsmitte scheint geschaffen zu sein als Paradies für Bierselige, aber es ist die Zeltkirche, in der Padre Gigi seit Jahren predigt. Er hat eine treue Gemeinde, die jedoch seine Offenbarungen meist nicht mit nach Hause nimmt.

„Gott will, dass wir Angst haben", sagt er, „aber die Leute haben keine Zeit dazu. Und die Gefahr ist, dass man die Gefahr nicht mehr sieht." Er hat öfter das Gefühl, dass die Menschen sich's bequem im Gottvertrauen einrichten. Das wäre die zuverlässigere Methode, denn ein Vulkan bricht so oft nicht aus, dass man es zwischendurch nicht wieder vergessen könnte.

Für Carlo, Chirurg und Psychologe aus Zafferana, ist das die Erklärung, warum die Menschen nicht ausweichen. „Menschen denken an das Heute, höchstens ans Morgen. Und morgen wird der Ätna nicht ausbrechen. Für ein stabiles Klima im Kopf reicht eine relativ kurzfristige Stabilität der Umstände völlig aus. Niemand könnte hier leben, wäre er sich permanent der Instabilität seiner Existenz bewusst. Davor bewahrt uns ein Mechanismus im Hirn – wir können fast selbstmörderisch Instinkte ignorieren."

Bei „selbstmörderisch" schmatzt der Psychologe genießerisch. Er ist mit der Nichte von Padre Gigi verlobt. Sie werden wohl in der Zeltkirche heiraten. Und am Vulkan bleiben, dessen Anwohner im Vergessen geübt sind und weiterwursteln mit der achselzuckenden Gewissheit, dass ein cholerischer Nachbar sich gelegentlich Luft macht. Bis dahin: Ätnarkose.

Angebracht, bei so einem Nachbarn: Der Ätna ist Europas höchster Vulkan, eigentlich ein Gebirgsmassiv, das eine Fläche von rund 1200 Quadratkilometern bedeckt und über 200 Kilometer im Umfang misst. Beim Ausbruch von 1964 legte er 50 Meter nach und ist jetzt auf 3323 Meter gewachsen. Mittelwert seriöser Messungen. Er steigt vom Meeresniveau an; in den Alpen gibt es kaum vergleichbare Höhenunterschiede. Mehr als 270 Krater stülpen sich aus dem Massiv, und die Lava kocht aus kilometertiefen Spalten.

„Die Lava ist eine soziale Sache, sie schweißt die Menschen zusammen", erklärt Paolo Sessa aus dem 22 000-Einwohner-Städtchen Giarre am Ostabhang des Ätna. Der 49-jährige Englischlehrer ist auch Redakteur bei der Lokalzeitung und hat einen Ruf als Historiker und Heimatforscher. „Menschen, die in ständiger Bedrohung leben, bilden mit der Zeit einen eigenen Schlag heraus. So ist es auch am Ätna. Die Leute hier reden mehr und lauter als normale Sizilianer. Sie sind zäher, denn sie leben nicht nur. Sie überleben." Sessa zögert kurz und fügt halblaut hinzu: „Sie sind gute Schauspieler in einer göttlichen Komödie, deren Pointen mit dem Blut der Schauspieler geschrieben werden."

Pause zwischen den Akten, und die Schauspieler haben frei. Junge Frauen mit blauer Iris und griechischem Profil tragen Handtaschen spazieren und schauen auf junge Männer, die Autoradios am Griff spazieren tragen. Der Ätna raucht nicht.

Links: **Besuch im Krater des Vesuv. Nach dem Bild, das 1805 von Odoardo Fiscetti gemalt wurde, ging es damals dort lebhaft zu**

Unten: **Der Ätna spuckt Feuer aus seinem Südost-Krater**

Der Vesuv bei einem Ausbruch im Jahr 1822, gemalt von Camille de Vito. Vom Ätna gibt es solche Bilder, auf denen der Berg regelrecht in Flammen zu stehen scheint, nicht. Die Zusammensetzung seiner Lava macht ihn zu einem viel weniger explosiven, daher weitaus weniger gefährlichen Feuerspeier

Dafür raucht nachmittags der Eisenofen des Marroni-Rösters auf dem Marktplatz von Zafferana. Und nachts spucken die Nebelwerfer in der Disco „Amadeus". Tanz den Vulkan! Menschen am Ätna sind normal. Mehr noch, sie haben den unbändigen Willen zur Normalität: Drei Erdstöße ruinierten zwar das Rathaus, aber unterbrachen nicht die Tagesordnung, die Gemeindeverwalter wichen träge der Gewalt und zogen um ins Altersheim. Nur die Veteranen durften im baufälligen Lesesaal des Rathauses bleiben, entbunden von Todesfurcht. Trotzdem bemühen sie sich, die Spielkarten nicht allzu enthusiastisch auf den Tisch zu hauen.

Die Veteranenfrauen warten in grauen Häusern, provisorisch ausgestattet mit nackten Glühbirnen, knittrigen Kunstdrucken und grellfarbigen Türen, über denen grazile Balkons balancieren. Alles nur geliehen vom Ätna, und die Frauen warten grimmigen Blickes, je älter, desto grimmiger. Da viele Menschen am Ätna sehr alt werden, schießen sehr grimmige Blicke durch die Gassen und hinauf über schiefe Treppen, und der Vulkan sollte eigentlich vor Scham schrumpfen, wenn er mal wieder mit Asche geworfen hat, die von den grimmigen Frauen zu spitzkegeligen Haufen gefegt wird. Und sogar die Wangen sorgfältig rasierter Männer sind dann von einem dunklen Anflug überzogen.

Der Ätna leistet Wiedergutmachung als geschäftsfördernder Patron: Autos werden in der Carrozzeria Etna repariert und mit Etna-Trophy-Aufklebern dekoriert. Mozzarella firmiert unter „Perle des Ätna". Und in der Bar Etna, ohne Blick zum Berg, brennt ein Schnaps namens Fuoco dell'Etna den Magen aus und aktiviert das dramatische Talent der Stammgäste, die eine Ausnüchterungs-Promenade als Survivaltrip schildern – schließlich muss man den Fremden Zucker geben.

Von einer wahrhaft tragischen Begebenheit jedoch hätte jener Ex-Stammgast zu künden, dem direkt vor der Kneipentür die erdbebenmürbe Zierleiste eines Palazzo tödlich auf den Schädel gefallen war. Aber das ist eben Pech nach Meinung der Leute, die sich um den Ätna nicht weiter sorgen wollen. Sie bauen ihre Häuser wieder auf oder gleich ganz neu, beachten neuerdings sogar die architektonischen Richtlinien der Katastrophenschützer, denn seit 1982 gibt der Staat Geld für den Wiederaufbau zerstörter Häuser – wenn sie legal errichtet waren. Also rammt man die geforderte Anzahl Stützpfeiler in den Boden. Und dann fehlen die Finanzen für das Mauerwerk dazwischen; deswegen stehen so viele Pfahlbauten am Ätna herum, die nur im ersten Stock bewohnt sind. Derweil werden die alten Häuser als Sommerresidenzen an Auswärtige verscherbelt.

Signor Sammartino ist zuständig für Zivilschutz und gehört dem Krisenstab an, der im Katastrophenfall Evakuierungs- und Hilfsmaßnahmen koordiniert. Wenn eine Eruption befürchtet wird, verbringt er bis zu 18 Stunden am Telefon. Die Armee besetzt derweil den Kindergarten von Zafferana und wartet hinter Blumenfenstern auf den Befehl, die Vulkanier in Notquartiere zu führen. „Bis zu 18 Stunden", härmt sich Signor Sammartino, „und die Leute interessiert nur eins: möglichst in der Nähe ihrer Häuser bleiben zu dürfen. Aber wir würden sie evakuieren… Alle!" Unfassbar für die Zivilschützer, wie einige der Ätna-Siedler den Grad der Gefahr bestimmen: Solange der Strom in akzeptablen Abständen ausfällt, besteht kein Grund zur Panik. Überhaupt sind die Herren Beamten völlig überflüssig, denn schließlich kündigt der Ätna selbst seine Magenbeschwerden an. Nur die Mädchen werden nervös, wenn er grollt, und manche kriegen erstmals ihre Tage. Kann aber auch am Vollmond liegen, meinen die Leute. Und bleiben hier.

Der Pfarrer, der Psychologe, der Heimatforscher, der Zivilschützer: Sie haben Erklärungen, wie die Leute das Leben am Ätna ertragen. „Warum bleiben die Eskimos am Nordpol? Weil sie da geboren sind und sich keine Gedanken über den Grund machen. Wir sind an einem Vulkan geboren. Der Ätna will nirgendwo anders hin, und wir wollen es auch nicht. Das nennt man Heimat."

Der Pilzverkäufer an der Straßenecke hat es auf den Punkt gebracht, die Umstehenden nicken langsam und schauen prüfend nach oben, ob er überhaupt noch da ist, der Berg. Eine Schönwetterwolke stolpert über den Hauptkrater, und sie schnippen ihre Zigarettenkippen auf den Bürgersteig, auf dem sie als Kinder Murmeln spielten. Das war, bevor es Videogeräte gab. Und der Pilzverkäufer wägt ab: „Wahrscheinlich würden die Eskimos gern mit uns tauschen. An einem Vulkan wächst mehr als auf einem Eisberg."

Deswegen bleiben sie hier. Heimat allein macht nicht satt, aber täglich Brot plus Heimat gratis, das reicht, obwohl Heimat manchmal unerträglich ist. Das sagen Bewohner des Bayerischen Waldes, und so reden auch die Menschen am Ätna, wenn sie unten im Tal sind, sicher in der Menge, und der Vulkan so herumsteht wie die Pappmaché-Kulisse eines mäßig besuchten Passionsspiels. Und das alles stimmt auch, aber es gibt noch andere Wahrheiten. Weil es Leute gibt, die keine Heimatgefühle für den Berg hegen. Die einen, weil sie nur zu Besuch sind. Die anderen, weil sie nicht neben, sondern von ihm leben. Auf dem Weg zum Gipfel begegnet man diesen Leuten und deren eigenen Wahrheiten: Stationen eines Aufstiegs.

Nach wenigen Höhenmetern wird der Ätna zum harten Gegner. Den Steinbruch an einer Bergrippe oberhalb von Milo gibt es seit 300 Jahren, und die drei Männer könnten ebenso lang zwischen den Trümmern gekauert haben. Ihre faltenarmen Gesichter sind versteinert, glatte Flächen, in denen nichts zuckt. Bartstoppeln schieben sich langsam aus den Flächen, und manchmal ändert eine Oberlippe ihre Wölbung. Die Männer sitzen weit auseinander, als habe ein kluger Sträflingsaufseher sie angewiesen. Aber sie sind nicht verurteilt, sondern bearbeiten den Vulkan.

Hämmer hacken Lavabasalt, zerkleinern ihn, spalten, kratzen, sprengen, knirschen. Kalte Lava für Bürgersteige, Straßenpflaster, Hauswände und Kirchenmauern. Für Menschenwerk spendet der Ätna das gleiche Material, mit dem er Menschenwerk wieder vernichtet. Ewiger Kreislauf, und die Hämmer klopfen Funken aus dem kalten Stein.

Kein Geräusch außer den Schlägen der Männer, deren weiße Kopftücher zu Doppelzipfelhauben gedreht sind. Antonino, Piero und Sebastiano – drei Brüder, 42 bis 45 Jahre alt. Ihren Beruf nennen sie „Steinbrecher", und ihren Nachnamen nennen sie nicht, weil es für Sizilianer besser ist, wenig zu sprechen. Sie haben diese Arbeit als Siebenjährige von ihrem Vater gelernt, neben der Landwirtschaft der klassische Beruf am Vulkan. Steine brechen, jeden Tag mehr als neun Stunden Staub in der Lunge. Der Vater war Nichtraucher und starb doch früh, schon mit 71. Vielleicht war es Silikose, und vielleicht stimmt wirklich, was Piero im Fernsehen gehört hat: dass Lava radioaktiv ist. Vielleicht sind die Leute deswegen so komisch hier.

Bisher haben nur die Hände gelitten, und wenigstens ist es eine ehrbare Arbeit. Sebastiano schaut seine zerschundenen Hände an, schaut in den trüben Himmel. Der Vulkan ist unsichtbar; den Horizont bilden die Oberkanten der Grube. Und Sebastiano, der in der Grube lebt und seit 40 Jahren den Ätna zerkleinert, dessen Stimme brüchig klingt und der berechnet hat, dass eine Eruption ihm Schufterei für gut 70 000 Jahre hinschleudert. Sebastiano sagt: „Ich hasse diese Arbeit. Wie die Schäfer mit ihren Schafen. Die sehen nur Schafe. Wir sehen nur Steine. Verfluchte, steinige Steinesteine. Und sonst nix."

Herrlich, diese Steine! Von Flechten überwucherte alte Lavazungen, die sich über Bergflanken schlängeln. Frischere Lavazungen, schwarz und gezackt wie Drachenschwänze, die Tausende Apfelbäume plattgewalzt haben. Was die Begeisterung der Wissenschaftler nicht dämpft. Für sie ist der Vulkan kein Gegner, sondern idealer Spielkamerad, ein heiß geliebter Kotzbrocken. Man kann Sonden reinstecken und den Gasdruck messen und mit Schallwellen eine unbekannte Magmakammer orten, und dann zeichnen die Computer erregende Kurven.

Dann widerspricht der Vulkanologe aus Palermo dem deutschen Geologen, und sie reisen zurück ins heimische Labor, um den Expertenzwist anzuleiern, und nächstes Jahr treffen sie sich wieder am Ätna, mit Glück rülpst er gerade ein bisschen, und sie schleppen neue Instrumente an.

Worüber sich die internationale Riege der Wissenschaftler einig ist: Der Ätna gehört zu den gutmütigen Feuerspuckern, obwohl die Chronik seiner Ausbrüche gerade das kaum vermuten ließe. Sie verzeichnet ungefähr 150 gewaltige Eruptionen seit vorchristlicher Zeit. Aus dem Mittelalter sind drei Verheerungen überliefert, und 1669 vernichtete der Lavastrom zwölf Dörfer und den gesamten Westteil von Catania und floss 700 Meter weit ins Meer.

Tiefrot notiert in der Buchführung ist auch der Ausbruch von 1971, als sich geschätzte 200 Millionen Tonnen Lava talwärts wälzten. Begraben wurden unter anderem das vulkanologische Observatorium unterhalb des Gipfels, die Seilbahn, ein paar Hütten und wieder einmal diverse Verkehrswege. Straßenbauer am Ätna haben einen krisensicheren Job, seit Jahrtausenden. Genauso lang existieren Sagen und Mythen, mit denen schon die Ureinwohner der Region das Unwesen des Kolosses zu erklären versuchten: Im Ätna schmiedet der Gott Hephaistos die Blitze des Zeus. Oder der gefangene Titan Typhon brüllt Feuer. Oder der Riese Polyphem schleudert dem übers Meer flüchtenden Odysseus Felsbrocken vom Berg aus nach.

Der Ätna schickt meist Lavaströme, die an seinen Flanken ausbrechen. Ist ein Dorf bedroht, bleibt den Menschen, wie auf diesem Stich, in der Regel Zeit zur Flucht

Aber jetzt erklären Wissenschaftler den Vulkan, und sie sagen, er sei gutmütig. „Sein Magma ist dünnflüssig, das Gas kann leicht entweichen, und es gibt keine Verstopfung, die den Berg unter Riesendruck setzt und ihn platzen lässt“, doziert Professor Barberi von der Universität Pisa. Und nennt als Beispiel für einen jähzornigen Vulkan den indonesischen Krakatau, dessen Explosion 1883 eine Flutwelle anschob, in der mehr als 30 000 Menschen ertranken. Ebenso viele leben unter dem Ätna. Sie halten den professoralen Vergleich für weit hergeholt. Mythen sind da schon die besseren Erklärungen. Ätna-Menschen erinnern sich gern ans Jahr 1983, als die Wissenschaftler einen Lavastrom in einen künstlichen Kanal umleiten wollten. Was nach dem Urteil der Einheimischen ziemlich daneben war.

„Die hätten eben vorher mit uns reden sollen. Wir wissen, dass der Berg nicht mit sich spielen lässt“, sagen die Bauern auf den

Oben: **In den Feuerpausen wurde der Vesuv zur Attraktion für Touristen, denen einheimische Führer nach Kräften zur Hand gingen**

Rechts: **Blick in den Krater des Vesuv, gemalt 1804 von Pietro Fabris nach Beobachtungen Sir William Hamiltons. Der britische Gesandte in Neapel bestieg den Vesuv über 200-mal und gilt als ein Begründer der Vulkanologie. Als einer der Ersten studierte er auch den Ätna**

Abhängen des Vulkans. Aber da ist wohl kein Dialog möglich – zu weit klaffen die Philosophien auseinander. Die laborblassen Forscher reisen irgendwann wieder ab, und Spinnen nutzen eine vergessene Sonde als Netzpfeiler, während ein gebräunter Bauer sein Terrain zum siebten Mal mit Apfelbäumen bepflanzt.

Höher hinauf, an vereinzelten Häusern vorbei, über weite Hänge, und der Ätna wird fruchtbar; wird zum furchtbaren Paradies. Denn Flavia hat furchtbare Rückenschmerzen. Die 17-Jährige pflückt täglich acht Stunden lang Haselnüsse auf der Ostflanke, macht rund 40 Mark, das ist der übliche Preis unter Grundbesitzern für eine Tagelöhnerin. Flavia und noch ein Dutzend Mädchen schwänzen für 30 Tage die Schule im fernen Messina. Dort finden sie keinen Job. Schule bringt kein Geld. Und diesen Monat in einer Hütte auf freiem Feld werden sie schon überstehen. Ohne Heizung, und es tropft durchs Dach, aber die Hütte ist innen ganz in bleichem Rosa gehalten, sogar der gemauerte Trichter im Klo. Die Pflückerinnen hausen in einem einzigen Raum, vollgepfropft mit zwei Bettenreihen, auf denen sich dünne, aber noch bunte Bezüge stapeln.

Abends entkommt Kichern aus der Hütte, und draußen am Brunnen spritzen sich Mädchen zögernd nass, statt weiter fadenscheinige Kleider zu schrubben. Nebenan knabbert ein fast toter Esel verkrusteten Dreck aus seinem Fell, und ein ganz toter Vollmond lässt das im Nachtwind wispernde Nussgesträuch verstummen. Und Flavia hat Rückenschmerzen und keine Träume für die Zukunft. Starrt die morschen Balken über der Kochgrube an. Erlaubt sich ein müdes Gesicht, weil gerade niemand guckt. Morgen wieder Haselnüsse, falls es nicht regnet. Es müsste regnen und trotzdem Geld geben – das wäre ein Wunder.

Am Ätna geschehen doch viele Wunder. Verstreut in Feldern an den Vulkanhängen preisen Madonnen und Votivtafeln die wundersamen Errettungen. Eine Prozession ging 1928 der zischenden Lava entgegen und stoppte sie. Nein, Gott stoppte sie, oder ein Schutzheiliger. Anno 1979 wurde die rote Glut von jener Kapelle abgefangen, die eigentlich für das Wunder von 1950 gepflanzt worden war, was die Baukosten für eine weitere Kapelle sparte. Und warum teilt sich der brodelnde Strom vor einer Villa, nachdem er die Garage bereits angeschmort hat? Der voreilige Besitzer wollte schon die Hausschlüssel in die Lava werfen, wie es Sitte ist bei unweigerlicher Zerstörung. Solche Ereignisse geben den Menschen am Ätna die Kraft zum Ausharren trotz der stets möglichen Vernichtung ihrer Existenz. Katastrophen geschehen, aber auch Wunder, und vielleicht erwischt es diesmal nur des Nachbars Feld. Sie klammern sich an die Hoffnung und rechtfertigen sie mit Wundern, rekrutieren den Christengott als Wunderwaffe gegen todbringende Vulkangötter aus mythischer Vorzeit.

Das lohnt sich, denn der Ätna nimmt nicht nur, er gibt auch überreichlich: Asche und Lava zerfallen zu phosphor- und kaliumreichem Erdreich, das bewässert wird von den Regenwolken, die am Berg hängen bleiben. Die Region zählt zu den ertragreichsten Italiens, hat eine blutige Tradition beim Niederknüppeln von Bauernrevolten gegen Großgrundbesitzer, und fast alles gedeiht in den Plantagen, die sich ringförmig bis 1200 Meter über das Meer hochziehen. Artischocken, Pfirsiche, Oliven, Wein, Granatäpfel, echte Äpfel, Kaktusfeigen, echte Feigen, Kirschen, Bananen, Mais, Johannisbrotbäume, Dattelpalmen, Zuckerrohr, Tomaten, Tabak, Pflaumen, Aprikosen, Pfeffer, Thymian, Rosmarin, Orangen, Zitronen, Grapefruits (seit 1810), Mandarinen (seit 1828), Edelkastanien, Pistazien (7500 Hektar), Erdnüsse, Walnüsse. Und Haselnüsse. Wenn im Schlaraffenland kein Wunder geschieht, wird Flavia auch morgen pflücken; sich acht Stunden lang bücken und in dieser Haltung den Ätna nicht sehen und nur eine Ameise auf ihm sein. Jetzt ist sie noch Flavia und sagt: „Der Ätna ist wie die Menschen. Wir töten Leute, und der Ätna tötet Leute.“

Die Touristen sterben am leichtesten; mal ist es eine komplette Wandergesellschaft, mal wird ein Pärchen tot geborgen. Der unschuldige Vulkan braucht gar nicht zu spucken: Man kann auch einfach so in eine Schlucht stürzen, wie einmal im Herbst jener deutsche Freizeitkletterer. Man muss bloss keine Ahnung haben, eine Prise Erlebnishunger drüber.

Eine rheinländische Reisegruppe quillt aus dem Bus an der Bergstation La Sapienza. Zwei Nachwuchsdamen eilen zur nächsten Halde aus Vulkangestein, die dort seit Jahrzehnten herumliegt und in der Mittagssonne glimmert. Die Damen tätscheln vorsichtig, nicken einander zu. Konstatieren: „Dat is ja noch wahm.“ In den Kiosken rund um den Parkplatz gehen die Aschenbecher aus Lava weg wie heiße Semmeln. Schnee verkappt die Spitze des Ätna, und hinter der Skilift-Bude steigt eine Dampfsäule auf. „Kuckmah, der Vulkan!“ Es dampft aus einem Gully. Und keiner lacht, schon gar nicht der Bergführer Carbonaro, der seit vie-

len Jahren meist vergebens versucht, Reisenden die Geheimnisse zwischen dem Ätna und seinen Bewohnern nahe zu bringen.

Je höher man steigt, desto gauklerischer wird der Berg. Er inszeniert seine Geheimnisse. Die Show beginnt spätnachmittags nahe dem kilometerlangen Riss, den er eigens geschaffen hat als bizarres Ventil für die nächste Eruption und der eine Hangstraße zerfetzt hat wie Seidenpapier. Man beugt sich über diesen meterbreiten Erdspalt, lauscht ins Bodenlose und ist fast sicher, dass da unten ein Poltergeist rumort. Dann dreht man sich um und sieht vier Rauchfahnen über einer Bauminsel im Basaltmeer, sieht den Poltergeist mit einer Art Paddel auf rauchende Humushaufen patschen. Er legt Holz nach, am Gürtel eine Machete und eine Miniatur des Erdspaltes als Narbe am linken Unterarm. Das muss er sein, der Einheizer und Felsenschmelzer, der Erdaufreißer und Speiteufel: listiger Ätna in Menschengestalt.

Ende der Show! Es ist Angelo Russo, der tierisch Kohle macht. Signor Russo aus dem Dorfe Mascali hat die polizeiliche Erlaubnis zur Köhlerei im Sperrgebiet. Die Narbe am Unterarm holte er sich beim Zuckerrohrschneiden in Australien, und den Erdspalt hat er noch nicht gesehen; er hasst den Vulkan und straft ihn mit Desinteresse. Nach sechs Jahren Australien kam er zurück, weil es keine bessere Welt war, in die der Ätna ihn vertrieben hatte. Seine Tochter heiratete trotzdem dorthin. Manchmal ruft sie an und fragt, ob der Berg furzt. Sie meint Signor Russos Feind, auf dem er seit zwei Wochen malocht und dem er seinen Verdienst danken muss. Er schläft im Dreirad-Kleinlaster, raucht die billigsten Zigaretten und hustet heiser. Versucht vergebens, den verklemmten Hosenreißverschluss hochzuziehen, und riecht, wie ein Köhler riecht: nicht künstlich. Murmelt von einsamen Bergtälern, wo Frauen vergewaltigt werden. Verstummt. Sobald die Kohle fertig ist, fährt er hinab ins Dorf. Legt sich 14 Tage ins Bett und sucht im Radio nach Klassik. Angelo Russo, der 67-jährige Köhler, hat keine Angst, weil man auch in Australien krepieren kann. „Aber wenn der Ätna aufwacht, bleibst du mit leeren Händen." Wut züngelt entlang der Adern in rauchgeröteten Augen. Trotzdem, er wird nicht wieder nach Australien gehen; auch nicht, um seine Tochter zu besuchen. Der geheime Schwur des Köhlers: Der Berg soll ihn nicht noch mal vertreiben. „Ich bin ein Mensch und kann überall leben." Er spuckt auf diesen Berg. Schwielen an seinen Händen, ein Spätnachmittag ist vorbei. Keine Geheimnisse mehr. Der Berg wirft seine Schatten über die Köhlerhaufen, erhabener Klotz, von dem die Ohnmacht abprallt, ungerührt und unverrückbar.

Weiter aufwärts, durch den satten Waldgürtel in die Hochlagen, wo die Bäume verkrüppelt sind und schief und die Mondlandschaft nicht mehr kaschieren können. Hier oben wird der Ätna skrupellos, und mit ihm seine Nutznießer. Stachelschweine treiben sich rum, die den Schwanz einziehen, wenn Salvatore den urweltlichen Nationalpark durchstreift, ein begabter Wilderer, der seinerseits vermeidet, zwischen die Fronten eines Schäferkriegs zu geraten. Den Hirten kommt es auf einen Flächenbrand mehr oder weniger nicht an, wenn sie gegnerische Weiden abfackeln. Und ebenso sorglos plant ein Bürgermeister einen Golfplatz im Schutzgebiet – was jedoch den kommunistischen Kollegen aus dem Nachbarort auf die Barrikaden bringt.

Ein knotiges Beziehungsgeflecht, und mittendrin Sebastiano Spugnetti, 37-jähriger Förster von Zafferana; mit dem zerknautschten Gesicht eines selbstironischen Machos trägt er sein Amt und seinen Schnauzer mit Fassung. Und flüchtet so oft wie möglich aus dem Büro in die fast greifbare Stille nach einem der häufigen Gewitter – Vögel schweigen am Berg, in Höllenschlünden keuchen Nebel, und Spugnetti schwört, dass man Steinpilze wachsen hören kann. Was man auf jeden Fall hört, ist das Jaulen seines Geländemotorrads, mit dem er das Geröll abreitet: Spugnetti auf Patrouille pirscht den wilden Müllsündern nach, meistens Auswärtige. Die Einheimischen verschandeln ihre Ge-

1845 wurde am Vesuv in 600 Meter Höhe das vulkanologische Observatorium eingerichtet. Im 20. Jahrhundert wurde es durch zahlreiche Messstationen am Berg ergänzt. Der Ätna wird ähnlich streng überwacht

Eine Gruppe Engländer hat den Ätna erstiegen und blickt in den feurigen Krater. Darstellung aus dem 18. Jahrhundert

gend ungern. „Sie bestehen gegen die Natur und sind stolz darauf. Sie lieben die Natur, der sie ihren Stolz verdanken, die ihnen ihre Stärke bestätigt. Jeder am Ätna glaubt, ein bisschen von seiner Stärke zu besitzen. Ich auch." Spugnetti grinst und würgt den qualmenden Motor ab. Sein geübter Dackelblick unter der zerbeulten Kappe bittet um Verzeihung für die Widersprüche des Daseins. Spugnetti war früher Kapitän zur See.

Noch ein Stück höher hinauf, und dann kichert eine Frau, die vor über 30 Jahren ihrem Traum gefolgt war, und der Berg ist nicht mehr wichtig. Die Gründe sind unwichtig, warum die Menschen hierbleiben und wie sie das schaffen, denn die letzte Wahrheit am Ätna ist: Man braucht keine Gründe. Man braucht einen Traum. Donna Caterinas Traum. „Weit weg war er, aber riesig, und ich schrie im Schlaf. Ein blondes Engelskind stieg hoch und winkte mir zu folgen. Ich ging zum Vulkan, und hinter mir brüllte das Meer. Ich stieg hinauf – der Vulkan war nur noch ein Weg. Und das blonde Engelskind sagte: Hier ist dein Platz, und hier bleibst du." Sie gehorchte und kam barfuß aus dem Dorf am Meer, um allein auf dem Vulkan zu leben, höher als jemand sonst, und sie wird ihn nicht verlassen, bevor sie stirbt. Sie kam als respektierte Ehefrau und ließ den rheumatischen Mann am Salzwasser zurück. Sie hat eine Doppelflinte gegen das Böse, und die eisigen Winter am Rand des Pulverfasses übersteht sie mit einem halben Schwein. Donna Caterina braucht keine Hilfe, keinen Strom und keine Wasserleitung in ihrem geduckten Haus mit Fenstern wie Schießscharten. Sie ist 64 Jahre alt und war siebzehnmal schwanger, und das reicht. Sie sammelt Kastanien und schießt öfter auf Menschen als auf Tiere.

Denn es sind Verrückte, die in der Ödnis der Serra della Nave umherirren, im „Rachen des Schiffes", hart unter dem Gipfel. Verrückte oder Diebe. Oder eine Frau, die ein Traum auf den Vulkan geführt hat, in eine düstere Eremitage mit rußgeschwärzten Mauern. Und auf dem rohen Tisch steht das Foto eines begehrten Mädchens, befingert von dem scharfen Lichtstrahl, der sich durch eine Schießscharte zwängt.

Donna Caterina mit den Eichhörnchenaugen und den drei Paar Socken übereinander und den weichen Lippen eines begehrten Mädchens liebkost den Rahmen des Fotos und sucht eine verschollene Caterina. Die hat mal in Catania einen Elefanten gefüttert, der Toni hieß. Sie gab ihm Brot, und er quietschte mit seiner komischen Nase. Jene verschollene Caterina war Dienstmädchen bei einem netten Prinzen, und sie war hübsch. „Ich bin hässlich, und ich bin mutig, großzügig, herzlich und jähzornig. Ich bin alt und hässlich, und ich brauche keine Kirche, denn ich habe sie auf dem Herzen." Dort baumelt das Kruzifix an einer Sicherheitsnadel und klirrt leise, als Donna Caterina eine obszöne Handbewegung macht. „Ich bin einsam, denn ich bin aus Blut und nicht aus Eisen." Sie ist auch klein und schmalhüftig und setzt die Schritte wie ein Revolverheld, der noch Munition hat und trotzdem mit dem Schießen aufhören will. Gestern hat sie eine Schlange erschossen und zwei grüne Patronenhülsen draußen liegen lassen. Sie wird auf dem Ätna sterben, ohne ganz oben gewesen zu sein. Manchmal träumt sie noch von ihm und dem blonden Engelskind, aber eher aus Gewohnheit. Sie wacht auf und weiß nicht, ob das Kind und der Vulkan und sie selbst nur ein Traum sind. Sie stellt dann das Foto in den Lichtstrahl.

Seite 129 – Schwefel aus vulkanischem Gas kristallisiert zwischen 95 und 119 Grad Celsius. Bei noch höherer Temperatur schmilzt er zu einer orangefarbenen Flüssigkeit wie hier im Krater des Kawah Ijen auf Java

Seite 130/131 – In Kurbädern rund um den japanischen Vulkan Sakura-Jima werden Fumarolen für Heilzwecke genutzt. In erhitzten vulkanischen Auswurf gebettet, hoffen die Gäste auf Linderung ihrer Leiden

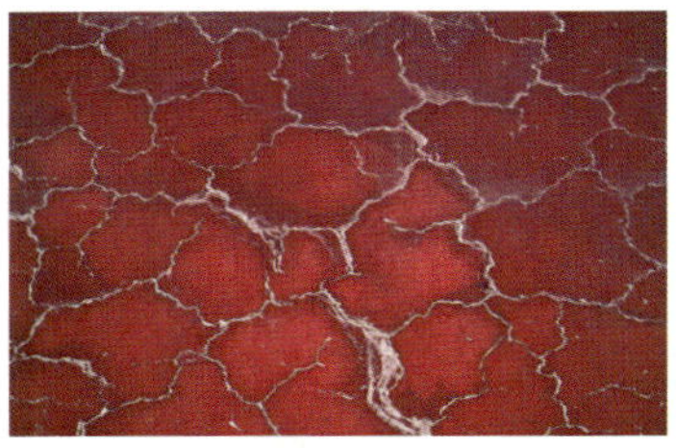

Seite 132/133 – Ein weiterer Blick auf den Natronsee aus der Luft: Im rot gefärbten ausgetrockneten See bildet Soda die Wabenwände des Polygonmusters

Seite 134/135 – Thjórsá, der längste Fluss Islands, zieht vielfältig aufgespalten und verschlungen dahin. Die charakteristische Färbung verrät dem Kenner bei Betrachtung der Luftaufnahme den Ursprung in vulkanischem Gestein

Seite 136/137 – Kamtschatka gehört, was seine Vulkane betrifft, zu den heißesten Gebieten der Erde. Am Awatschinskij wurden 16 Eruptionen seit 1737 registriert, zuletzt 1991. Mit seinem bis an den Rand gefüllten Krater ist er ein bevorzugtes Studienobjekt russischer Vulkanologen

Seite 138/139 – Diese isländische Landschaft, längst ergrünt, ist erkennbar noch von feuriger Vergangenheit geprägt

Seite 140/141 – Ein Lehrstück über bis dahin kaum vorstellbare Gefahren bei Vulkanausbrüchen war die Eruption des Mount St. Helens im Westen der USA. Damals, im Mai 1980, wurde durch eine heiße Druckwelle noch in 30 Kilometer Entfernung der Wald versengt

Seite 142/143 – Der türkisfarbene Voui-See liegt in einer Caldera am Gipfel des Vulkans Aoba in den Neuen Hebriden (Vanuatu). Aus einer Magmakammer in der Tiefe steigen Gase auf, die das Wasser erwärmen, ihm seine auffällige Farbe geben und den pH-Wert in den sehr sauren Bereich unter 2 bringen. Auf einer kleinen Insel im See haben die Gase alle Bäume erstickt. Nur Farne zeigen sich resistent gegen die giftigen Ausdünstungen

Seite 144/145 – Für die Maasai am Fuß des Ol Doinyo Lengai in Tansania ist der Vulkan ein heiliger Berg, Sitz ihres Schöpfers Engai. Ab und an steigen sie hinauf, um ihrem Gott nahe zu sein oder auch ein Opfer darzubringen

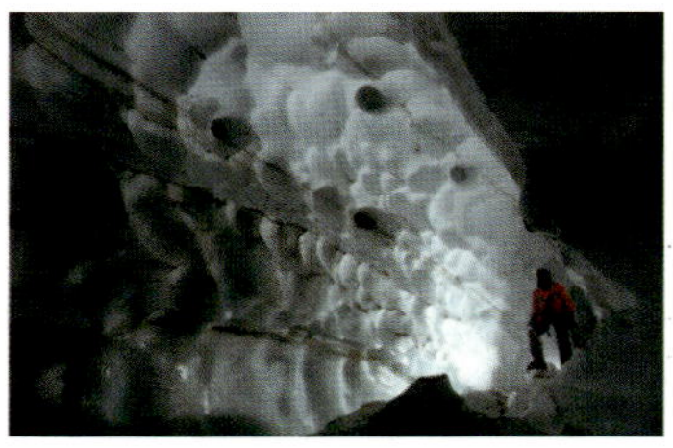

Seite 146/147 – Im dem bis 1478 Meter hoch ansteigenden isländischen Bergmassiv Kerlingarfjöll („Berg der Zauberinnen") haben heiße vulkanische Gase in einen Gletscher immense Stollen geschmolzen

Seite 148/149 – Diese und zehn weitere Felsenkirchen von Lalibela im äthiopischen Hochland, von der Unesco zum Weltkulturerbe erklärt, wurden im 12. und 13. Jahrhundert aus vulkanischen Ablagerungen herausgehauen

Seite 150/151 – Die riesigen Schwärme von Flamingos, die den Natronsee in Tansania bevölkern, sind Nutznießer des Vulkans Ol Doinyo Lengai. Seine ungewöhnliche Lava gibt bei ihrem schnellen Zerfall Soda frei. Dieses sammelt sich in dem auch aus unterirdischen Quellen gespeisten Natronsee. Flamingos sind völlig unempfindlich gegen die ätzende Lauge, bauen sogar ihre Nisthügel aus sodahaltigem Schlamm und brauchen so keine Feinde zu fürchten

Seite 152/153 – Der See im Vulkan-Massiv des Kawah Ijen („grüner See" auf Indonesisch) in Ostjava enthält reichlich Schwefel- und Salzsäure. An seinen steilen Hängen haben sich Mengen leuchtend gelben Schwefels niedergeschlagen, der in großem Umfang abgebaut wird

Seite 154/155 – Der Ätna, mit 3350 Metern der höchste Vulkan Europas, ist seit über 2,5 Millionen Jahren aktiv. An seinem im Winter schneebedeckten Gipfel liegen vier große Krater. Zahlreiche Nebenkrater, mit denen er übersät ist, stammen von Flankenausbrüchen

Seite 156/157 – Das Bild erinnert an Landmannalaugar, aber es wurde in Chile aufgenommen: Vulkanische Gase haben eine eigentümliche Landschaft geschaffen

Seite 158/159 – Wie Orgelpfeifen, die aus der Fasson geraten sind, hängen erstarrte Lavamassen über dem Fluss Alcantara im Nordosten Siziliens. Die Erde spuckte sie vor Jahrmillionen aus, noch bevor der Ätna entstand

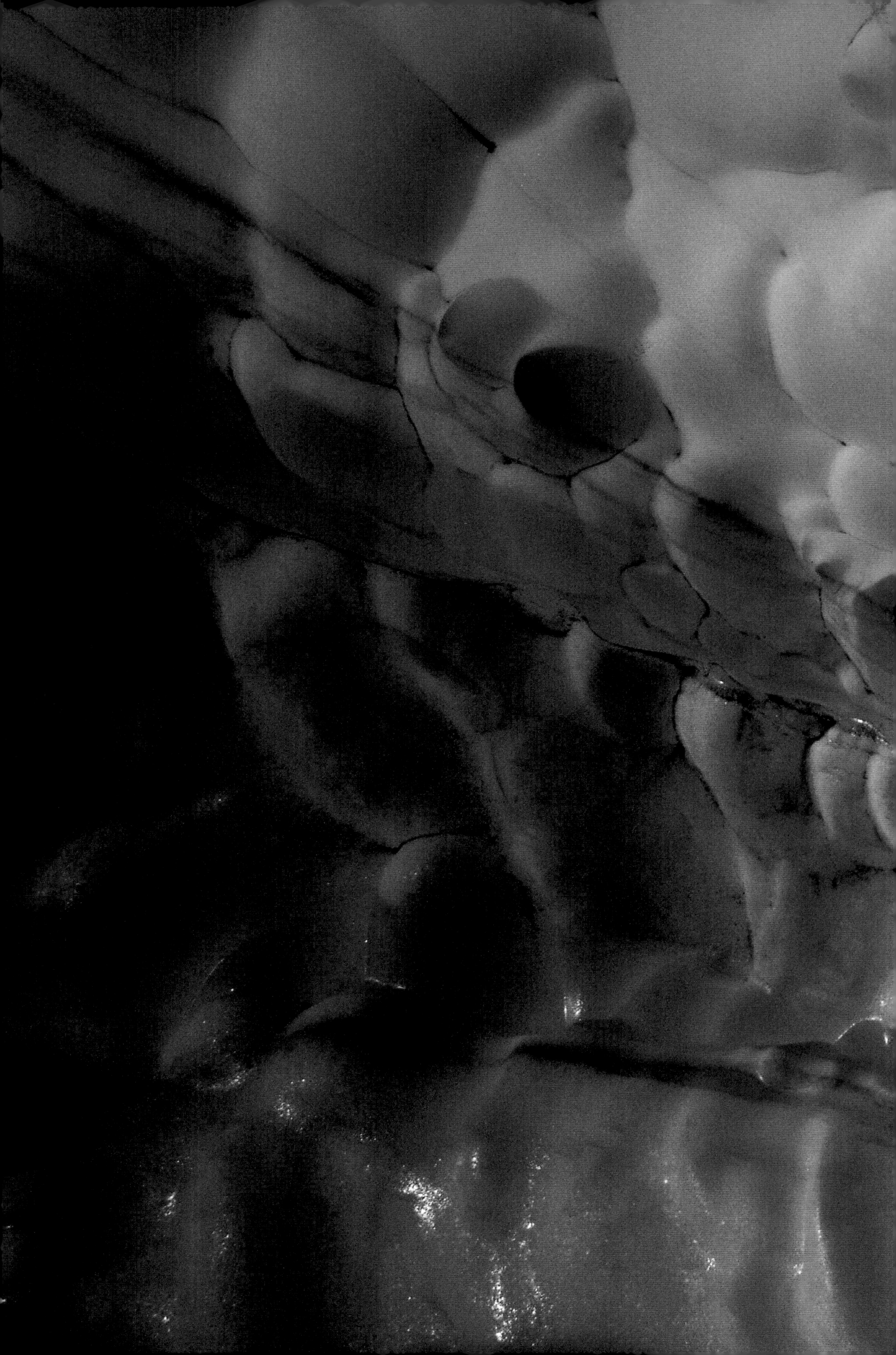

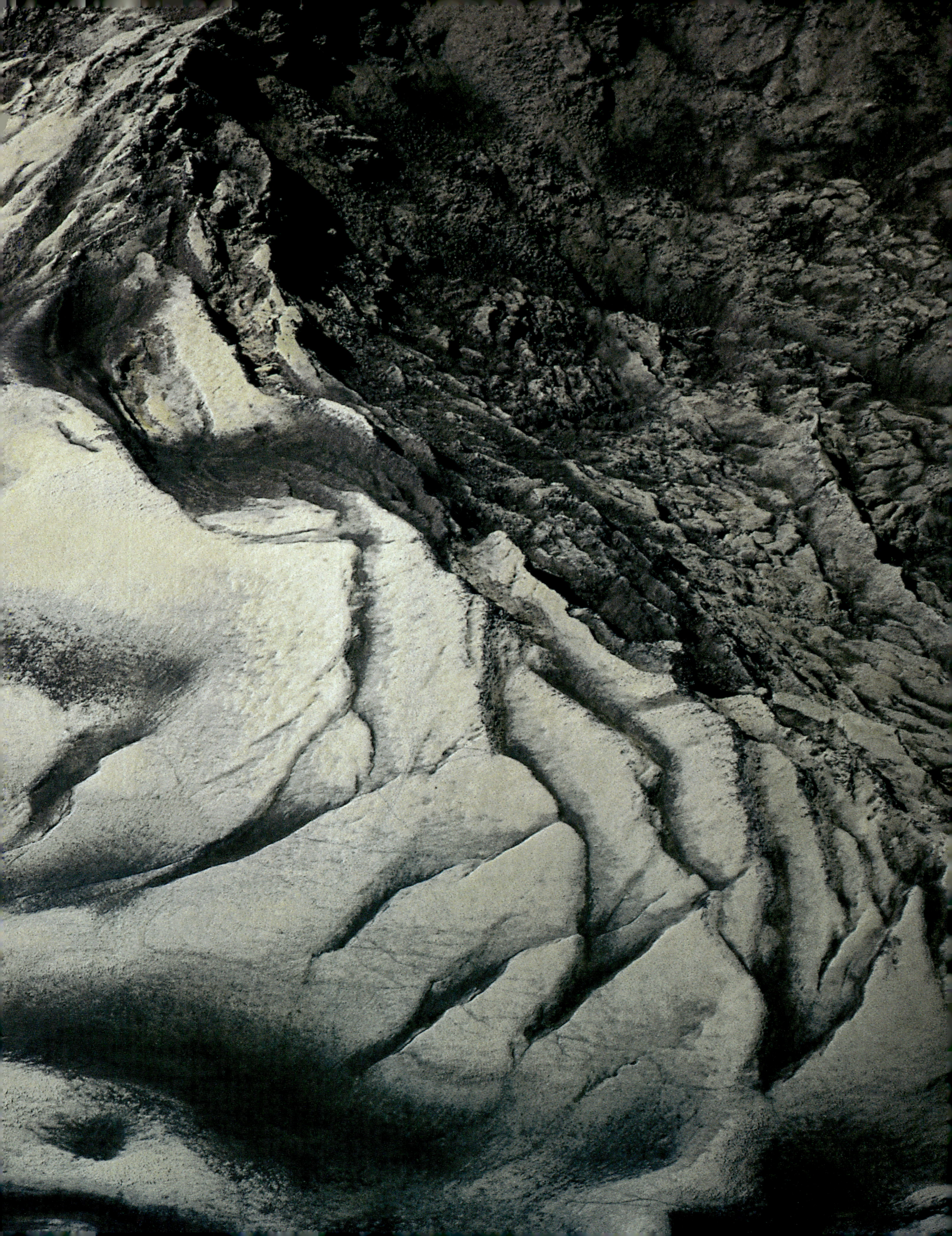

HEISSKALTE MISCHUNG

Titanische Kräfte wurden entfesselt, als 1996 ein Vulkan unter dem isländischen Vatnajökull-Gletscher Feuer spie. Die Hitze fraß sich durch 600 Meter starkes Eis, und Wochen später ergoss sich ein gigantischer Fluss ins Meer

Von Erwin Lausch

Die Flut war kaffeebraun und kam mit höllischem Gestank. Seit Wochen erwartet, brach sie mit ungestümer Gewalt aus dem Gletscher hervor. Durch die ungeheure Entleerung stürzten die Gletschertore ein, weiteten sich zu Höhlen groß wie Amphitheater. So gewaltig war der Druck der Wassermassen, die aus Islands größtem Gletscher Vatnajökull drängten, dass der dunkle Strom auch oben auf dem Gletscher aus einem 200 bis 300 Meter tiefen Riss gepresst wurde. „Die enorme Kraft des Wassers, das aus dieser Spalte schoss", erinnert sich Arni Snorrason, Leiter der hydrologischen Abteilung in der isländischen Energiebehörde, „war eindrucksvoll."

Von Amts wegen vor Ort, stand Snorrason mit dem Geologen und Glaziologen Oddur Sigurdsson am 5. November 1996 auf der 900 Meter langen Brücke über der aus dem Gletscher abfließenden Skeidará, als das Wasser kam. Sigurdsson: „Das ganze riesige Sandergebiet vor uns bewegte sich plötzlich, als ob es lebte. Wir mussten uns von der Brücke so schnell wie möglich in Sicherheit bringen. Als wir mit dem Auto abfuhren, war der Fluss noch 50 Meter breit; als wir auf der sicheren Seite angekommen waren, füllte das schlammige Wasser schon das ganze Flussbett in etwa 1000 Meter Breite. Dann erhöhte sich der Wasserspiegel vor unseren Augen innerhalb einer halben Stunde um vier bis fünf Meter. Es war atemraubend."

Ein Vulkan unter dem Gletscher war ausgebrochen. Wie ein Schneidbrenner hatte sich die ausgestoßene Glut durch das Eis des Vatnajökull gefressen, hatte der erhitzte Untergrund das Eis über sich geschmolzen. Ein Wasserausbruch stand unweigerlich bevor – doch er ließ sich ungewöhnlich viel Zeit. Über fünf Wochen lang strapazierte die riesige Wasserblase die Geduld der Isländer und ihrer zahlreichen Besucher. Denn „Jökulhlaups", wie die Isländer die „Gletscherläufe" nennen, gibt es weltweit ausschließlich auf der Insel im hohen Norden. Es wurde der spektakulärste Wasserausbruch seit Jahrzehnten.

Vulkanisches Feuer und Gletschereis treffen zwar auch in anderen Regionen der Erde aufeinander. Nicht selten tragen Vulkanriesen Gletscherkappen, die bei Ausbrüchen schmelzen. Dann rasen Schlammströme bergabwärts, die Bäume und Felsbrocken mit sich wirbeln. Doch von den Gletschern, in denen sich Wassermassen stauen und anschließend entleeren könnten, bleibt kaum etwas übrig. Aktive Vulkane vermuten Forscher auch unter dem Eis der Westantarktis. Dafür sprechen flache Dellen, die sich an der Oberfläche des Weißen Kontinents abzeichnen. Aber kein Ausbruch drang bisher durch das kilometerdicke Eis.

In Island indes sind die Voraussetzungen dafür ideal. Vulkanisches Feuer und Eis sind reichlich vorhanden, und die Eismassen sind nicht so gewaltig wie etwa am Südpol. Einige Kubikkilometer Schmelzwasser können hier nicht spurlos verschwinden. Die größte Vulkaninsel der Erde, mit 103 000 Quadratkilometern so groß wie Bayern und Baden-Württemberg zusammen, ist zu etwa einem Zehntel vergletschert. Der Vatnajökull ist nicht nur Islands größter Eisklops, sondern auch Europas größter Gletscher. Er bedeckt allein 8300 Quadratkilometer, und unter seinem Eis verbirgt sich ein halbes Dutzend aktiver Vulkane.

Im Jahr 1996 ist das erste Anzeichen dafür, dass sich unter dem Vatnajökull etwas tut, eine Serie von Erdbeben am 29. September. Sie wird eröffnet durch ein mittelstarkes Beben der Stärke 5 auf der Richter-Skala im Gebiet des Vulkans Bárdarbunga, im Nordwesten des Vatnajökull. Ähnliche Beben sind dort in den letzten zwei Jahrzehnten häufig registriert worden. Diesmal jedoch schließen sich zahlreiche schwächere Erdstöße in der Umgebung an. Das ist ungewöhnlich. Die Erschütterungen halten auch am nächsten Tag an. Am Abend des 30. September registrieren Seismographen ein anhaltendes Vibrieren; es deutet auf hochsteigendes Magma. Gegen 22.30 Uhr haben die Experten keinen Zweifel mehr: Eine Eruption hat begonnen.

Am nächsten Morgen entdecken Beobachter aus der Luft im Eis eine Senke, die bald 100 Meter tief wird und sich zwei Kilometer in die Breite zieht. Im Laufe des Tages treten drei weitere Vertiefungen auf, alle in einer fünf bis sechs Kilometer langen Reihe. Offenbar ist zwischen den Vulkanen Bárdarbunga und Grimsvötn eine Spalte aufgerissen, und die Hitze der ausströmenden Lavamassen lässt das Eis schmelzen, das im Ausbruchsgebiet etwa 600 Meter dick ist.

Island breitet sich auf dem Mittelatlantischen Rücken aus, einem gewaltigen Vulkangebirge, das unablässig neue Erdkruste bildet. Dieses Gebirge am Boden der Tiefsee gehört zum System der Mittelozeanischen Rücken, die sich 60 000 Kilometer weit durch die Weltmeere ziehen. Sie sind die Wachstumszonen für die riesigen tektonischen Platten, aus denen die äußere Hülle der Erde besteht. Diese im Durchschnitt etwa 100 Kilometer dicken Gebilde treiben mit einer Geschwindigkeit von wenigen Zentimetern pro Jahr um die Erde. An den Mittelozeanischen Rücken entfernen sich jeweils zwei Platten voneinander. In den aufreißenden Lücken steigt Lava auf und setzt sich an den davon driftenden „Schollen" fest, die in Tiefseegräben schräg abwärts ins Innere unseres Planeten zurückgleiten oder bei Kollisionen zweier Kontinente zu Hochgebirgen wie dem Himalaya aufgestaucht werden.

Gewöhnlich liegen die Gipfel der Mittelozeanischen Rücken mehrere 1000 Meter unter dem Meeresspiegel. Nur an wenigen Stellen, etwa auf den Azoren, ragen einzelne Vulkanspitzen aus dem Wasser. Island aber ist Eruption um Eruption zu stattlicher Höhe und Breite aus dem Ozean gewachsen. Hier können Geologen an Land studieren, wozu sie sonst tief tauchen müssten. Seit der Besiedlung der Insel im 9. Jahrhundert wurden rund 200 Ausbrüche registriert. Und seit dem Ende der letzten Kaltzeit sind nach Untersuchungen isländischer Forscher 35 Vulkane auf Island aktiv gewesen. Die meisten aktiven Feuerspeier liegen in einem über 50 Kilometer breiten Streifen, der sich vom äußersten Norden südwärts bis etwa in die Mitte der Insel zieht und sich dort in zwei von Nordost nach Südwest verlaufende Äste gabelt. Zu beiden Seiten dieser „jungvulkanischen Zone" erstrecken sich, je weiter sie vom aktiven Bereich entfernt sind, immer ältere vulkanische Gesteine, die einst in der Zerrzone erstarrt und inzwischen dorthin verschoben worden sind. Diese jungvulkanische Zone trennt die Nordamerikanische und die Eurasische Platte voneinander und produziert für beide glutflüssigen Nachschub

Links: **Lava erstarrt in vielerlei Formen, je nach ihrer Zusammensetzung, den Umständen der Eruption, der Art des Geländes, über das sie fließt, und anderen Faktoren. Hier reizte den Fotografen ein winziger Ausschnitt der Lava, die bei der Eruption der Lakispalte auf Island im Jahr 1783 floss – beim weltweit größten Lava-Ausstoß in historischer Zeit. Das Bild könnte genauso gut von einem der zahlreichen jüngeren Ausbrüche auf Island stammen**

Beim großen Ausbruch aus der 25 Kilometer langen Lakispalte, bei dem das Land mit Lava überschwemmt wurde, entstanden etwa 115 hintereinander aufgereihte Krater

aus dem Bauch der Erde. Geologisch gesehen ist der Westen Islands mit der Hauptstadt Reykjavík somit ein Teil Amerikas, während der Osten zu Europa gehört.

Den reichlich strömenden Glutfluss auf Island erklären Geowissenschaftler damit, dass die gezerrte Zone über einem „Hot spot" liegt. Aus solchen „heißen Stellen" tief unter der Erdkruste steigt über Jahrmillionen reichlich Magma auf. Andere Hot spots, wie jener unter dem hawaiischen Archipel, treiben ihr Magma mitten durch eine Platte. Auf Island hingegen verstärkt der Glutfluss aus dem Hot spot den Vulkanismus eines Mittelozeanischen Rückens.

Am frühen Morgen des 2. Oktober 1996 stehen düstere Wolken über dem Vatnajökull: Die Eruption hat das Eis durchstoßen. In rhythmischen Explosionen wird Asche 500 Meter hoch in den Himmel geschleudert. Eine Säule aus Wasserdampf steigt 3000 Meter auf. Gegen Mittag ist die Eruptionsspalte im Gletscher zehn Kilometer lang aufgerissen, und es hat sich ein zweiter Durchbruch gebildet. Den seismischen Signalen zufolge ist die Aktivität unter dem Eis noch heftiger geworden.

Längst hat sich im Vatnajökull ein gewaltiger Schmelzwasserstrom in Bewegung gesetzt. Er fließt nach Süden in Richtung des Vulkans Grimsvötn. Über einer entleerten Magmakammer ist dort vor längerer Zeit die Decke eingebrochen und so eine „Caldera", ein Einsturzkessel, von zehn Kilometer Durchmesser entstanden. Dort sammelt sich das Wasser und hebt das mächtige Eis des Gletschers an. Experten schätzen den Zustrom auf 5000 Kubikmeter pro Sekunde. Bei gleichbleibender Zuflussrate erwarten sie den Ausbruch des Wassers für den nächsten Tag.

Am 3. Oktober steigt eine Dampf- und Aschesäule 10 000 Meter hoch auf. Die Hauptausbruchstelle des Vulkans hat sich mehrfach verlagert. Sie liegt nun unter einem Schmelzwassersee, dessen Tiefe auf etwa 50 Meter geschätzt wird. Was im Einzelnen an der Eruptionsspalte passiert, vermag niemand zu sagen. Die seismische Aktivität aber zeigt an, dass Lava fließt. Der erwartete Ausbruch des Schmelzwassers bleibt aus. Zwar haben die Wassermassen in der Grimsvötn-Caldera die Eiskappe bereits angehoben, aber nicht so sehr, dass die Flut durch eine Scharte in der Caldera-Wand freien Lauf hätte. Die Glaziologen rechnen immer noch mit einer Entleerung nach Süden, entsprechend dem Gefälle des Felssockels unter dem Gletscher.

50 Kilometer sind es von der Caldera bis zum Gletscherrand nahe der isländischen Südostküste. Zwischen Eis und Küste haben Gletscherflüsse schon in der Vergangenheit Sander aufgeschüttet, weite Ebenen aus schwarzem Sand und Kies. Im „Normalbetrieb" des Vatnajökull läuft das Wasser vielfach mäandernd über die Sander. Bei einem Gletscherlauf aber kann sich das Flussgeflecht unversehens in einen kilometerbreiten Strom verwandeln, der tonnenschwere Eisblöcke mit sich wirbelt.

Nichts Neues vom Vulkan am 4. Oktober. Die Eruption unter dem Eis dauert an. Weiterhin werden Wasserdampf und Asche ausgestoßen. In der Grimsvötn-Caldera steht das Wasser so hoch wie nie zuvor seit Beginn der Messungen in diesem Jahrhundert. Die Brücken auf dem Skeidarársandur sind für Wassermengen von 9000 Kubikmeter pro Sekunde ausgelegt. Das bietet genügend Sicherheit bei „normalem" Hochwasser und kleineren Gletscherläufen. Der sommerliche Extremwert des Gletscherabflusses Skeidará übersteigt selten 1000 Kubikmeter pro Sekunde, und 3000 Kubikmeter können es bei Gletscherläufen werden, die ohne Vulkanausbruch zustande kommen, weil Teile des Felssockels unter dem Vatnajökull Wärme ausstrahlen wie eine Heizplatte.

Weiter strömt Lava aus, aber nur noch wenig Asche wird ausgeworfen. Das Wasser in der Caldera steigt, aber nichts deutet auf einen bevorstehenden Gletscherlauf hin. Die Experten sind ratlos. Am 7. Oktober beschließen sie, auf weitere Vorhersagen zu verzichten. Die Eruption endet am 13. Oktober. Kein Feuer mehr unterm Eis, keine Aschewolken mehr, und der Gletscherlauf lässt weiter auf sich warten. Am Nachmittag des 15. Oktober können sich ein paar Vulkanologen mit einem kleinen Flugzeug einen ersten Überblick verschaffen. Sie sehen ringförmige Spalten über der Grimsvötn-Caldera – Risse, die bei der Hebung des Eises durch das Schmelzwasser entstanden sind. Weiter nordwärts folgen sie einer kilometerlangen Schlucht im Gletscher. An ihren Rändern ist 400 Meter dickes Eis kreuz und quer in schmale hohe Blöcke zerrissen. Schließlich gelangen sie an den Vulkankegel, der aus dem schwarzem, mit ausgestoßener Asche angedicktem Wasser ragt.

Am 28. Oktober endlich klart der Himmel auf. Doch noch immer gibt es keine Anzeichen für einen unmittelbar bevorstehenden Gletscherlauf. Dann jedoch, am Abend des 4. November, weist seismische Aktivität in der Grimsvötn-Caldera darauf hin, dass das Wasser sich in Marsch zu setzen beginnt. Bis zum Rand des Gletschers muss es sich einen 50 Kilometer weiten Weg durchs Eis bahnen. Der Gletscherfluss Skeidará führt bei bereits winterlichen Temperaturen wenig Wasser – 70 Kubikmeter pro Sekunde. Bis zum nächsten Morgen um acht bleibt alles ruhig, doch plötzlich ist der Teufel los: Eine düstere, stinkende Flut stürzt aus dem Eis, schwillt innerhalb von weniger als zwei Stunden auf das 80- bis 100fache an und erreicht gegen 23 Uhr mit 45 000 Kubikmeter pro Sekunde ihren Spitzenwert.

Der große Wassersturz ist nach gut 30 Stunden wieder zu Ende. Unübersehbar sind seine Folgen. Die unter dem Eis entfesselte gewaltige Flut hat die Straße fortgerissen, Brücken demoliert, Telefon- und Strommasten geknickt, die Sanderfläche mit braunen und weißen, aus dem Gletscher gebrochenen Eisbrocken überschwemmt, von denen manche bis zu 15 Meter hoch sind. Nach ersten Schätzungen wird es 24 Millionen Mark kosten, die Schäden zu beheben. Die Menschen im Osten der Insel können ihre Hauptstadt einstweilen nur über die Nordroute erreichen – ein Umweg von bis zu 1000 Kilometern. „Die Zerstörungen", sagt Ministerpräsident David Oddson, „werfen unser Land im Straßenbau 20 Jahre zurück."

BAUSTELLE ERDE

Das Afar-Dreieck im östlichen Afrika ist ein Magnet für Geologen: Hier ist der Kontinent seit 30 Millionen Jahren in Aufruhr – von Beben erschüttert, von Gräben zerschnitten und von Vulkanen wie dem Erta'Ale versengt

Von Stefan Schomann

Keuchend kriecht unser Jeep die graphitgraue Platte empor, quert klirrende Lavafelder, setzt holpernd über Steinstufen und kommt schließlich hart am Abgrund zum Stehen. Wir klettern heraus und blinzeln in die weiße Glut der Sonne. Vor uns dehnt sich eine Welt von monumentaler Weite. In der Mitte des Tals ruht der flache Krater des Fi'Ale-Vulkans mit dem erstarrten Lavasee. Mit seinen unzähligen Schollen wirkt er wie ein verkohlter Zupfkuchen. Dahinter schimmern, gestaffelt wie Tribünenränge, ein Dutzend Höhenzüge in fahlem Anthrazit. Von Osten bohrt sich der Golf von Tadjoura als türkisblitzender Fjord in die Felsenwüste, im Westen leuchtet das azurblaue Auge des Assal-Sees, mit einem gleißend weißen Lidschatten aus Salz. Ansonsten Steine, Steine, Steine.

Normalerweise begeistern mich Panoramen. Vor diesem steinernen Inferno aber stehe ich bestürzt. Es gibt wenige derart unwirtliche Weltgegenden wie das Afar-Dreieck, jene Region am Horn von Afrika, zu der Djibouti und angrenzende Gebiete Äthiopiens und Eritreas gehören. Auf Klimakarten leuchtet der Landstrich krebsrot: Mit Temperaturen von 30 Grad Celsius im Jahresmittel und Spitzenwerten um 60 Grad zählt er zu den heißesten Ecken der Erde. Das Dreieck ist die Hölle für Mensch und Tier, aber ein Mekka für Geologen. Hier liegt ein Kapitel der Erdgeschichte aufgeschlagen, das die großen Themen des Fachs zur Anschauung bringt: Vulkanismus, Grabenbildung, Erdbeben, Plattentektonik. Und diese einzigartige Gelegenheit wollen die sechs Wissenschaftler des IPGP, des Pariser Geophysikalischen Instituts, die neben mir stehen, nutzen.

Am Fuß eines Vulkankegels in Djibouti haben Urmenschen Fußspuren hinterlassen, die damals in die schlammigen Ablagerungen am Ufer eines Sees gedrückt wurden

Die einzige Spur menschlichen Lebens bildet mitten im Krater des Fi'Ale unser Lager, das wir gestern errichtet haben. Hingewürfelt wie Spielzeug in einem riesigen Sandkasten, stehen dort zwei Armeelastwagen und ein Dutzend Feldbetten für uns und die Fremdenlegionäre, die uns helfen und beschützen sollen. Die Forschergruppe wird von Isabelle Manighetti geleitet, einer zierlichen, agilen und rastlosen Frau von 36 Jahren. Als sie 1989, damals noch Studentin, zum ersten Mal in Djibouti arbeitete, titulierten die Kollegen sie „Prinzessin" und trauten ihr kaum zu, unter den hiesigen extremen Bedingungen zu bestehen. Mittlerweile hat sie gut 15 Expeditionen ins Afar-Dreieck geleitet und gilt international als Expertin für die ebenso vertrackte wie faszinierende Geologie dieses Gebiets.

„Vom Sonderfall Island abgesehen", erklärt Manighetti, „bildet das Afar-Dreieck die spektakulärste Stelle, wo neue Erdkruste ans Tageslicht tritt" – wo Forscher also gewissermaßen mit Händen greifen können, was sonst unter kilometertiefem Wasser verborgen ist. Deshalb hat sich der Geochemiker Eric Humler, 43, der Expedition angeschlossen. „Ich bin in U-Booten schon kilometertief getaucht, um Proben vom Grund des Ozeans zu nehmen. Hier brauche ich nur die Hände auszustrecken."

Das Afar-Dreieck bietet die einmalige Chance, das Auseinanderbrechen eines Kontinents und die Geburt eines Ozeans mitzuverfolgen. Denn in Djibouti laufen drei gewaltige Risse in der Erdkruste zusammen: der Ostafrikanische Graben sowie die Zentralgräben des Roten Meers und des Golfs von Aden. Die beiden letzteren weiten sich fast zwei Zentimeter pro Jahr.

Ein Blick auf die Landkarte zeigt, dass die Entzweiung zwischen Afrika und Arabien scheinbar glatt vonstatten ging, wie entlang einer perforierten Linie. Die Konturen der Küsten stimmen passgenau zueinander. „Nur hier im Afar-Dreieck nicht, hier geht überhaupt nichts zusammen", sagt Isabelle Manighetti. Das Ziehen und Zerren hat hier Raum geschaffen für neue Kruste – und aus dieser ein Labyrinth von Klippen, Klüften, Hängen und Kratern geformt. Zu dem Durcheinander trägt das Küstengebirge im Nordosten bei: der Danakil-Block, ein kontinentales Splitterstück, das beim Abdriften Arabiens auf halber Strecke zurückgeblieben und zum Spielball der tektonischen Kräfte geworden ist.

Denkt man sich das Afar-Dreieck jedoch weg, fügt sich Arabien nahtlos mit Afrika zusammen. Dies fiel schon dem deutschen Geophysiker Alfred Wegener auf, der Anfang des 20. Jahrhunderts die Theorie der Kontinentalverschiebung entwickelte. Der geniale Forscher vermutete, bei diesem Gebiet müsse es sich um Neuland handeln. Inzwischen ist klar, dass das Afar-Dreieck tatsächlich großteils aus junger Erdkruste besteht, gebildet in Jahrmillionen nach der Trennung von Afrika und Arabien. Und so hat sich ein kompliziertes Kräftespiel entfaltet, an dem sich nun die dritte Generation von Gelehrten abarbeitet. Denn offensichtlich hält die Natur sich hier nicht an einfache Modelle.

Als langjährige Kolonial- und spätere Schutzmacht der seit 1977 unabhängigen Republik Djibouti ist Frankreich hier traditionell stark vertreten. Seit Jahrzehnten schon untersucht das IPGP, eines der renommiertesten geowissenschaftlichen Institute der Welt, die Geologie des Afar-Dreiecks. Meine Reise begann deshalb in Paris bei einem Nestor dieser Schule, Jean-Louis Cheminée – Prof. Schornstein, welch ein Name für einen Vulkanologen! Er haust in einem Turm des Universitätsbollwerks von Jussieu, in einem mannshoch mit Akten, Manuskripten und Videobändern angefüllten Büro. Der Raum ist eine einzige Eruption. Wie eine Bordüre reihen sich unter der Decke Vulkanfotos aneinander: die prächtigsten Feuerfontänen, Rauchpilze und Lavaströme eines Forscherlebens. Darunter auch ein rot glühender See, der magisch vom Grund eines schwarzen Schachts heraufleuchtet. Ein Feuerbrunnen: der Erta'Ale.

Bei diesem Namen beginnen Geologenaugen reflexartig zu glimmen. Der legendäre Vulkan im Norden des Afar-Dreiecks birgt einen der wenigen Lavaseen der Welt. Eine unterirdische Magmakammer hält ihn gerade so am Köcheln, dass er weder überläuft noch erstarrt. Nur wenige Forscher haben ihn je zu Gesicht bekommen. Denn der Erta'Ale erhebt sich in einer der heißesten und unwirtlichsten Wüsten der Welt. Sie ist überdies die Heimat der als raublustig und rebellisch verschrienen Afar-Nomaden und war in den vergangenen Jahrzehnten die meiste Zeit militärisches Sperrgebiet – zuletzt im 1998 ausgebrochenen Grenzkrieg zwischen Äthiopien und Eritrea.

Im Januar 1968 hatte Cheminée an diesem exklusiven Ort ein Rendezvous mit dem Teufel. Mit einer groß angelegten Expedition unter der Leitung Haroun Tazieffs, in Frankreich so etwas wie der Cousteau der Vulkankunde, war er in die damals noch fast unerforschte Wüste vorgedrungen. Von Nordwesten kommend, campierten sie am Fuß des Erta'Ale. Als sie abends die Lichter löschten, gewahrten sie den Feuerschein, der über dem Krater glomm. „Der ist ja aktiv! Der lebt ja!“, entfuhr es Cheminée. Bis dahin waren allenfalls Gerüchte über einen tätigen Vulkan tief in der Wüste nach Europa gedrungen. Die Afar selbst machen einen Bogen um den Berg – für sie haust dort das Böse. Tagsüber bedeckt eine dünne Haut den Höllenpfuhl, „wie bei kochender Milch, nur schiefergrau“, berichtet Cheminée. Nachts aber leuchtet die Schmelze.

Der Erta'Ale bildet nur ein Glied in einer Kette von Vulkanen entlang des Afar-Grabens. Im Norden versperrt der Alid dem Roten Meer den Weg in die tiefer gelegene Wüste, im Süden schiebt der Fi'Ale dem Golf von Tadjoura einen Riegel vor. So wuchtig manche dieser Berge aufragen, sie sind nur die kümmerlichen Erben eines einst gewaltigen Imperiums. „Vor rund 30 Millionen Jahren“, sagt Cheminée, „müssen sich ein oder mehrere gigantische Ausflüsse basaltischer Lava ereignet haben, die sich in einem Umkreis von 500 Kilometern ergoss.“ Die Hochplateaus in Äthiopien, Somalia und dem Jemen zeugen von dieser Mega-Eruption.

Sie war die Initialzündung für das Auseinanderbrechen des Erdteils und das sehr viel spätere Trockenfallen des Afar-Dreiecks. In den letzten Jahren hat sich bei Geologen die Überzeugung verdichtet, dass sich am Horn von Afrika Gesteinsmassen Bahn brachen, die in einem so genannten Plume von der Grenze des Erdkerns aus rund 2900 Kilometer Tiefe aufgestiegen sind. Ob allerdings ein einziger Strom das heiße Material an die Oberfläche geführt hat, oder ob sich unter dem „Hot spot“ Afar mehrere Plumes verbergen, darüber gehen die Meinungen der Geophysiker auseinander.

Der Durchbruch der Schmelze zertrümmerte die Kontinentalplatte und schickte Arabien auf die Reise. Während das Ostafrikanische Rift nicht weiter aufzubrechen scheint und der

Ausgedehnte Ergüsse basaltischer Lava, die oft terrassenförmig übereinander angeordnet sind, bestimmen das Landschaftsbild auf den Hochplateaus Äthiopiens

Riss des Roten Meeres hinter die Danakil-Alpen gesprungen ist, arbeitet sich der Adenbruch in die Wüste hinein und wird sich irgendwann nach Nordosten wenden und den Danakil-Block zerteilen.

Jean-Louis Cheminée unterstehen auch eine Reihe geophysikalischer Observatorien, deren Messungen über Standleitungen bei ihm in Paris zusammenlaufen. Ein paar Mausklicks, schon rieselt die Erdbebenkarte von Djibouti auf den Monitor. Ein gutes Dutzend kleiner Kreuze markiert die Epizentren. Sie reihen sich zu einer fast geraden Linie vom Golf von Aden bis zum Assal-See aneinander und zweigen dann im rechten Winkel nach Norden ab. Ob das die Ausbeute eines Jahres sei, frage ich ahnungslos. Cheminée schmunzelt. „Das sind die Beben vom letzten Mittwoch." Dort unten zittert die Erde alle paar Stunden. Und selbst die nüchternen Geologen scheint bisweilen das Gefühl zu beschleichen, es nicht mit toter Materie, sondern mit einem Lebewesen zu tun zu haben. Einem Ungeheuer namens Erde.

Ein paar Wochen später stehe ich an der Quelle dieser Daten. Auf dem Weg in die Steinwüste holt sich das Expeditionsteam im Observatorium von Arta, eine Fahrstunde westlich der Hauptstadt Djibouti, noch einmal die neuesten Informationen. Eine Batterie von Messgeräten füllt den Raum. Es klickt und klackt unentwegt, darunter mischt sich das Mahlen der Walzen und das Summen der Gebläse. 15 haarfeine Federn zittern über eine in Zeitlupe zu Boden kriechende Papierkaskade. Eine der Federn schlägt aus und schraffiert das Papier in wildem Zickzack. Wieder ein Erdbeben? „Nein", belehrt mich Alain Hauser, der Leiter des Observatoriums. „Kein Beben, nur ein Lastwagen, der vermutlich nahe an der Messstation vorbeigekommen ist." Einen Erdstoß müssten mehrere, wenn nicht alle Geräte registrieren, die im Umkreis von 50 Kilometern installiert sind und über Funk mit dem Observatorium in Verbindung stehen.

Und weil die Erde auch weiterhin reglos verharrt, wofür Hauser sich ausdrücklich entschuldigt, greift er auf einen Schuber von 1998 zurück. Die Aufzeichnungen einer Woche – alles rot. „Es gab damals Hunderte von leichten Beben, es war wie ein Anfall. Aber alle unter 3,0 auf der Richter-Skala, sodass wir selbst nichts gespürt haben." Die letzte größere „Krise", wie die Seismologen hier sagen, ereignete sich 1978 und erreichte 5,0. In der Hauptstadt bröckelten damals die Fassaden einiger Häuser, was allerdings kaum auffiel. Die Küstenstraße wies ein paar frische Risse auf, und auf der Bruchzone zwischen dem Golf von Tadjoura und dem Assal-See erblickte ein neuer Vulkan, der Ardoukoba, das Licht der Welt. Während die afrikanische und die arabische Platte normalerweise in kleinen Schritten von zwei Zentimetern pro Jahr voneinander abrücken, klafften sie damals innerhalb weniger Stunden um fast zwei Meter mehr auseinander.

Ich kann den Blick kaum von den Instrumenten wenden, lauere auf die nächste Regung. Auf etwas, das wir sonst kaum mit dem Reich des Anorganischen in Verbindung bringen: Bewegung. Die Seismogramme wirken wie ein EKG von Mutter Erde, die hier so etwas wie ihr Tagebuch schreibt. Nur im Moment macht sie leider eine Pause.

Von Arta aus bewegen wir uns mit dem dröhnenden Konvoi in die Wüste. Heuschreckenbraun und mit Tarnnetzen bewehrt, fahren die Jeeps und die bulligen Lastwagen nach zwei Stunden in einen Krater ein. Ihre langen Antennen schwingen wie Fühler

Wie die Stufen einer Riesentreppe ziehen sich bei Djibouti Bruchstufen hin, wo der afrikanische Kontinent zerreißt. Die dunklen Bänder sind vulkanische Ablagerungen. Auf längere Sicht wird hier ozeanische Kruste aus kilometerdicker erkalteter Lava entstehen, wie sie überall in der Tiefsee den Untergrund bildet

im Wind. Gegen ein eher symbolisches Entgelt, an die französischen Streitkräfte entrichtet, erhält das Team eine logistische Rundumversorgung. Die sechs Fremdenlegionäre, Männer aus Tunis, Minsk und Dessau, nehmen die Expedition halb als Wüstentraining, halb als Gaudi. Sie betätigen sich als Wachen, Köche, Fahrer, Träger und Alleinunterhalter.

Noch sind nicht alle Feldbetten aufgeklappt, noch ist die Damenlatrine hinter dem hausgroßen Felsblock nicht ausgehoben, da stürzen Manighetti und ihre Mitarbeiter sich schon in die Arbeit. Mit der Lupe werten sie Satellitenfotos aus, erörtern die Flickenteppiche geologischer Spezialkarten und sichten die Aufzeichnungen früherer Expeditionen. Ein harter Wind fegt hitzig vom Meer her ins Hochland hinauf und wühlt in den Karten. Sieben Tage und Nächte wird er nicht eine Minute lang abflauen. Wir campieren in der Düse eines Föhns.

Das Hauptaugenmerk der Forscher gilt dem System aus Brüchen und Verwerfungen, das in den letzten Jahrmillionen immer komplexer geworden ist. Ein Erdteil bricht nicht so einfach auseinander wie eine Tafel Schokolade. Er dehnt sich hier, verhakt sich da, zerbirst hüben, löst sich drüben. Eine Kette lokaler Katastrophen schafft schließlich eine neue Welt. Man dürfe sich, erklärt Manighetti, ein Erdbeben selbst hier nicht so vorstellen wie in den Filmen Hollywoods, wo sich die Erde öffne wie ein Schlund und Häuser verschlucke. Entweder verschöben sich die beiden Blöcke ruckartig in der Horizontalen, oder ein Teil sacke ab, während der andere sich hebe.

Im Umkreis des Fi'Ale arbeitet die Erdkruste vor allem in der Vertikalen. Zug um Zug haben sich unzählige schmale, lang gestreckte Rücken mit Steilwänden ausgebildet, oft bis zu mehrere Hundert Meter hoch. Als Faustregel gelte, so Manighetti, dass zwei Drittel des Höhenunterschieds durch Senkung, ein Drittel durch Hebung entstünden. Akkurat wie mit einem Tortenmesser geschnitten, liegt so die Schichtstruktur der Erde frei. Zehn bis zwanzig Lavalagen ruhen mal als mächtige Brocken, mal als körnige Masse übereinander. Wie die Cremeschicht in einer Herrentorte zieht sich ein khakibrauner Sedimentstreifen durch die Flanke: Ablagerungen des Assal-Sees, der damals vielfach größer gewesen sein muss. Im unteren Drittel, dort, wo die Steilwand in die Sockelhalde aus Geröll übergeht, glänzt eine ebenfalls hellere, anderthalb Meter hohe Schicht, die 1978 ans Licht kam.

Doch wann sind diese und die übrigen Schichten entstanden? Hat sich die Zusammensetzung der Lava von Lage zu Lage verändert? Gibt es Gesetzmäßigkeiten, folgen die Krisen einem Rhythmus oder regiert allein der Zufall? Um solchen Fragen nachzugehen, nimmt sich das Team mehrere Abschiebungen beiderseits des Grabens vor. Namenlose Erhebungen, die im Protokoll als A, B, C geführt werden. Aus jeder Schicht bohren die Forscher mehrere Proben. Zeile für Zeile punktieren sie so die Klippen, um deren Lebenslauf zu entziffern.

Dazu müssen die Geologen sich von der Kante abseilen – jedesmal eine spektakuläre Aktion, ein Stunt für die Wissenschaft. Jeder Griff in dem rauen, porösen Gestein raspelt die Haut von den Händen. Von oben leisten Kletterspezialisten der Fremdenlegion Hilfestellung, unten führen die Kollegen über die genaue Lage jeder Probe Buch. Während Manighetti den Bohrer führt, ein schweres Gerät von der Größe einer Kettensäge, markiert und nummeriert ihre Kollegin Julie Carlut die „Karotten", die daumendicken Bohrkerne, noch in der Wand.

Julie Carluts Spezialität sind die Schwankungen und Umkehrungen des Erdmagnetfeldes. Dessen jeweilige Ausrichtung hat die Lava beim Erstarren quasi als fossilen Magnetismus über Jahrmillionen konserviert. Das gilt auch für den Basalt des Fi'Ale, aus dessen Schoß fast alles Material der Umgebung stammt. Anhand des magnetischen Fingerabdrucks in Verbindung mit chemischen Analysen können die Forscher ihre Proben später im Labor datieren und klassifizieren. Allein die Auswertung der rund 250 Bohrkerne wird ein halbes Jahr dauern.

Auch Eric Humler, der Geochemiker, sucht in diesem erdgeschichtlichen Archiv Antworten. Während der Mittagspause am Fuß von Verwerfung E, wo die ganze Truppe ihre Marschverpflegung löffelt – wie üblich kalt, da der Wind jeden noch so abgeschirmten Kocher ausbläst –, berichtet er von seinen Untersuchungen an Bohrkernen aus Ozeanböden. Dabei stieß er auf einen Befund, den auch andere Forschungen aus letzter Zeit zu bestätigen scheinen. „Wir glauben, dass die Temperatur des Erdmantels in den letzten 100 Millionen Jahren deutlich gefallen ist. Im oberen Erdmantel etwa um 50 Grad auf 1300 Grad Celcius." Im Afar-Dreieck will Humler die chemische Komposition der Plume-Lava bestimmen und mit den bekannten Mixturen anderer Hot spots weltweit vergleichen.

Erdbeben werden bei bedeutenden Vulkanen regelmäßig erfasst und analysiert – hier in einer Station am Piton de la Fournaise auf Réunion. Sie liefern den Experten meist die ersten Anzeichen, dass sich eine Eruption anbahnt

Bei einem Abstecher zum Assal-See – nicht etwa aus Schaulust, sondern weil er von Verwerfungen umzingelt ist – begegnen wir zum ersten und einzigen Mal anderen Wüstenbewohnern: Afar-Nomaden, die mit ihren Kamelen, bepackt mit Salzsäcken, an die Küste ziehen. Doch diese Einkommensquelle wird für sie wohl bald versiegen. Unlängst wurde die Straße zum See hinab asphaltiert. Nun karren Lastwagen Djiboutis einzigen Bodenschatz tonnenweise davon. Und während die Afar das Salz traditionell mit Schabsteinen und bloßen Händen sammeln, setzen die neuen Firmen großflächig Maschinen ein. Die wogende Salzlauge und die kristallinen weißen Strände lassen mich endgültig glauben, auf einem fernen Planeten zu weilen. Zudem liegt der See im glutheißen Souterrain des Kontinents, 150 Meter unter Normalnull. Weshalb uns bei der Rückkehr das eigentümliche Erlebnis zuteil wird, bergauf zum Meer zu fahren.

Unbeirrbar vollziehen die Geologen ihre Mission. Rücken allmorgendlich aus, wenn die Sonne in zartem Apricot über den Kraterkelch steigt, und kehren erst nach zwölf arbeitsreichen Stunden zurück. Sie untersuchen jeden Hang so eingehend, als prospektierten sie Goldvorkommen; und sie halten auch mittags kaum inne, wenn es sogar den Fliegen zu heiß wird. Dabei herrscht ein eigentümlicher Kontrast zwischen der pathetischen Weite der Landschaft und der Akribie der Wissenschaftler, die jede Unebenheit zentimetergenau vermessen.

Die globalen Zusammenhänge sind seit den siebziger Jahren bekannt, das Puzzlespiel der Erdplatten ist zusammengefügt. Auf lokaler Ebene aber tun sich immer neue Fragen auf. Während sich das Terrain in den vergangenen drei Jahrzehnten allenfalls unmerklich verändert hat, ist das Wissen um die Komplexität der zugrunde liegenden Prozesse weiter gewachsen. Expeditionen wie die des IPGP leisten die dafür nötige Detailarbeit, entziffern das Kleingedruckte der Schöpfung.

Die zweite Woche ihres Aufenthalts widmen die Geologen der Formensprache der Landschaft, betreiben eine physiognomische Lektüre, bei der jede Runzel, jedes Grübchen des Reliefs auf seine verborgenen Ursachen hin betrachtet wird. Zur Vermessung setzen sie optische Präzisionsgeräte im Wert eines Kleinwagens ein. Ein Arsenal von Buntstiften stets griffbereit, füllen sie Blocks mit Skizzen und Tabellen. Wieder stehen die lang gestreckten Rücken im Mittelpunkt, aber nun nicht mehr der Aufbau einzelner Exemplare, sondern ihr gesamtes Gefüge. Dabei kommen erstaunliche Befunde zutage.

So scheint der Erdboden weltweit in ähnlicher Manier zu reißen, stehen etwa Höhe und Länge der Abschiebungen in einem festen Verhältnis zueinander. In der Regel verlaufen sie symmetrisch. Am Golf von Tadjoura jedoch sind sie nach Westen zu schroffer und unregelmäßiger geformt. An herkömmlicher Erosion kann es nicht liegen, glaubt Isabelle Manighetti; die hatte kaum Zeit, diese Zitadellen zu schleifen. Vielmehr dürfte der aus dem Golf hereindringende Bruch dafür verantwortlich sein: Die Verwerfungen sind noch im Werden.

Auch die Organisation der Störungen folgt von Wyoming bis Tibet bestimmten Mustern. Es gibt Hauptverwerfungen, die mit jeder Krise mächtiger werden, während in ihrem Umfeld eine „Schattenzone" entsteht, ein Bereich relativer Ruhe. Die abzweigenden Nebenverwerfungen, in der Fachsprache „Störungsbegleitgefüge" genannt, führen Spannungen ab und schaffen Verbindungen zu benachbarten Bruchlinien. „Manchmal kommt es mir vor, als kommunizierten sie miteinander, als dächten sie nach", gesteht Manighetti. „Die Großen sagen den Kleinen, was sie tun sollen." So ließe sich dieser steinerne Irrgarten als ein sich selbst organisierendes System begreifen, das für chronische wie akute Probleme immer neue Lösungen findet.

Auf der Südseite unseres Tals zeigt das Relief auch die gewohnten hierarchischen Strukturen. Im Norden aber verläuft eine Serie annähernd gleich großer, gleichberechtigter Verwerfungen weitgehend ohne „Schattenzonen". „Auch so ein hübsches kleines Rätsel", freut sich die Expeditionsleiterin.

Eine weitere Frage lautet: Verändert der Fi'Ale durch sein Gewicht die Mechanik der Oberfläche? Solche Wechselwirkungen zwischen Vulkanismus und Tektonik zu verstehen, gehört zur hohen Schule der Geowissenschaften. Offenkundig haben diese beiden titanischen Kräfte das Afar-Land geformt. Doch gleichzeitig, nacheinander oder unabhängig voneinander? Was war Ursache, was Begleiterscheinung? Damit gehen Fragen der Zuständigkeit und des akademischen Protokolls einher.

Geologe ist nicht gleich Geologe. Mehr denn je hat sich die Disziplin spezialisiert, auch wenn allen Beteiligten die Notwendigkeit für übergreifende Untersuchungen bewusst ist. Aber die Gewichtungen fallen verschieden aus. So werden Tektoniker wie Isabelle Manighetti beiläufig erwähnen, dass Tage oder Wochen nach einem Erdbeben auch vulkanische Aktivitäten auftreten können.

Aus der Sicht von Vulkanologen wie Jean-Louis Cheminée kündigen Beben für gewöhnlich die eigentliche Hauptsache an: die Eruption. Wenn Vulkanologen der Ur-Faszination des Feuers erliegen, so Geophysiker jener der Kraft. Das malträtierte Hinterland Djiboutis zeugt von den enormen kinetischen Energien, die in der Erde wirksam sind. Einerseits haben die Forscher es mit unendlich langsamen Prozessen zu tun, andererseits mit blitzartigen Entladungen. Hier Äonen, dort Sekunden – wohl nur Astrophysiker haben noch extremere Maßstäbe.

Gegen Ende unseres Wüstenaufenthalts steigen wir abermals auf eine Klippe, ähnlich dem ersten Horst, aber nun auf der anderen Seite des Tals. Und während ich drüben felsenfest stand, kann ich mir hier vorstellen, auf schwankendem Grund zu schaukeln – wie auf einem Floß, das zwar noch am Ufer vertäut ist, aber bald davondriften wird.

Denn genau das soll nach dem heute gängigen Szenario in ein bis zwei Millionen Jahren geschehen, wenn der Golf von Tadjoura sich zum Assal-See durchgebissen hat, wo er sich – immer den dünnsten Bereichen der Erdkruste folgend – nach Norden wenden wird, um eine Sollbruchstelle im Danakil-Block zu finden. Dessen nördliche Hälfte wird an Afrikas Seite bleiben, die südliche aber als Insel im Roten Meer mit Arabien davonziehen.

Isabelle Manighetti winkt lachend hinüber: „Adieu, Afrika!" Und wenn der wütende Wind nicht wäre, würde ich die Kontinente knirschen hören.

Bei den frühen Seismographen, von denen noch einer als Museumsstück im vulkanologischen Observatorium am Vesuv zu sehen ist, wurden die Erdstöße von einer Schreibspitze auf einer rotierenden, mit berußtem Papier umwickelten Registriertrommel aufgezeichnet

DIE WELTMASCHINE

In menschenabweisender Wildnis ragt auf der russischen Halbinsel Kamtschatka die größte Ansammlung aktiver Vulkane empor. Ihre Krater schwitzen mit höllischen Dämpfen Gold, Silber und andere Kostbarkeiten aus

Von Uwe George

Für Jewgenij Wakin ist es an der Zeit, Vorräte für den langen sibirischen Winter anzusammeln. Schon legt sich unten in den Talauen ein goldener Schimmer über das Blattwerk der vielhundertjährigen knorrigen Birkenwälder. Von Ende August an kriecht der Schnee täglich tiefer die Bergflanken hinab, und in wenigen Wochen wird er alles überdecken wie mit einem riesigen weißen Laken.

Nach Rotkappen und Butterpilzen braucht Wakin nicht lange zu suchen – sie stehen in großen Placken so dicht zwischen Latschenkiefern und zwergwüchsigem Rhododendron, dass ich Obacht geben muss, sie nicht zu zertreten. Krähen- und Tundrablaubeeren sind so üppig herangereift, dass ein einziger Griff ins Kraut die Hand füllt. Hasen und Murmeltiere sind jetzt fett genug, dass ihr Fleisch, in der kühlen Herbstluft getrocknet, würzig und wohlschmeckend wird.

Zwei blonde sibirische Laikahunde sichern uns mit ihrer scharfen Witterung vor unverhofften und gefährlichen Begegnungen mit Bären, die sich in diesen Wochen ihren Speck für den langen Winterschlaf zulegen. Hin und wieder stoßen wir auf ihre frischen Spuren, und unverkennbar sind die Schneisen, die sie in Beerensträucher und Pilznester gefressen haben.

Im vergangenen Jahr hat Jewgenij Wakin noch drei Hunde besessen, im Jahr davor sogar vier. Einer hat seiner Frau das Leben gerettet, als sie auf eine Bärin traf, die Junge führte. Frau Wakin hat sich in Sicherheit bringen können, während der Hund sich der Bärin stellte, und von ihr zerissen wurde. Im vergangenen Jahr hat Jewgenij Wakin nicht verhindern können, dass seine üb-

Die meisten Vulkane sitzen dicht gedrängt am Rand des Stillen Ozeans. Auf den Aléuten (Foto) wie auf Kamtschatka sind sie Teil des „circumpazifischen Feuerrings“, in dem sich eine Unruhezone an die andere reiht. Dort wird jeweils vom Ozean her eine tektonische Platte aus Erdkruste und oberstem Erdmantel unter die angrenzende Platte geschoben

rigen drei Hunde eine Bärin mit drei Jungen attackierten. Ein Bärenkind und ein Hund verloren dabei ihr Leben.

Ab und zu drehen die Hunde widerwillig ihre Nasen aus dem Wind, wenn beißender Schwefelgeruch von den Bergen zu uns hinabweht. Die Quelle des Gestanks sind die in dichte Wolken gehüllten Gipfel der tausende Meter hohen Vulkane, aus deren Kratern unablässig Miasmen wabern.

Jewgenij Wakin ist Vulkanologe und hat sein Leben den Feuerbergen Kamtschatkas gewidmet. Mit rotblonden Locken und leuchtend blauen Augen ist ihm sein Alter von 64 Jahren nicht anzusehen. Seit nunmehr 35 Jahren haust er, Sommer wie Winter, in einem Blockhaus auf einem Sattel zwischen dem Mutnowskij- und dem Gorelyj-Vulkan und kennt die zerklüftete Gebirgswildnis so gut wie anderswo einer seinen Schrebergarten. Unlängst ist Wakins Frau aus dem unwirtlichen Kamtschatka ins ferne St. Petersburg gezogen – auf die andere Seite der Erde. Immerhin besuchen ihn hin und wieder sein Sohn, ebenfalls Vulkanologe, und sein Enkel, von dem der Großvater hofft, dass auch er der Familienpassion verfallen wird.

Ich bin mit dem Russlandkorrespondenten Wladimir Pyljow in Moskau gestartet. Der neunstündige Flug nach Petropawlowsk Kamtschatskij, der Hauptstadt Kamtschatkas am Pazifischen Ozean, ist mir endlos vorgekommen und war doch ein Nichts gegen die Monate, ja Jahre, die frühere Expeditionen zu Wasser und zu Lande bis in diesen fernsten Winkel Russlands unterwegs gewesen sind. Jenseits des Ural flogen wir volle sechs Stunden lang über arktische Wildnis, über Tundra, Taiga und Gebirge, ohne dass ich trotz klarer Sicht auch nur eine Spur menschlichen Daseins auf der Erde auszumachen vermochte.

1740 hatte der Seefahrer und Entdecker Vitus Bering an einer von Basaltfelsen eingefassten Naturbucht im Südosten der riesigen, fast 2000 Kilometer langen Halbinsel Kamtschatka eine Siedlung angelegt und sie nach seinen beiden Schiffen „Peter“ und „Paul“ Petropawlowsk benannt. Von hier aus war Bering mit seinen Schiffen ausgelaufen, hatte sich trotz Stürmen, Kälte und Nebel ins Unbekannte vorgewagt, bis er schließlich auf die Küste Alaskas stieß.

Bis vor wenigen Jahren war Kamtschatka für westliche Besucher gesperrt – Terra incognita selbst für ausländische Forscher – eine Festung des Kalten Krieges. Allenfalls stellten sich düstere Vorstellungen von Gulag und menschenverachtender Zwangsarbeit ein. Heute blättert von den MiG-Abfangjägern am Flugplatz von Petropawlowsk die Farbe, und im Hafen rosten Kriegsschiffe. Die Stadt macht einen heruntergekommenen, öden Eindruck. In kasernenartigen Plattenbauten haben die alten Machthaber fast 300 000 Menschen vorwiegend aus strategischen Gründen angesiedelt – am Fuße drohender, mächtiger Vulkane. Doch mehr als deren Feuersbrünste fürchten die Menschen seit der Erdbebenkatastrophe auf Sachalin vom Mai 1995 ein großes Beben, das ihre brüchigen Behausungen wie Kartenhäuser zusammenstürzen lassen würde.

Am Rande der Stadt liegt in einem großen Gebäudekomplex das vulkanologische Forschungsinstitut, in dem sich bis vor wenigen Jahren 600 Menschen, darunter 130 Wissenschaftler, damit beschäftigten, Chemie und Physik der größten Ansammlung aktiver Vulkane auf unserer Erde zu ergründen. Doch seit dem Zusammenbruch der Sowjetunion hat die Akademie der Wissenschaft in Moskau ihre fernöstliche Dependance nahezu

vergessen. Und von den einst zahlreichen Außenposten in der Wildnis am Rande der Vulkane wird aus Geldmangel nur noch eine einzige Station mehr schlecht als recht betrieben.

Im Institut lerne ich Oleg Wolynetz kennen. Die lebenslange Arbeit an und mit den Vulkanen hat sein Gesicht gezeichnet. Der Splitter einer so genannten Lavabombe, eines bei Eruptionen in die Luft geschleuderten, dabei zu Glas oder Stein erstarrten, bizarr geformten Lavafetzens, hat ihm sein rechtes Auge ausgeschossen. Stolz zeigt er mir das schönste Stück, das ihm bei einer Eruption des Tolbatschik vor die Füße gefallen war: einen prächtigen, mehrere Kilo schweren, dunkelblau durchscheinenden Obsidian in Form eines vollendeten Vulkankegels und von einzigartiger Färbung. Ich bestaune auch 20 bislang unbekannte Minerale, die der Tolbatschik hervorgebracht hat.

Die Wände im Arbeitszimmer des Forschers sind tapeziert mit geologischen Karten, anhand derer er mir das plattentektonische Puzzle der Erdkruste verdeutlicht – und die Naturgeschichte Kamtschatkas.

Die Vulkane auf dieser Halbinsel sind Glieder eines abertausend Kilometer langen Feuergürtels, der das Becken des Pazifik von den Philippinen über Japan, die Kurilen, die Aléuten und dann die Westküste Amerikas hinunter umschlingt. Längs dieses Gürtels taucht nach jahrmillionenlanger Drift der Grund des Pazifik – die größte Platte der Erdrinde, die sich inmitten des Ozeans entlang ausgedehnter Grabensysteme aus emporquellendem Magma bildet – unter die Schelfränder der asiatischen und der nordamerikanischen Kontinentalplatte und schmilzt in der Tiefe der Erde wieder. Die Überdruckventile und Schornsteine dieser gigantischen Schmelzvorgänge sind die Vulkane.

Auf ihrer Drift nach Norden aber gerät die Pazifische Platte zwischen Asien und Nordamerika sozusagen in einen Trichter.

Gesteinspakete, deren Dicke Dutzende von Kilometern misst, schieben sich dort, Packeis vergleichbar, in der Tiefe zusammen. Jährlich wird im Tiefseegraben vor der Ostküste Kamtschatkas etwa 20 Zentimeter Pazifikgrund verschluckt. Entsprechend groß sind die Schmelzprozesse, und deshalb ballen sich auf Kamtschatka derart viele Vulkane. Außerdem, fügt Oleg Wolynetz hinzu, „ist Kamtschatka das Krematorium Hawaiis".

Er beschreibt auch, weshalb: Der hawaiische Archipel verdankt seine Existenz einem so genannten „Hot spot" mitten im Pazifik. An dieser Stelle bahnt sich Magma in Intervallen seinen Weg durch die Pazifische Platte. Und so erhebt sich dort ein gewaltiger Vulkan, vom Meeresgrund gemessen höher als der Mount Everest. Er bildet die gegenwärtige Hauptinsel Hawaiis.

Während der Hot spot stationär bleibt, driftet die Platte unaufhaltsam fort – und damit, wie auf einem riesigen Transportband, auch das vulkanische, zu Inseln emporgewachsene und erstarrte Ergussgestein. Seit Dutzenden von Jahrmillionen sind auf diese Weise viele alte „Hawaiis" auf dem Weg nach Nordwesten, zunächst als Inseln mit erloschenen Vulkanen, dann als von der Erosion abgetragene, von Korallenriffen gekrönte Unterwasserkuppen – bis sie genau in der Verlängerung der abtauchenden Inselkette zusammen mit der Platte unter Kamtschatka geschmolzen und zum Teil in neuerlichen gewaltigen Vulkanen wiedergeboren werden.

Der höchste dieser mächtigsten Feuerspeier Eurasiens, der zur Zeit 4835 Meter hohe Kljutschewskoj, ist somit der „Schornstein des Krematoriums von Hawaii". Oleg Wolynetz zweifelt nicht daran, dass er weiterwachsen wird, eines fernen Tages auf 6000 oder 7000 Meter Höhe.

Während mir der Vulkanologe diesen plattentektonischen Mechanismus schildert, muss ich an den Schotten James Hutton denken, einen der Urväter der Geologie. In seinem 1795 erschienenen Werk „Theory of the earth" hat er die Erde als eine Maschine beschrieben, die ihre Kraft aus sich selbst bezieht. Was diese Maschine einmal in Gang gesetzt hat, lag nach Huttons Überzeugung jenseits wissenschaftlicher Erforschbarkeit. Doch dass die Maschine jemals anhalten würde, hielt auch schon Hutton für ausgeschlossen. „Das geologische System des Dr. Hutton", so der Kommentar eines Zeitgenossen, „ähnelt in vielerlei Hinsicht jenem System, das die Himmelsbewegungen zu leiten scheint … In beiden ist Vorsorge für eine unbegrenzte Dauer getroffen und das Vergehen der Zeit hat nicht zur Folge, eine Maschine, die mit so viel Weisheit konstruiert ward, zu verschleißen oder zu zerstören."

Was Hutton an der Erdoberfläche wahrnahm, bewies ihm, dass in der Erdgeschichte auf Zerfall immer wieder Erneuerung folgt: Die vielfältigen Kräfte der Erosion zerstören die Gesteine der Festländer; Niederschlag spült den Schutt über Flüsse in die Weltmeere, wo er sich schichtweise ablagert und zu neuem Gestein verdichtet; dessen allmählich gewaltig anwachsendes Gewicht erzeugt Wärme und Druck, was zu seismischen Vorgängen führt, die das Gestein schließlich wieder emporheben. Neue Kontinente entstehen an der Stelle alter Ozeane, während alte Kontinente unter jungen Ozeanen versinken. Auf diese Weise wandelt und erhält sich, so stellte Hutton es sich vor, die Topographie der Erde in einem ewigen Kreislauf aus sich selbst.

Nun ist die Zeitspanne, bis die heutigen Hawaii-Inseln Bestandteil Kamtschatkas werden, für Menschen unvorstellbar lang. Bis dahin wird sich die Erde 32 Milliarden 850 Millionen Mal um ihre Achse gedreht und 90 Millionen Mal die Sone umkreist haben. Andererseits wird unser Sonnensystem bis dahin erst knapp die Hälfte seines Rundkurses um das Zentrum der Milchstraße zurückgelegt haben.

Natürlich äußern wir im Institut den Wunsch, dessen letzte besetzte Außenstation am Fuße des Mutnowskij-Vulkans besuchen zu dürfen. Er wird beifällig aufgenommen, denn seit Wochen ist die Station unversorgt geblieben. Das Geld für Benzin fehlte. So mieten wir für 700 Dollar einen klotzigen Lastwagen vom Typ „Ural", erkennbar das Produkt einer Panzerfabrik in Swerdlowsk. Nur mit derartigen Ungetümen lässt sich die Fahrt quer durch die weglose Wildnis bewerkstelligen. Wladimir Pyljow und ich lassen den Lastwagen betanken, kaufen auf dem Markt von Petropawlowsk zwei Dutzend Brote sowie Kartoffeln, Gurken, Tomaten, Beine der monströsen, doch delikaten metergroßen Kamtschatka-Krabben und reichlich Bier und Wodka. Überdies werden große Mengen Brennholz auf die Ladefläche gestapelt, denn auch daran soll es fehlen. Die Station liegt tausend Meter hoch, die Baumgrenze auf Kamtschatka schon bei 300 Metern.

Über einen hohen Pass gelangen wir in eine menschenabweisende Gebirgswildnis. Im Schritttempo quält sich das Gefährt durch Morast, Flüsse, erstarrte, scharfkantige Lavafelder, deren Schollen unter dem Gewicht klirrend zerbrechen, durch Moore voll leuchtend weißem Wollgras und kobaltblauer Sibirischer Iris, über steile Firnschneefelder und durch weite Aschedünen.

Am späten Nachmittag erreichen wir die Forschungsstation, vier fast durchgerostete Blechcontainer auf einer Anhöhe, die Fensteröffnungen von im Wind knatternden Plastikplanen verschlossen. Auf Schnüren zwischen den Behausungen trocknen

Wie der Vulkan Spurr in Alaska werden heute viele Feuerspeier der Erde vor Ort durch automatische Messstationen, etwa für die seismische Aktivität, überwacht. Die Antenne sendet die Daten zur Auswertung an oft entfernte Labors

Der Mutnowskij im Süden Kamtschatkas ist ein komplexer Vulkan, aufgebaut aus vier zusammengewachsenen Vorgängern. Der letzte Ausbruch war 1960. Doch seit 1993 rumort es in den Kratern am Gipfel. 1996 stieg eine Dampfwolke einen Kilometer hoch auf, im Jahr 2000 folgten kleinere Explosionen. Solche Anzeichen deuten darauf hin, dass eine größere Eruption bevorsteht

Pilze. Der Wissenschaftler Georgij Garrilenkow, zwei Mitarbeiter und eine Köchin begrüßen uns herzlich, erleichtert angesichts der mitgebrachten Vorräte.

Die Menschen hier haben sich fast schon daran gewöhnt, vergessen zu werden. Im vergangenen Jahr hätten sie Mitte September nach Petropawlowsk zurückgeholt werden sollen. Doch erst Anfang Oktober – längst waren Schneestürme über das Camp hereingebrochen – reagierte man auf ihre Funksprüche, am 12. November schließlich gelang unter Einsatz schwerer Kettenfahrzeuge die Evakuierung.

Die Einsiedler haben ihr Leben in der Station den Umständen angepasst: Sascha Mironow, der Kalfaktor der Station, heizt einen primitiv-genialen Durchlauferhitzer für uns an – ein verrostetes Eisenfass, in dem ein Holzfeuer durch Kupferschlangen geführtes Wasser vom nahen Bach schnell und effektiv erwärmt. In der aus Brettern und Plastikfolie zusammengezimmerten Kabine darunter können wir duschen, so lange wir wollen, und dabei nicht nur ein grandioses Landschaftspanorama genießen, sondern auch den Anblick äsender Bären.

Am nächsten Tag besuchen wir Jewgenij Wakin in seinem Blockhaus ein paar hundert Meter unterhalb der Station. Er wandert mit uns durch eine prächtige herbstliche Wildnis. Beim Abschied verabreden wir uns zu einer Exkursion in einen der Krater des Mutnowskij-Vulkans, wenn dessen Aktivität und die Witterung es zulassen. Wakin will unser Führer sein.

Sascha Mironow steigt jeden Morgen auf das vom nächtlichen Wolkennebel nasse, rostige Blechdach seines Containers, um eine Zigarettenlänge lang die Aktivitäten der Vulkane zu studieren. Es scheint, als nähme er Witterung auf von den Feuerbergen, wenn er die Luft, die von ihnen herunterweht, durch die Nase zieht oder auf deren fernes Rauschen und Grollen lauscht.

Ist die Zigarette verglimmt, wendet sich Sascha auf dem Dach einem Gerät zu, das ich zunächst für ein Windmessinstrument gehalten habe. In Wirklichkeit ist es ein simpler Apparat, in dem der Wind aus in den Kratern gesammelten mineralischen Pigmenten und Wasser Farben rührt. Mit diesen Farben malt Sascha während der langen Wintermonate Bilder von Geistern und Dämonen, denen er als Träger auf den Exkursionen der Wissenschaftler zu den Kratern begegnet sein will.

Eines Morgens ist Sascha nach seiner Wetterschau sicher, dass wir an diesem Tag den Aufstieg zum Mutnowskij-Krater wagen können. Auch Georgij Garrilenkow will das gute Wetter nutzen, um am fernen, dem Mutnowskij gegenüberliegenden Gorelyj-Vulkan installierte Messinstrumente abzulesen. Bis vor ein paar Jahren hat er den Gewaltmarsch dorthin noch gemeinsam mit einem Kollegen gemacht. Doch der ist inzwischen aus der Wildnis desertiert und arbeitet heute in einer Bank in Petropawlowsk.

Wir holen Jewgenij Wakin an seinem Blockhaus ab. Einer seiner Hunde begleitet uns. Der andere erholt sich, lädiert von einer Beißerei mit einem Wolf am Vortag.

Zunächst wandern wir längs eines tiefen, farbenprächtigen Canyons. Reißende Bäche haben ihn in die Flanken des Vulkans gegraben: bei Eruptionen rasch schmelzendes Gletschereis; (so genannte Lahars); Schlammströme aus von Regen- und Schmelzwasser losgespülter vulkanischer Asche, die mit fast 200 km/h zu Tale rasen. Mitgefräst hat aber auch aus den Kratern auslaufende Schwefelsäure.

In den steilen Wänden dokumentieren sich Jahrtausende der Vulkangeschichte. Ergussgesteine lagern in großer Vielfalt übereinander: schwarze Basalte, Andesite, Dacite, rote Rhyolithe, Diorite oder hellgrauer Tuff.

Jewgenij Wakin, der in diesem „Aufschluss“ wie in einer illustrierten Erdgeschichte lesen kann, erläutert, dass der Mutnowskij zu den so genannten Komplex-Vulkanen zählt, die sich anders als die einfach gebauten, ebenmäßig kegelförmigen Strato-Vulkane Kamtschatkas gebildet haben. Hier hätten vier Schichtvulkane einander bei ihren Ausbrüchen immer wieder zerstört und überdeckt. Wakin hat auch herausgefunden, dass der Mutnowskij von fünf Schloten gespeist wird, die in eine gewaltige Magma-Kammer in nur sieben Kilometer Tiefe hinabreichen. Allein in den letzten 150 Jahren ist der Mutnowskij sechzehnmal ausgebrochen, jedesmal mit gewaltigen Explosionen. Insgesamt hat dieser Vulkan im Laufe seiner feurigen Existenz nach Wakins Berechnungen 150 Kubikkilometer Gesteinsschmelze pulverisiert und in die Atmosphäre geschleudert.

Im Zeitraffer mit Szenenwechseln alle zwei bis drei Jahrhunderte gesehen, befindet sich Kamtschatka in einer permanenten Naturkatastrophe: Unablässig explodieren Dutzende Vulkane, entfachen Glutwolken und Lavaströme gewaltige Waldbrände, verdampfen Seen und Gletscher, riegeln Schlamm, Asche und Gestein Flüsse ab und versperren den Junglachsen so den Weg ins Meer. Pflanzen und ganze Rentierherden ersticken im Aschenregen, der Tage zu Nächte werden lässt, während Riesenwellen die Küsten verwüsten. Dennoch haben sich die hier heimischen Arten zu reicher Vielfalt entwickelt.

Wakins Schilderungen sind nicht gerade geeignet, Wladimir Pyljow und mir Mut zu machen. Dabei schicken wir uns nun nach mehrstündigem Marsch an, am Ende des Canyons in einen der Mutnowskij-Krater einzudringen. Selbst dem Hund, der seinem Herrn sonst völlig vertraut, beginnen sich angesichts der Szenerie, der merkwürdigen Geräusche und der pestilenzialischen Gerüche die Nackenhaare zu sträuben.

Es ist, als beträten wir ein viele Kilometer weites höllisches Amphitheater. Im Firnschnee klaffen tiefe Spalten, an deren Grund Schmelzwasser rauscht. Von Explosionen zerrissene steile Kraterwände ragen in Wolken und Rauch empor. Immer noch gewaltige Reste der Gletscher, die vor der letzten Eruption den Krater vollständig ausgefüllt haben, hängen über unseren Köpfen. Unentwegt prasseln Steinschläge hernieder, tonnenschwere Brocken stürzen oder rutschen zu Tale. Überall schießen aus Fumarolen Dampf und vulkanische Gase zwischen Eisresten und Felsen hervor und vermischen sich zu einem Säurenebel. Augen und Bronchien beginnen zu brennen.

Der Mutnowskij sei wieder einmal „hochschwanger", erklärt uns Wakin. Inmitten des Kraters quillt wie ein aufgehender Hefekuchen ein mächtiger verkrusteter Dom aus zähflüssiger Rhyodazitlava empor. Gewaltige Mengen darunter aufgestauter Gase können den Berg jederzeit mit der Gewalt mehrerer Dutzend Atombomben explodieren lassen.

Hinreißend sind jedoch die Farben. Das Gestein leuchtet in braunen, roten und schwefelgelben Pastelltönen, von lackschwarzen und blauen Lagen durchsetzt. Hier sammelt Sascha Mironow die Pigmente, die er zu Farben für seine Gemälde rührt. Wakin hält es für durchaus möglich, dass das Einatmen der vulkanischen Gase Halluzinationen bewirkt. Auch ihm seien auf Exkursionen hier oben merkwürdige Dinge zu Gesicht gekommen – die auf Sascha als Geister und Dämonen gewirkt haben könnten.

Über die Jahrzehnte hat Jewgenij Wakin sich zahllose Male in den Kratern des Mutnowskij aufgehalten, hat beobachtet, gemessen und analysiert. Und aus dem vermeintlichen Chaos an der Oberfläche hat sich dem Forscher, der von Haus aus Geochemiker ist, die Ordnung in der Tiefe offenbart, das Innenleben des Vulkanriesen. Inzwischen kennt er den Vulkan so gut wie das Wesen seiner Hunde. Fast ist er ein Lebewesen für ihn – ein Individuum.

Dieser Feuerberg ist eine chemische Fabrik, in der die Erde Dutzende von elementaren Substanzen zur Welt bringt, von denen viele auf ihrem Weg an die Oberfläche miteinander reagiert und exotische Verbindungen gezeugt haben: Fumarolen schwitzen Gold, Silber, Elektrun, elementares Silizium und so seltene Stoffe wie Muissanit oder Rheniumsulfid aus.

In einer Region des Kraters hat Wakin 30 Tonnen Gold ermittelt – mehr als 100 Gramm pro Tonne Gestein. Schon drei bis vier Gramm pro Gesteinstonne gelten als abbauwürdiges Erz. Mitunter klumpten sich gar mehrere Kilo gediegenes Metall zusammen. Für seine Entdeckung hat Wakin nach einer noch von Lenin erlassenen Verordnung 25 Rubel Belohnung erhalten – nach heutigem Wert weniger als einen halben Pfennig.

Jewgenij Wakin wollte es aber nicht bei seiner Entdeckung belassen, sondern wie ein moderner Alchimist auch Gold produzieren: Er schlug vor, den Mutnowskij anzubohren und die begehrten Metalle aus den austretenden Lösungen zu gewinnen. Direkt an der Quelle sollten dann Gold, Silber und andere seltene Metalle separiert werden.

Angesichts der Tatsache, dass schon einige Vulkane Kamtschatkas angebohrt worden sind, um mit dem herausschießenden hochgespannten Wasserdampf Strom zu erzeugen, erschien Wakins Idee den meisten Experten keineswegs abwegig, und Ministerpräsident Ryschkow, der damalige sowjetische Regierungschef, hatte das Projekt bereits genehmigt. Doch dann war Schluss mit der UdSSR, Schluss mit dem Geld und Schluss mit der Goldfabrik.

Inzwischen setzt man in Petropawlowsk auf den ehemaligen Erzfeind – auf die US-Amerikaner, die auf Kamtschatka längst allgegenwärtig sind. Schon haben sie – wie auch die Japaner – die Urwälder und immensen Lachsbestände auf deren Ausbeutbarkeit begutachtet, analysiert und getestet.

Natürlich lockt die Amerikaner auch das Gold der Halbinsel, welches auf insgesamt mindestens 300 Tonnen geschätzt wird. Für manch einen ist längst nicht mehr Alaska „the last frontier", sondern Sibirien samt Kamtschatka. Inzwischen verkehren sogar regelmäßige Linienflüge von Ancorage nach Petropawlowsk. Und es gibt selbst Russen, die sagen,die USA sollten doch Kamtschatka am besten gleich kaufen. So wie sie im Jahre 1867 Alaska dem Zaren Alexander II. abgehandelt haben.

Jewgenij Wakin will uns die aktivsten Fumarolen in diesem Krater des Mutnowskij zeigen. Sehr ernst schärft er uns ein, keinen Zentimeter von seiner Spuren abzuweichen. Den Hund nimmt er auf den Arm.

Im Gänsemarsch schreiten wir langsam voran. Der Boden ist kuppelförmig aufgewölbt, es klingt hohl unter unseren Schritten, und die Hitze brennt durch meine Schuhsohlen. Auf der Höhe jeder Kuppel faucht bis 600 Grad heißer, beißend ätzender Dampf aus Schlitzen, die verkrustet sind mit weißen Salmiak- und gelben Schwefelkristallen.

Dann endlich spüre ich wieder festen Grund unter den Füßen und stehe unversehens vor einem orthodoxen Grabkreuz. Ein Erdbeben hat es beschädigt. Sorgfältig richtet Wakin es wieder her. Vor vier Jahren, so sagt er, habe er an dieser Stelle einen Unterarmknochen begraben. Ein Student hatte sich nicht an die strikten Anweisungen des Vulkanologen gehalten und war vom Wege abgekommen. Eine der Kuppeln war unter ihm zusammengebrochen, und er war in die kochende Schwefelsäure darunter gestürzt. Nur der Knochen, den aufwallende Säure an das Ufer gespült hatte, war von ihm übriggeblieben. Noch viel vorsichtiger treten wir den Rückweg über die brüchigen Deckel der Schwefelsäureseen an.

Zwei Monate sind vergangen. Während ich diese Reportage schreibe, wird Jewgenij Wakin in seinem tief verschneiten Blockhaus sitzen, in das er im Winter nur über eine Dachluke hinein- und hinauskommt. Er wird über seinen Listen, Karten und chemischen Formeln brüten. Er braucht die langen Winter, so hat er mir erzählt, um sich alles zusammenzugrübeln. Um sich tiefer in seinen Mutnowskij hineinzudenken. Und an manchen Tagen wird er seine Schneeschuhe anschnallen und hinaufsteigen zu den Kratern.

Diesen leidenschaftlichen Wissenschaftler lässt die Erdmaschine nicht los, die sich manifestiert in den Vulkanen. Denn aus ihnen ist alles hervorgegangen: die Uratmosphäre, das Wasser der Ozeane, die Elemente und Stoffe, aus denen das Leben sich einst geformt hat. Und schließlich, nach Jahrmilliarden der Evolution, auch Jewgenij Wakin – wie ein jeder von uns.

Zwischen Vulkanen liegt der Karymskij-See auf Kamtschatka. Im Rücken des Betrachters erhebt sich der Karymskij, von dem 30 Ausbrüche seit 1771 verzeichnet sind und der seit 1996 immer mal wieder Asche spuckt. Im Hintergrund eine Gruppe weiterer Vulkane

Seite 173 – Gase, die beim Erscheinen des Magmas an der Erdoberfläche schlagartig freigesetzt werden, lassen auf Réunion Feuerfontänen emporschießen

Seite 174/175 – Wer eine mächtige Fontäne der über 1100 Grad heißen Lava auf Réunion aus der Nähe beobachten will, braucht spezielle Kleidung, die vor der ungeheuren Hitze schützt. Bewährt hat sich ein mit Aluminium überzogener feuerfester Anzug, der die Wärmestrahlung reflektiert

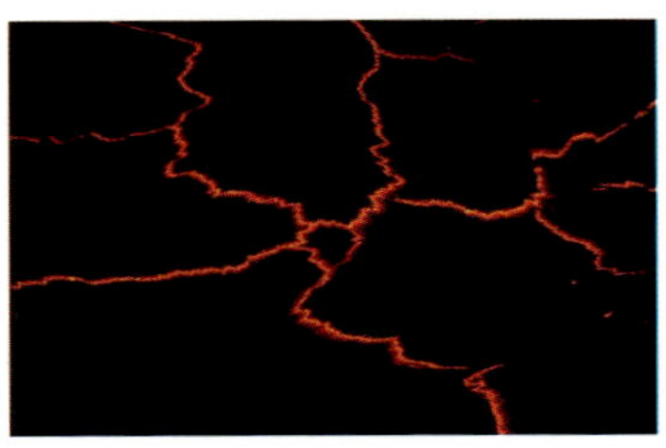

Seite 176/177 – Die dünne dunkle Haut, die sich an der Oberfläche des Lavasees im Krater des Erta'Ale in Äthiopien bildet, ist von zahlreichen glühenden Rissen durchzogen

Seite 178/179 – In der seit 1983 andauernden Ausbruchserie des Kilauea auf der Insel Hawaii fließen immer wieder Lavaströme unter großer Dampfentwicklung ins Meer. Die Insel, die durch unzählige Eruptionen aus der Tiefsee emporgewachsen ist, wird dadurch allmählich immer größer

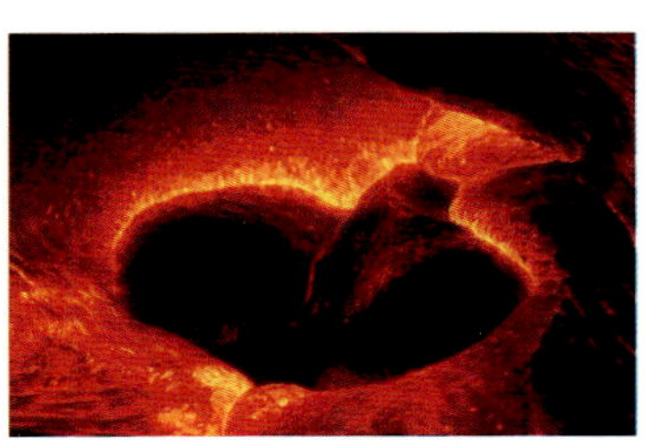

Seite 180/181 – Ein glühender Lavastrom auf Hawaii umfließt ältere, längst erkaltete Lava, die in seinem Weg liegt

Seite 182/183 – Aus einem aktiven Vulkankegel am Piton de la Fournaise auf Réunion sprudelt ein Lavastrom wie ein Bach, während im Hintergrund eine Fontäne tanzt

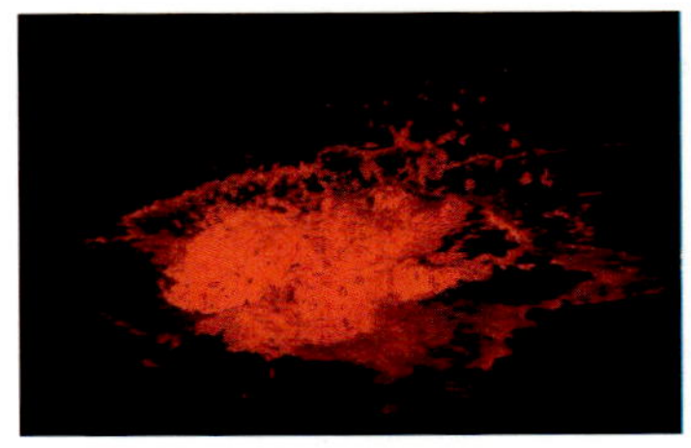

Seite 184/185 – Der Lavasee am Erta'Ale kommt nicht zur Ruhe. Gasausbrüche führen dazu, dass glühende Schmelze aufspritzt, nachdem sie die erstarrte Haut durchstoßen hat

Seite 186/187 – Das Terrain der Insel Hawaii vergrößert sich mit spektakulären Feuerspielen. Wie Wasserfälle stürzen Lavaströme des Kilauea auf breiter Front über Felswände ins Meer. Die Lava auf der Feuerinsel fließt häufig nicht frei an der Erdoberfläche, sondern in „Tunneln", die bei früheren Ausbrüchen entstanden sind: Während die Oberfläche der Lavaströme zu einer festen Kruste erstarrte, floss die glühende Masse darunter weiter. Als am Ende des Ausbruchs der Nachschub versiegte, blieb ein Hohlraum zurück, durch den ein späterer Lavastrom schnell vorankommt

Seite 188/189 – Auge in Auge mit dem Feuer der Erde – das erfordert High-Tech-Ausrüstung, vor allem aber Umsicht bei der Einschätzung des Risikos. Eine Annäherung in einer aktiven Phase erlauben nur relativ „gutmütige" Vulkane wie auf Hawaii oder Réunion, die nicht besonders explosiv sind

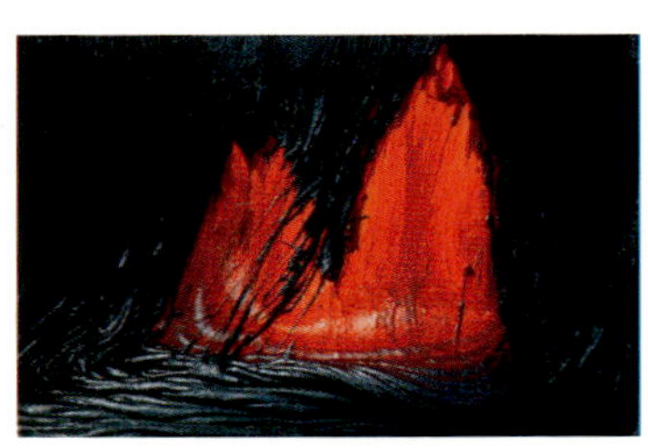

Seite 190/191 – Die dünnflüssige, „Pahoehoe" genannte Lava, wie sie etwa auf Hawaii und Réunion auftritt, erstarrt in vielfältigen Formen. Die Oberfläche des Glutstroms überzieht sich beim Abkühlen mit einer Haut, die plastisch reagiert und beim Weiterfließen erstaunliche Muster bildet. Häufig verzwirbeln sich Lavastränge, und es entsteht, wie auf dem Foto, „Stricklava"

Seite 192/193 – Ein ruhig dahinfließender Lavastrom auch eines nicht explosiven Vulkans kann durch Gase, die in der Schmelze zirkulieren, unerwartet aufschäumen und Lava ausschleudern. Aus der dünnflüssigen Lava steigen dann oft so feine Fetzen auf, dass sie sich auf Fotos zu glühenden Spinngeweben zu arrangieren scheinen

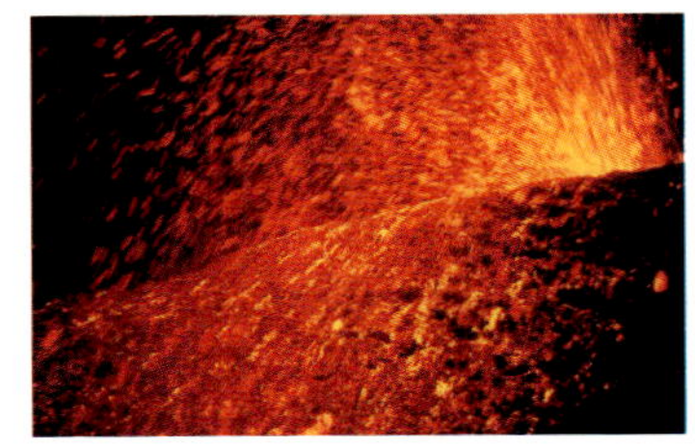

Seite 194/195 – In immer neuen Feuerstößen schießt Lava in einem Vulkankegel auf Réunion auf und prasselt auf die Umgebung nieder. So wächst der Kegel weiter in die Höhe

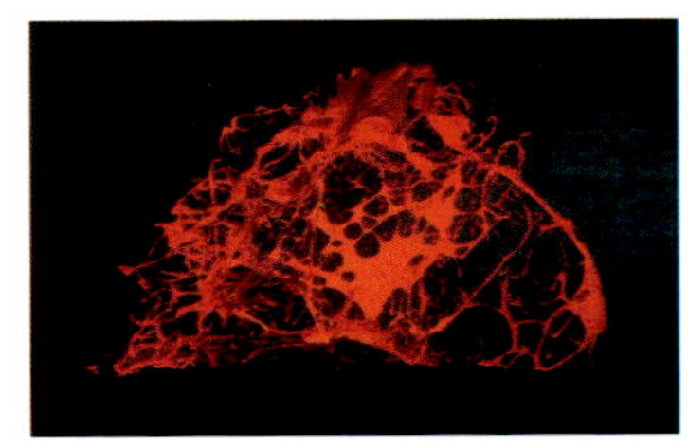

Seite 196/197 – Aufspritzende Lava liefert dem Fotografen immer wieder Motive von großer Anmut

Seite 198/199 – Die Kruste über einem Lavastrom auf Hawaii ist noch brüchig, aber bald wird sich eine feste Decke gebildet haben, unter der die glühende Schmelze dann in einem Lavatunnel fließt. Gegen Wärmeverluste gut isoliert, kann sie Dutzende von Kilometern zurücklegen

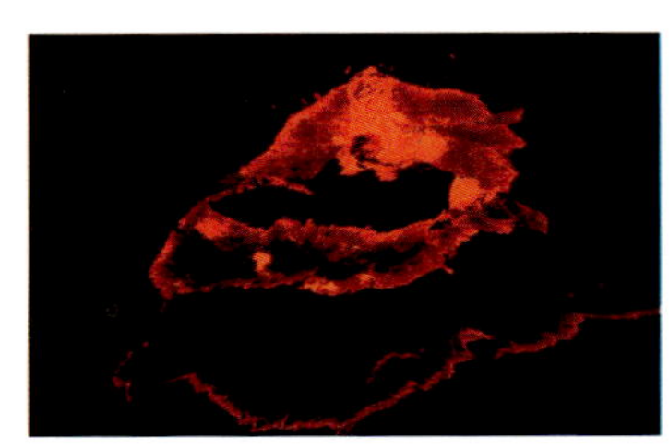

Seite 200/201 – Blick hinab auf Feuerfontänen, die aus dem Lavasee des Erta'Ale in Äthiopien aufsteigen

Seite 202/203 – Es müssen nicht immer Fetzen fliegen: Durch verkrustete Lava auf Hawaii bricht eine glühende Blase

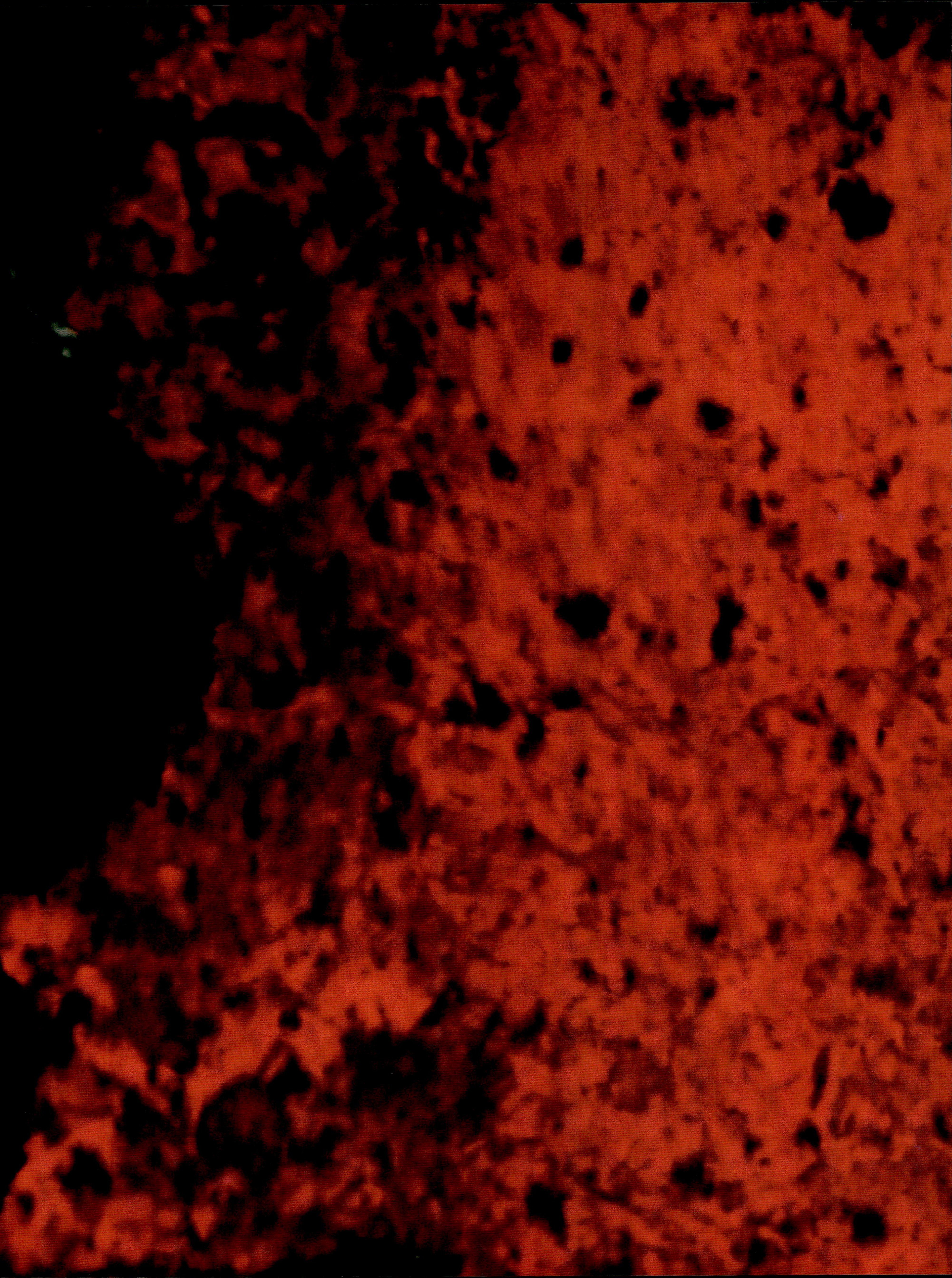

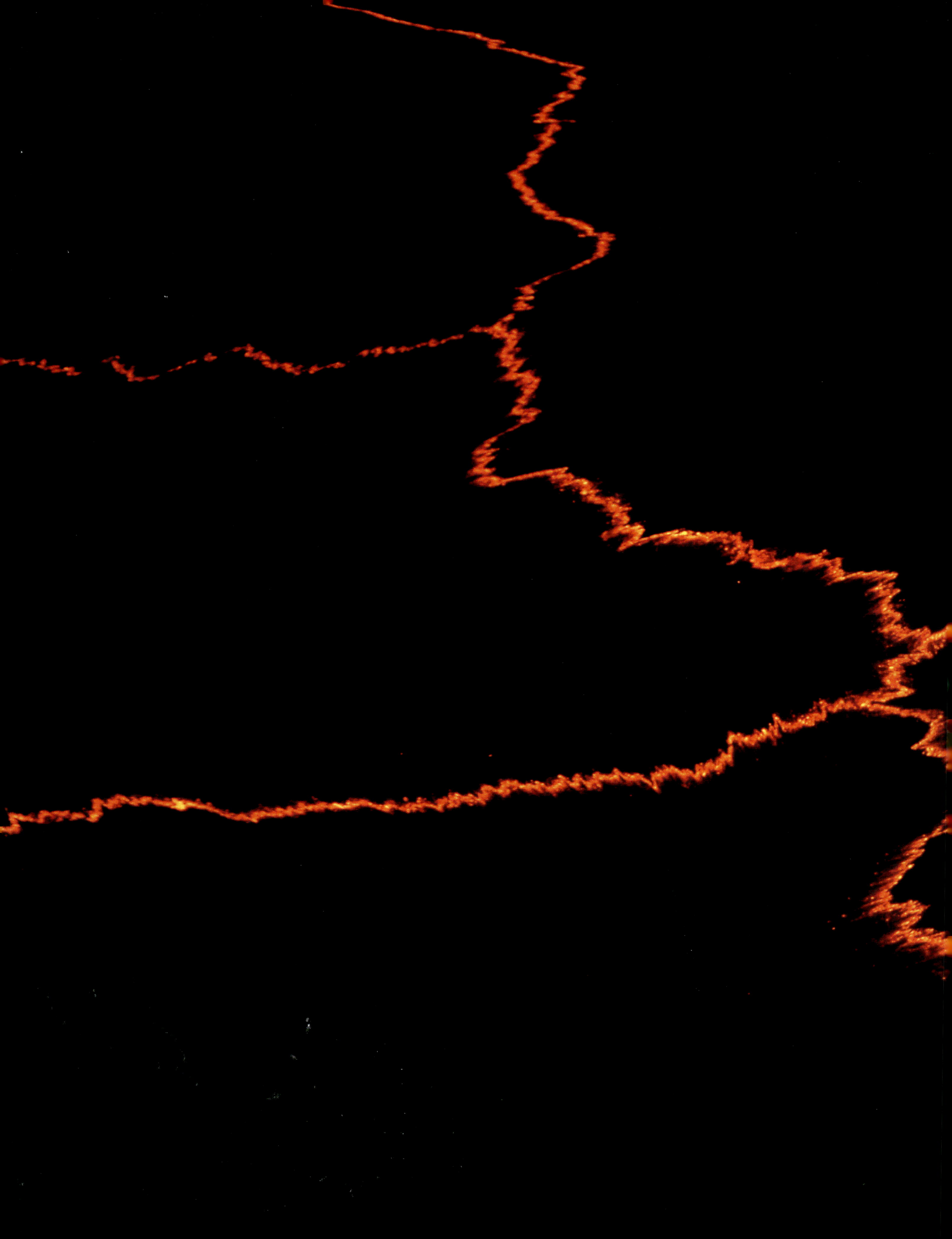

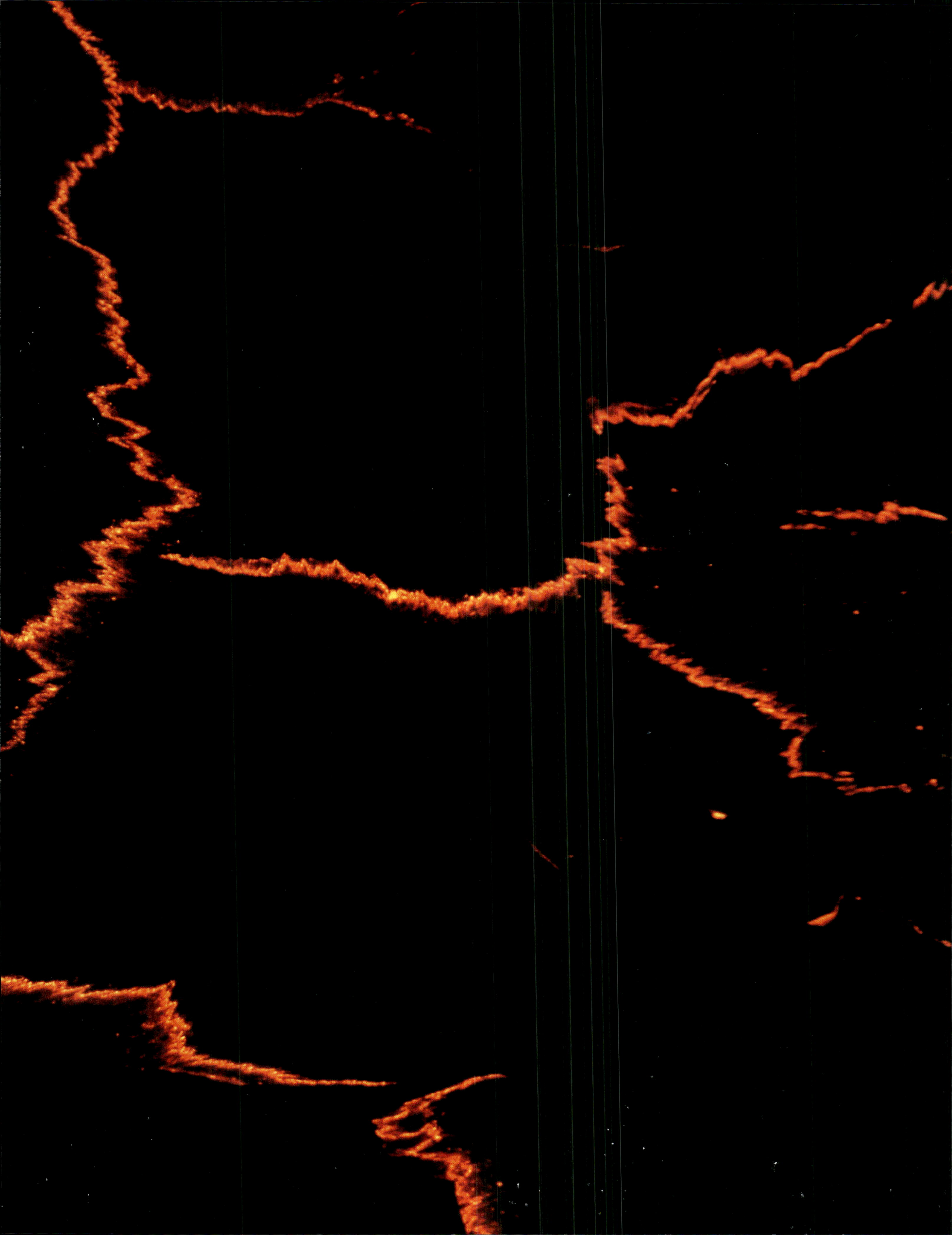

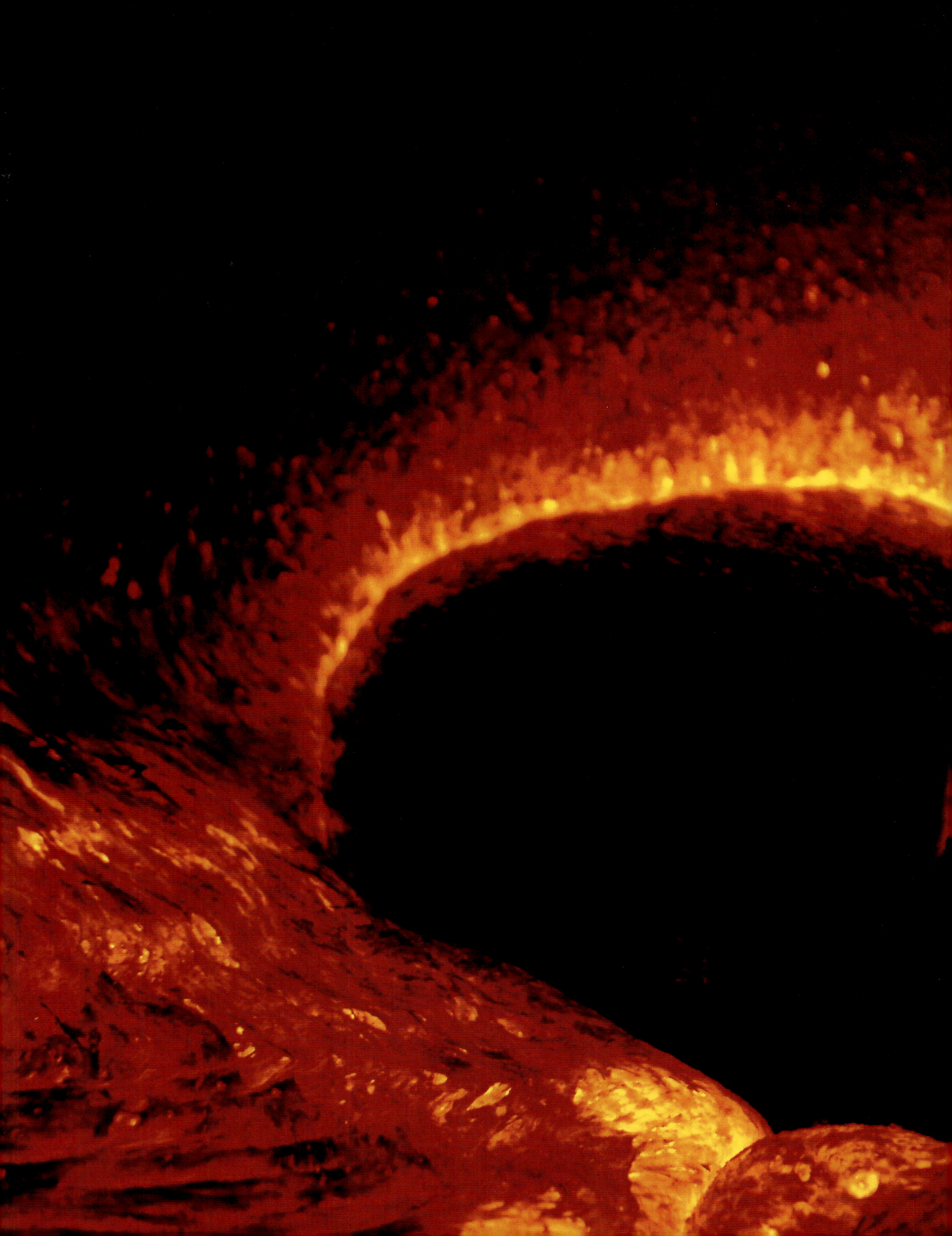

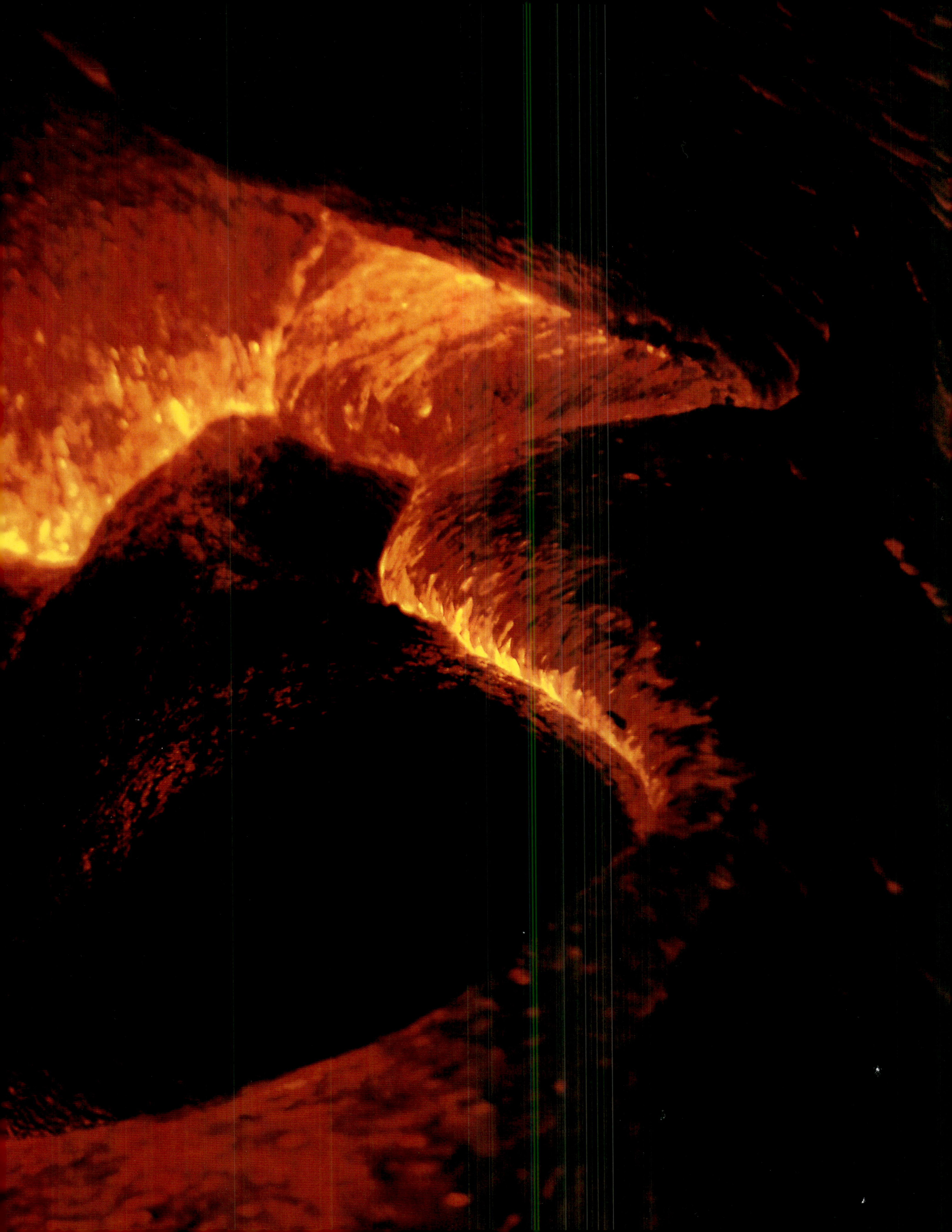

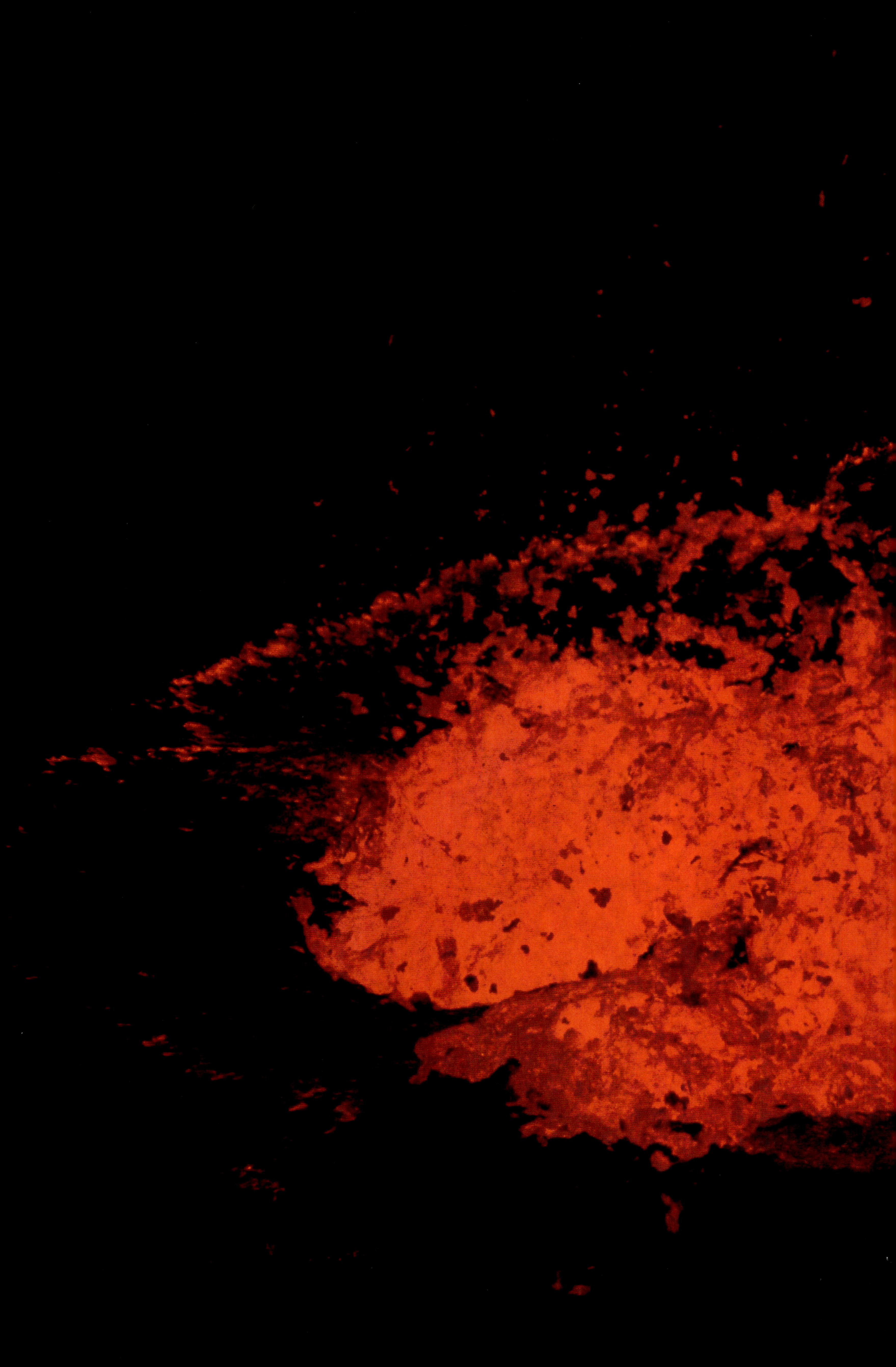

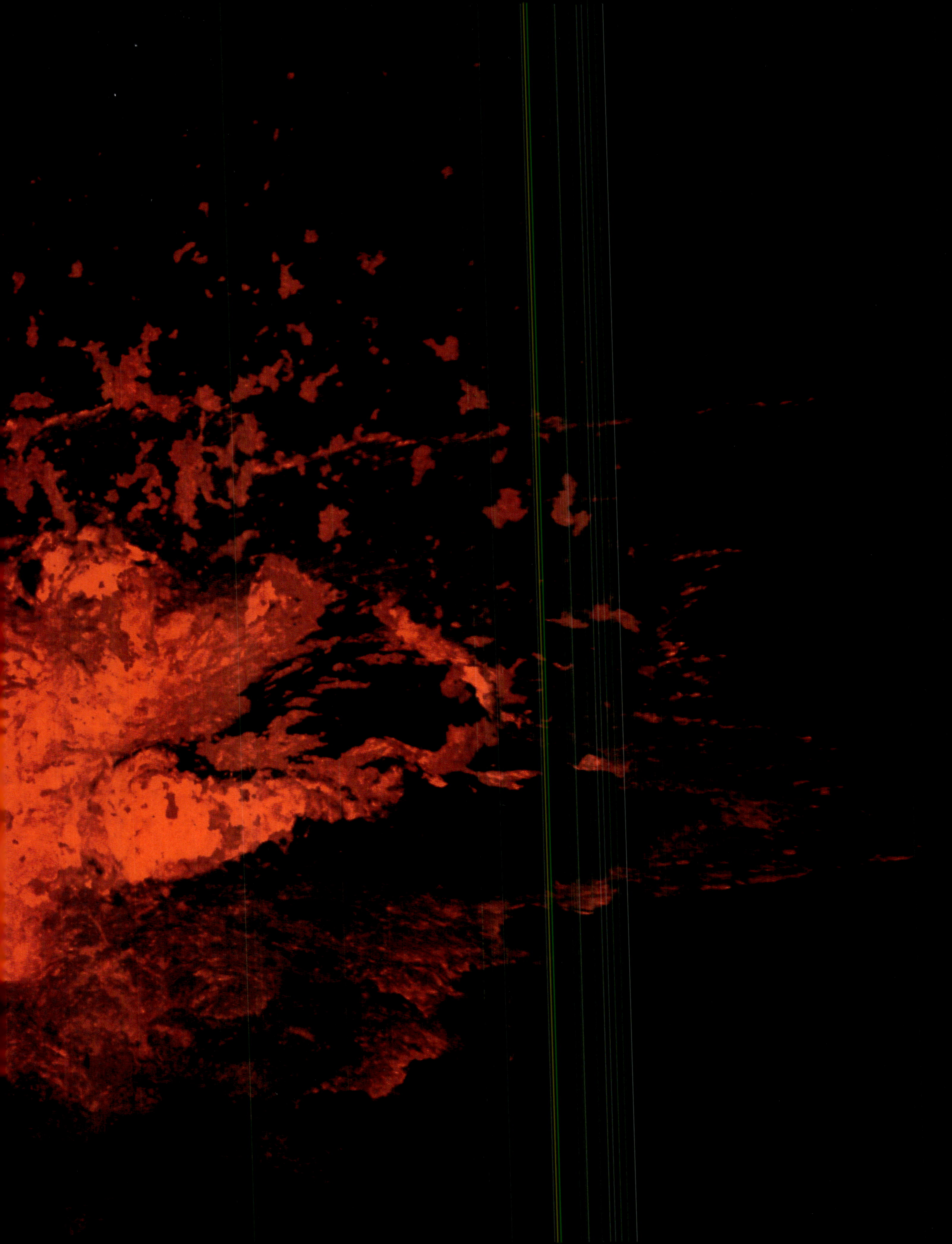

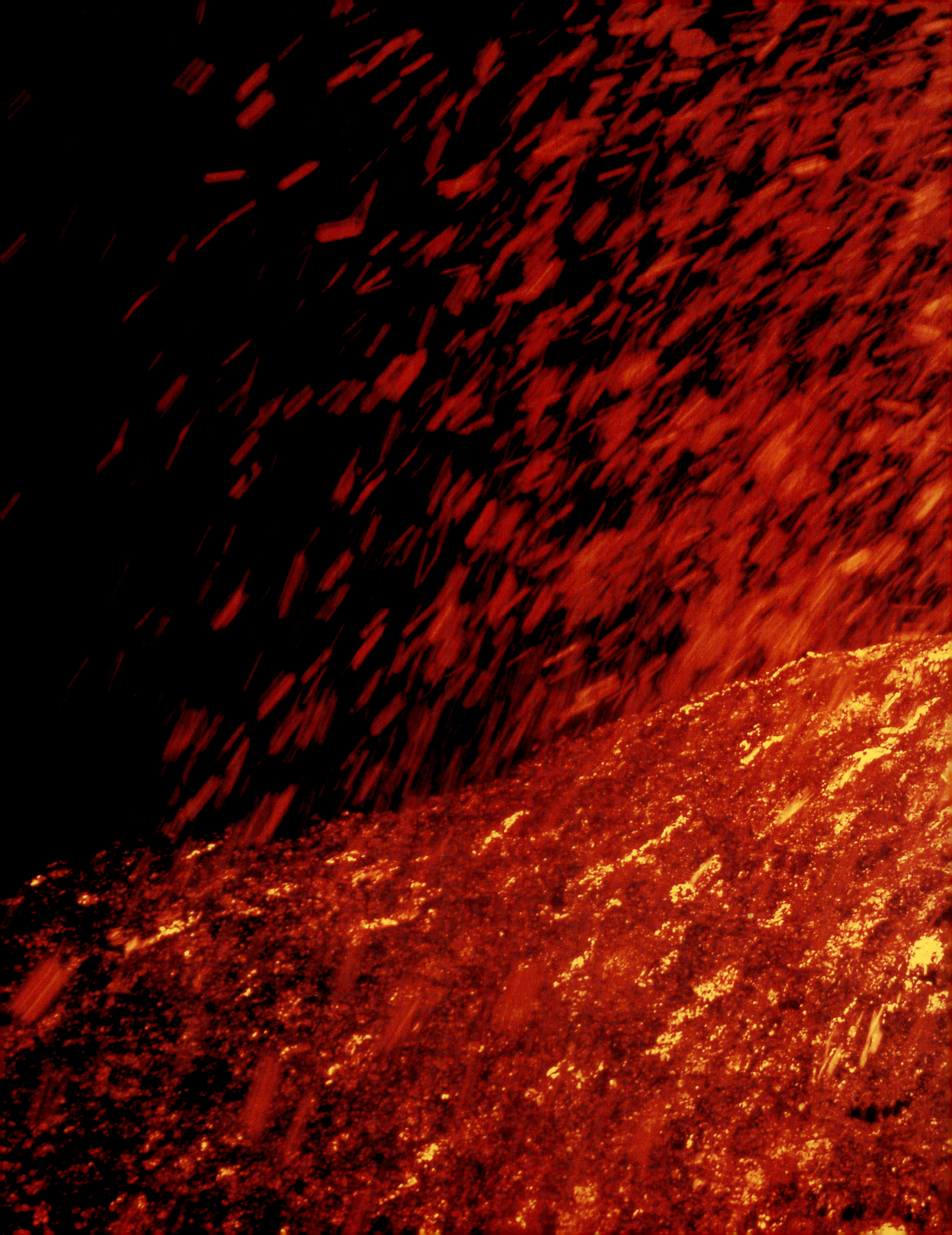

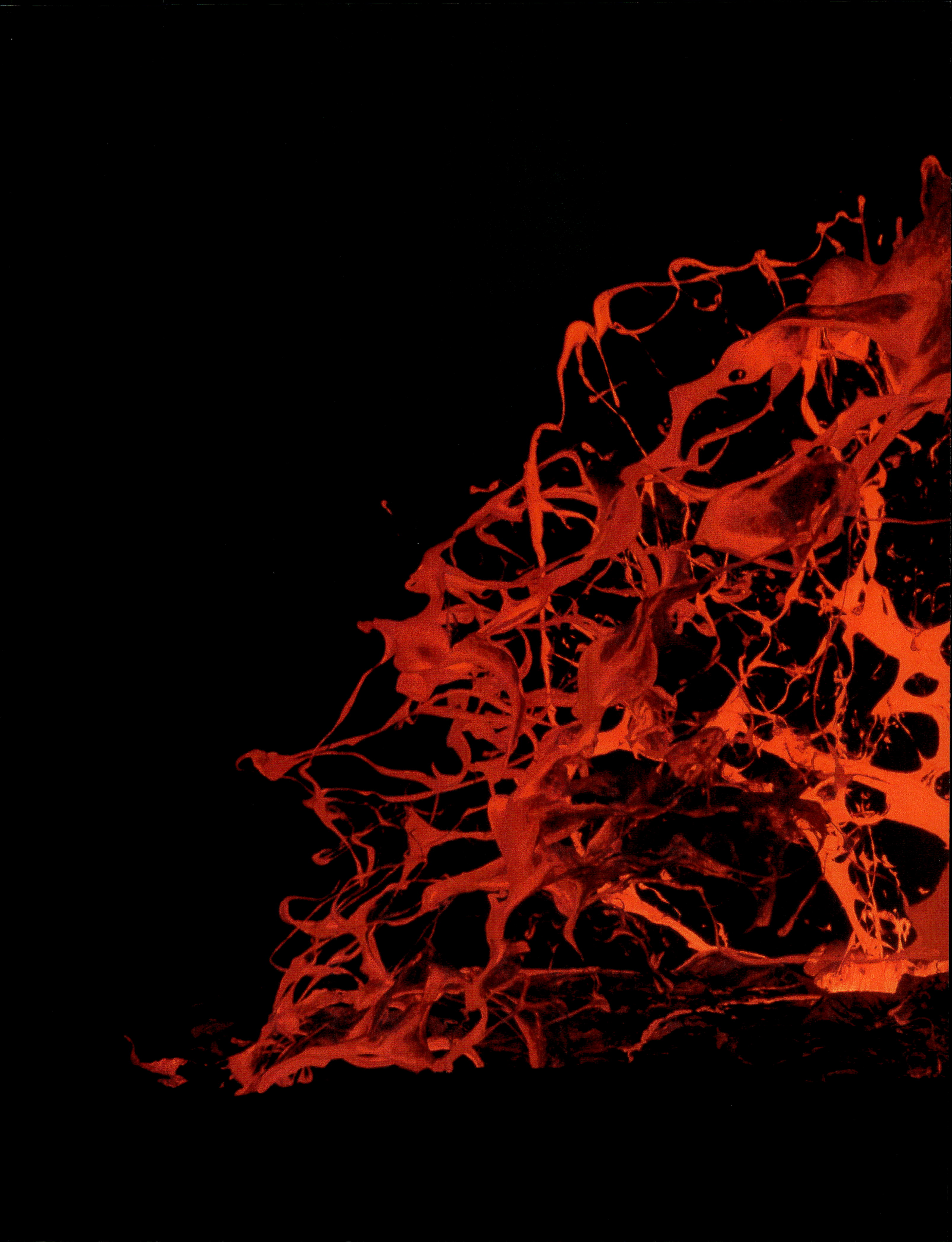

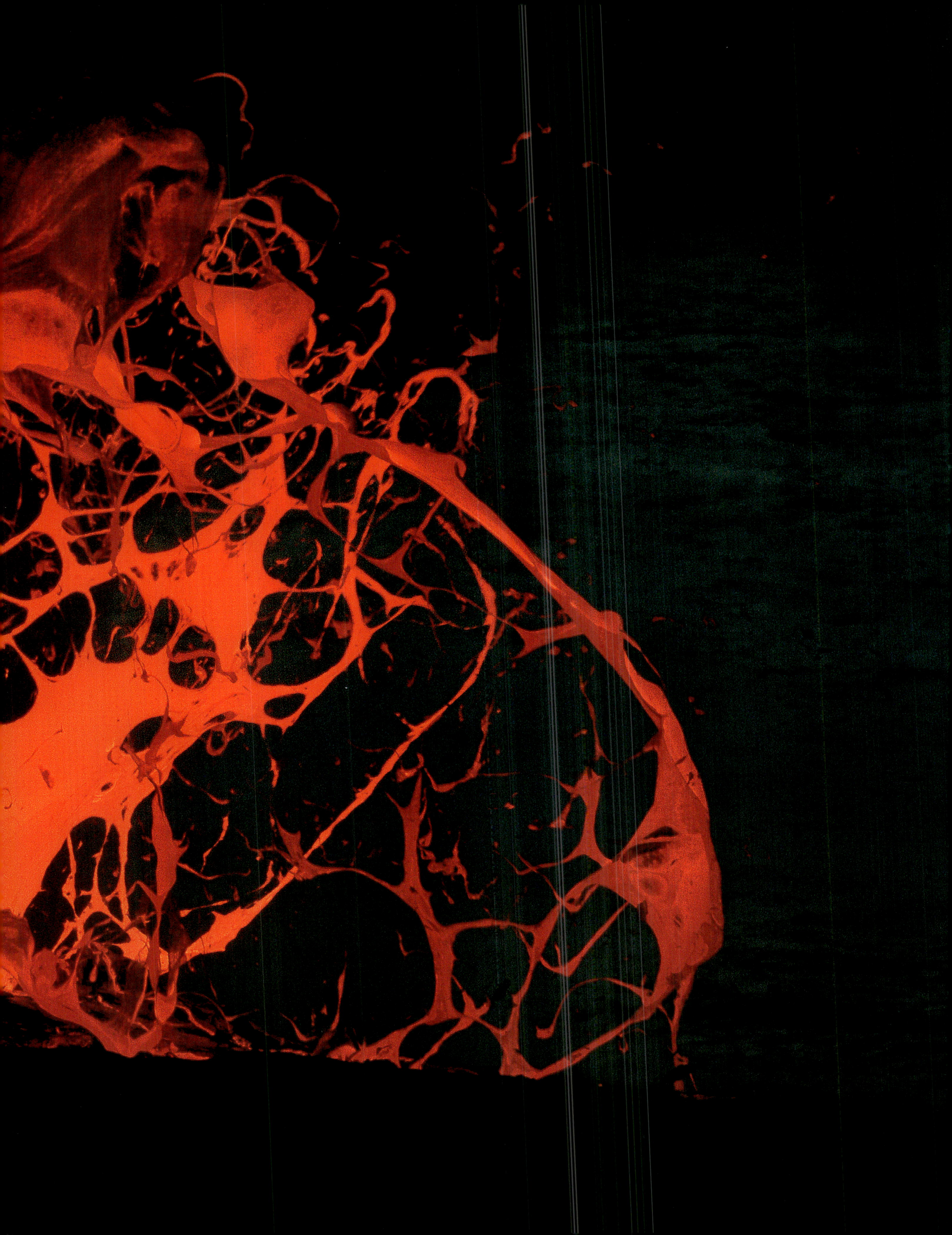

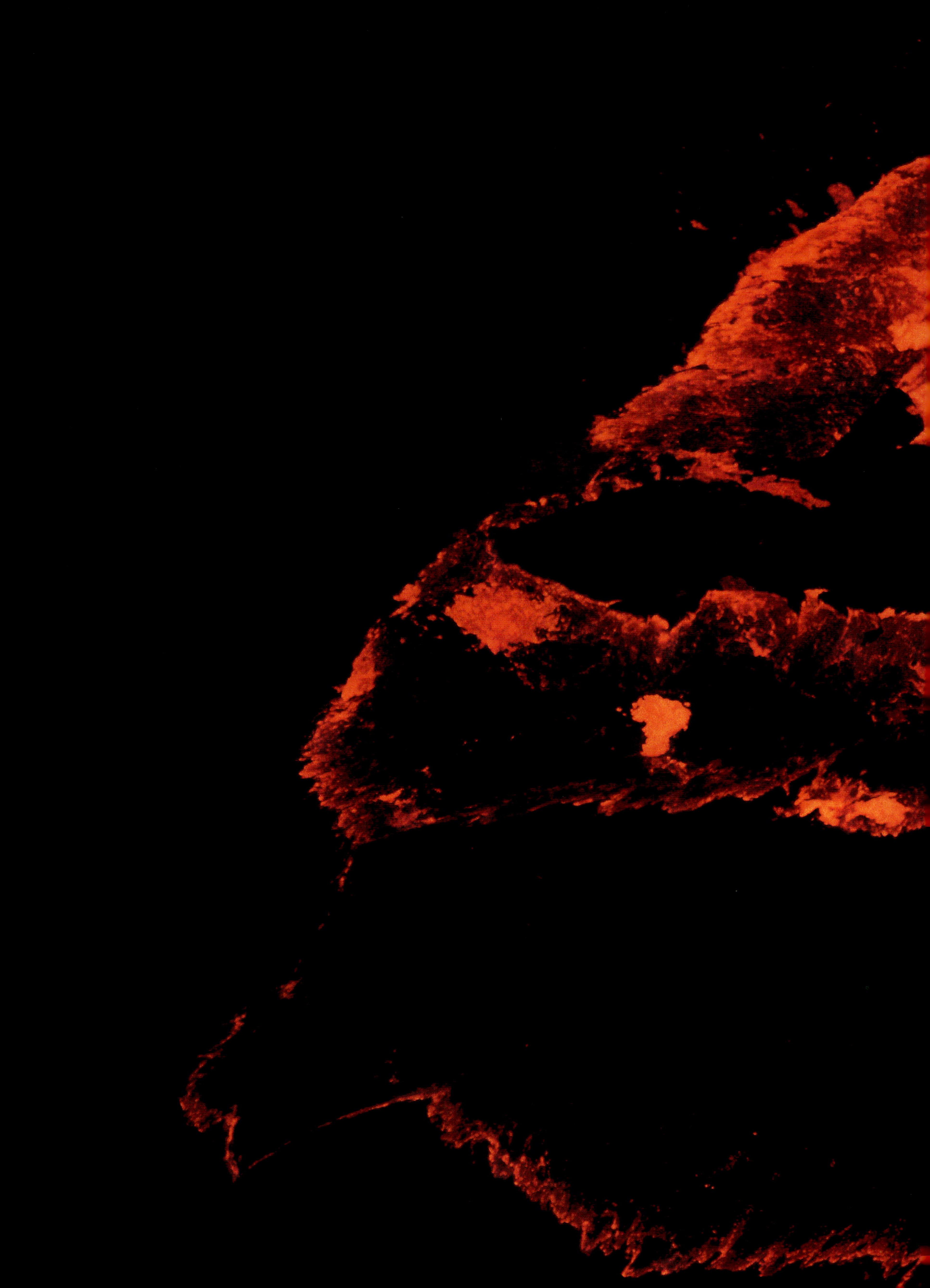

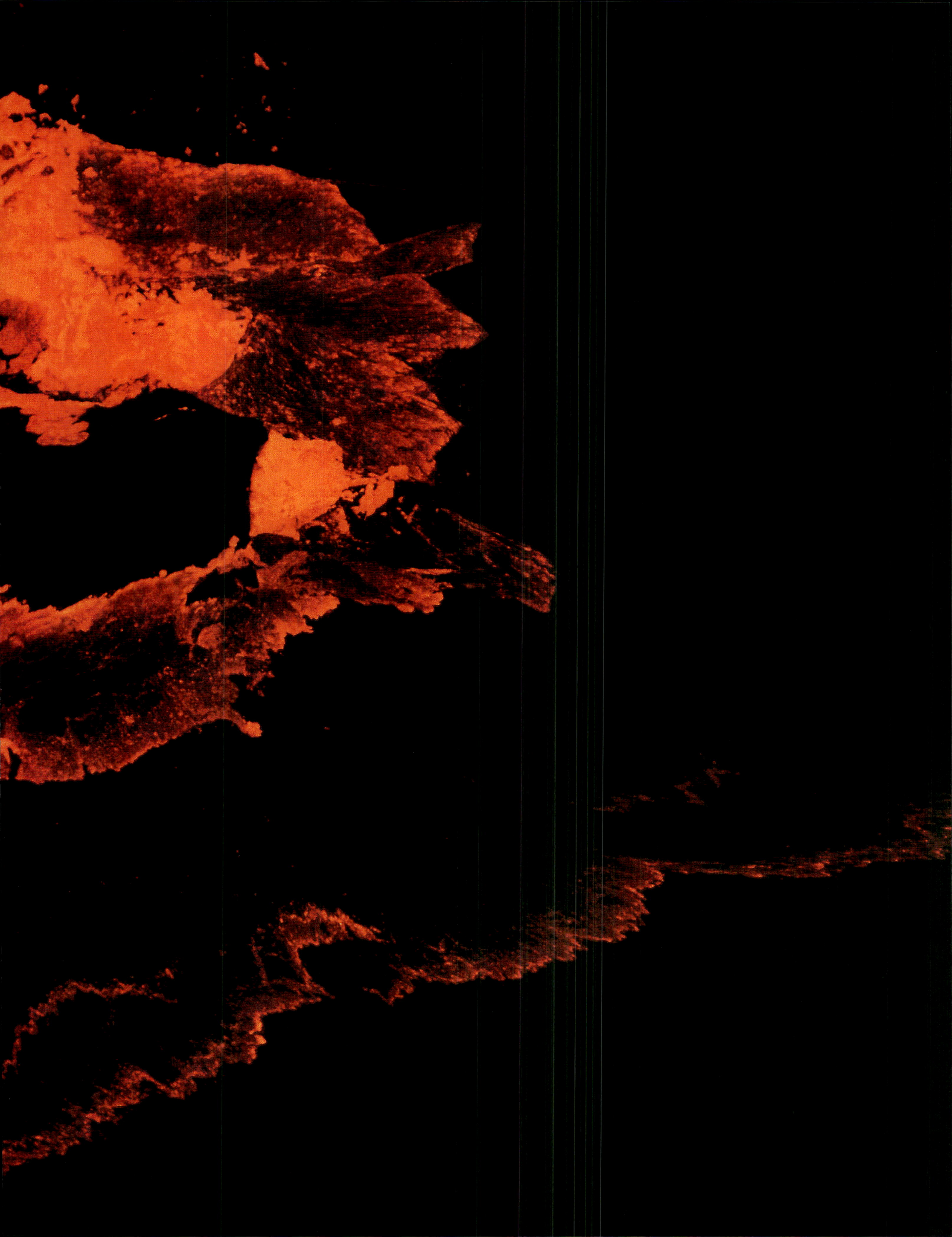

REPUBLIC

ABSCHIED VON MONTSERRAT

Langsam nimmt der Vulkan Soufrière die Karibikinsel in Besitz. Seit 1995 ergießt er Lava und Asche über das Tropenparadies und verwandelt es in eine graue Ödnis, in ein mühsam subventioniertes Flüchtlingslager

Von Lars Nielsen

Lange schaut sie von ihrer Terrasse hinauf zum Berg, der sich wieder mal eine Kappe aus Wolken übergezogen hat. Als wolle er verbergen, was er plant. Sie kneift die Augen zusammen, späht durch ihre Sonnenbrille. Der weiße Vorhang bleibt geschlossen, nichts zu erkennen. Sie gibt es auf und lässt sich in den Gartenstuhl zurücksinken. 32 Jahre hat Edith Herman auf Montserrat gelebt, länger als irgendwo sonst in ihren 85 Jahren. In Deutschland geboren, vor den vom völkischen Wahn befallenen Landsleuten 1938 in die USA geflüchtet, landete sie mit ihrem Mann Ernst 1965 auf der Antillen-Insel. Jetzt sitzt sie vor ihrem Haus und sagt leise: „Es war so unglaublich schön hier." Das ist es eigentlich immer noch. Im Garten ragen Palmen in den blauen Himmel und tun, was sie in der Karibik halt tun: Sie wiegen sich im Wind und rascheln. Flamboyant-Bäume stehen in der Sonne, mit Blüten wie grellrote Neonreklamen. Und das Meer ist türkis.

Nur ist die Inselschönheit klein geworden. Denn unter dem Wolkenschleier hat der Berg seinen Schlund aufgerissen und würgt Gift und Feuer heraus, seit zwei Jahren schon. In dieser Zeit hat die Glut aus dem Bauch des Berges erst dessen Flanken und dann dessen Vorland in eine Ödnis verwandelt, grau und staubig wie der Mond. So wurden nach und nach zwei Drittel der Insel zur Steinwüste oder zur Sperrzone, die als ständig von Verwüstung bedroht gilt. Und auf dem übrigen Drittel ist auch nichts wie zuvor. Von den 11 000 Bewohnern Montserrats ist über die Hälfte geflohen. Der Rest drängt sich auf dem noch unbeschädigten Terrain im Norden, viele seit Monaten in engen Massenquartieren, manche schlafen in ihren Autos. Die meisten von ihnen sind ohne Arbeit, weil der Vulkan sich Plymouth genommen hat, die einzige Stadt der Insel.

Derweil quellen pro Sekunde Dutzende Kubikmeter Magma nach oben. Reich an Silicatmineralien, ist es zu zäh, um einfach abzulaufen. So formt sich ein enormer Korken auf dem Vulkan. Der Druck von Gestein und Gas darunter steigt, könnte sich entladen in einer Explosion, die binnen Sekunden geschmolzenes Gestein und Asche 10 000 Meter in die Höhe schießen würde und auf Kilometer im Umkreis einen Hagel aus Bimssteinen niedergehen ließe. Der Magmapfropfen könnte aber auch an der Seite aufplatzen. Dann flösse eine Glutlawine an den Hängen hinunter, eine rasende Wolke aus 1000 Grad heißem Gas, siedender Asche und tonnenschweren Brocken. Ein paar Ausläufer dieses tödlichen Gemischs machten Plymouth zu einem karibischen Pompeji. Nur wurde Plymouth zuvor geräumt.

Vielleicht passiert auch gar nichts. Das ist das Problem mit dem Berg. Sicher ist, dass irgendwann irgendwas geschieht. Doch alles andere – was? wann? wie stark? – keiner weiß es. Nicht mal die Wissenschaftler vom Montserrat Vulcano Observatory. Sie haben den Berg mit Messgeräten gespickt, kreisen täglich mit dem Helikopter um den Gipfel, untersuchen Steine, Staub und Gase. Doch mit all dem sind sie über jene Erkenntnisse nicht hinausgekommen, die die Vulkanologin Gill Norton formuliert: „So ein Vulkan stößt bei einer Eruption wie dieser etwa 400 Millionen Kubikmeter Material aus. 140 Millionen sind jetzt draußen. Der Rest könnte in großen Explosionen binnen einer Woche kommen. Oder es geht in kleinen Schüben, dann dauert es vielleicht noch vier Jahre. Er könnte aber auch morgen einschlafen."

Deshalb sitzt Edith Herman auf ihrer Terrasse und fixiert den Berg. Es ist ihre letzte Chance, Abschied von diesem Blick zu nehmen. Gerade hat sie erfahren, dass sie mit ihrem 92-jährigen Mann evakuiert werden soll. Nach neuen Berechnungen über Explosionsstärken und Lawinenrouten liegt auch ihr Haus jetzt im Sperrgebiet. „Als wir damals hier gebaut haben, waren wir die ersten Ausländer, die sich auf der Insel niedergelassen haben", erzählt sie, auch jetzt immer den Gipfel und nicht den Gesprächspartner fest im Blick. „Wir hatten keinen Strom, kein fließendes Wasser, es war wunderbar."

Streng genommen sind die ersten Ausländer schon 1632 auf Montserrat gelandet. Irische Katholiken, die vom benachbarten St. Kitts auf die Insel flohen, um der Verfolgung durch die englischen Protestanten dort zu entkommen. Auf den Seekarten war die Insel bereits 139 Jahre vorher aufgetaucht. Kolumbus segelte 1493 an Montserrat vorbei und taufte es nach einem Kloster oberhalb von Barcelona. An Land ging er nicht. Auch weit gereiste Entdecker machen mal Flüchtigkeitsfehler. Denn was die ersten Siedler fanden, war wie eine All-inclusive-Anlage. Wälder voller Mangos, Bananen, Johannisbrot und klarem Frischwasser. Und der Boden, in den sie ihre Felder pflügten, war fruchtbar. Der Berg schlief seit mehr als hundert Jahren. Nur an den Hängen verrieten ein paar heiße Quellen und Schwefeldampf, dass in der Tiefe noch immer etwas rumorte.

Wie auf fast allen karibischen Inseln wurden später auch nach Montserrat afrikanische Sklaven verschleppt und auf den Zuckerrohrplantagen geschunden. 1834 erhielten sie die Freiheit. Als später in Europa Zuckerrüben das karibische Zuckerrohr vom Markt verdrängten, machten die Plantagen dicht, die Iren wanderten aus, zurück blieben die Nachkommen der Sklaven. Montserrat wurde zum Provinzkaff unter Britanniens Kolonien. Das tat ihr gut. Die Hauptstadt Plymouth mit ihren Kolonialgebäuden wurde eine Art Freilichtmuseum für Englands verblasste Gloria in diesen Breiten. Erst 1965 gab es neue Impulse. Da hatte ein Mann namens Cecil Osborne eine Idee. Er vermutete, dass für die Schönheit der Insel auch Touristen zu begeistern wären. Osborne eröffnete das „Vue Pointe Hotel" mit Blick auf die kitschig-schöne Old Road Bay und den Berg. Es sollte das letzte Hotel sein, das auf Montserrat geschlossen wurde. Jetzt liegt es in der gesperrten Zone, der Swimmingpool ein trüber Tümpel aus Regenwasser und Vulkanasche.

„Mein Mann und ich waren die zweiten Gäste überhaupt im Hotel", erzählt Edith Herman. „Wir entschieden uns sofort, Boston mit seinen grauen Wintern zu verlassen und hier zu leben." Unverzüglich erwarben die Hermans Land oberhalb des Hotels, mitten in der Wildnis. Oder im Garten Eden, wie man es halt sieht. So wie den Hermans ging es Hunderten, meist Briten oder Amerikanern. Sie kamen, sahen, kauften Land und bauten. Ohne weite Strände und ohne erwähnenswertes Nachtleben wurde Montserrat zum Retiro für Menschen, die außer Ruhe wenig wollten. Daran änderte sich nicht einmal etwas, als George Martin

Links: **Bei Vulkanausbrüchen sind Menschen in der Umgebung auf vielfältige Weise bedroht. Starker Aschefall kann Dächer derart belasten, dass sie einstürzen wie 1991 das Dach einer Schule beim Ausbruch des Pinatubo auf den Philippinen**

Wie ein Regenschauer ging Asche vor der Küste der Antillen-Insel Montserrat nieder. Zum ersten Mal seit fast 400 Jahren war 1995 der Vulkan Soufrière in der britischen Kronkolonie erwacht. Zwei Jahre darauf verwüsteten Glutlawinen den Südteil der Insel mitsamt der Hauptstadt Plymouth. Die Bevölkerung konnte beizeiten evakuiert werden – Vulkanologen hatten die Gefahr erkannt und rechtzeitig gewarnt

auftauchte. Der war einmal Plattenproduzent der Beatles, und er baute sich auf der Insel nicht nur ein Haus, er setzte gleich noch ein Tonstudio daneben. In der Folge landeten die Rolling Stones, Sting, Eric Clapton, Paul McCartney und die restliche Bande auf dem kleinen Flughafen, ließen sich zu Martins „Air Studios" chauffieren und spielten Platten ein. Zwischendurch gingen sie surfen und tauchen. Oder sie bummelten durch Plymouth. Oder sie lagen am Pool mit Blick zur Nachbarinsel Nevis, von Fans oder Fotografen unbelästigt. So locker klangen die Platten dann auch.

Ein Relikt dieser entspannten Zeit hat sich trotz des Vulkanausbruchs und anderer Aufregungen bis heute gehalten: die Montserrat-Zeit, eine ganz eigene Form von, na ja, Unpünktlichkeit (selbst der kochende Berg hält sich an keinen Zeitplan ...). Niemand auf der Insel käme je auf die Minute pünktlich zu einem Termin. Niemand, nicht einmal die britischen Kolonialbeamten. Aber keiner würde sich je so verspäten, dass es ernstlich Ärger gäbe. Auch Kriminalität ist eine Erscheinung auf den Nachbarinseln geblieben. Obwohl der Vulkan sechs von zehn Insulanern arbeitslos gemacht hat, ihnen Häuser und Felder nahm, hat sich daran nichts geändert. Bis heute gibt es kein Gesetz gegen Autodiebstahl. Kein Bedarf. Stehlen ist bis auf Dummheiten von Halbstarken unbekannt, an einen Raub kann sich niemand erinnern. Gerade dieser Frieden lässt nun viele so verzweifelt an Montserrat festhalten. Blondina Howes, Chefin der Sozialdienste auf der Insel, fasst es so zusammen: „Wenn ich ins Büro ging und mir fiel auf halbem Weg ein, dass ich vergessen hatte abzuschließen, bin ich nie umgekehrt. Ich wusste genau, dass alles unangetastet an seinem Platz stehen würde, wenn ich heimkam."

Dann kam der September 1989, mit ihm „Hugo". Der ließ kaum etwas an seinem Platz stehen, denn „Hugo" war ein übler Hurrikan. Am Morgen nach Hugos Abgang standen von den Häusern Montserrats 90 Prozent ohne Dach in der Landschaft. Oder gar nicht mehr. Einige Menschen waren vom Brüllen des Sturmes halb irr geworden. Männer stolperten in Frauenkleidern durch die Straßen. Die Verwaltungsgebäude waren abbruchreif, die eben gebaute Mole für Kreuzfahrer war fortgespült, von den „Air Studios" blieb eine Ruine. In der folgenden Zeit des Aufbaus wollte niemand in der Inselregierung etwas wissen von den Vorhersagen eines Vulkanologen, der im Jahr vor „Hugo" in Montserrat geforscht hatte. Der lange Schlaf des Vulkans gehe zu Ende, warnte er. Die Hauptstadt sei praktisch verloren, weite Teile der Insel seien von Glutlawinen bedroht. Die Zukunft Montserrats liege im Norden. Da habe sich seit Millionen Jahren nichts Vulkanisches mehr geregt.

Seltsam nur, dass die Verantwortlichen auch dann nicht an die Warnungen glauben mochten, als sich der Berg im Juli 1995 mit lautem Heulen öffnete, nicht, als im Folgejahr Plymouth geräumt werden musste, nicht, als im September 1996 eine enorme Explosion am Gipfel die Insel mit Steinschlag und Staub bedeckte. Erst als es im Juni 1997 Tote gab, da ließ sich nichts mehr verdrängen. Ein Ausbruch samt folgender Feuerflut kostete 19 Menschen das Leben. Sie hatten sich in der Sperrzone aufgehalten, um nach ihren Häusern zu sehen oder die Felder zu bestellen.

Ende September reicht die Sperrzone, in der sich niemand aufhalten darf, schon bis zu den Centre Hills. Sie fungieren im Sicherheitskonzept der Insel als eine Art Schutzwall, der die größte Wucht schwerer Eruptionen abfangen sollte. Nördlich davon wurde ein schmaler Gürtel zur Pufferzone erklärt, die im Falle eines größeren Ausbruches rasch zu evakuieren sein muss. Durch die Sperrzone führt eine Straße, am Rand parkt ein Feuerwehrwagen, der offenbar in großer Eile abgestellt wurde – die Fahrertür ist offen. Die Zuckerrohrplantage dahinter ist fast völlig verschüttet, nur noch der Schornstein ragt heraus. Die Gegend ist fast überall mit Schlamm, Sand und Asche bedeckt, eine dreckige Masse, die bis ins Meer hinein reicht. Hinter den Hügeln eine zerstörte Landebahn und verbogene Flutlichtmasten – Überreste des Flughafens. Die Straße zum Flughafen ist korkenzieherartig verdreht, Felsbrocken liegen umher. Auf Karten aus Zeiten vor dem Ausbruch führt diese Straße bis nach Plymouth. Jetzt führt sie nirgendwo hin.

Ein paar Jahre später ist das Telefonbuch von Montserrat 48 Seiten dünn. 4500 Menschen leben noch hier – das sind weniger als im frühen 18. Jahrhundert, als Montserrat ein Zuckerrohranbaugebiet britischer Kolonialherren war. „Wir haben lange gedacht, der Vulkan beruhigt sich ganz schnell wieder, und wir gehen alle zurück nach Hause“, bekennt Bertrand Osborne, zur Zeit der Tragödie Premierminister der Insel. Ähnlich dachte man in London und zierte sich, etwas zu unternehmen. Gemunkelt wird aber auch, die Untätigkeit habe eine Massenflucht von der Insel verhindern sollen, da ein verlassenes Montserrat sofort Drehscheibe der Drogenschmuggler in diesen Gewässern werden würde. So mussten die Menschen der Insel in überfüllten Notquartieren oder in den überteuerten Ferienvillen von Amerikanern oder Briten wohnen, die aus der Krise Gewinn schlagen wollten.

Osborne kostete die Fehleinschätzung den Job. Empörte Demonstrationen gegen sein hilfloses und unkoordiniertes Krisenmanagement zwangen ihn zum Rücktritt. Die Menschen in den eilig aus Holz gezimmerten Verschlägen hoffen nun, dass es Osbornes Nachfolger besser macht. Der hatte zumindest schon einen genialen Einfall. Die neue Inselhauptstadt, die im Norden Montserrats geplant ist, soll nach der verunglückten britischen Prinzessin „Port Diana“ heißen. Das, so das Kalkül, werde dereinst wieder Touristen an die Ufer Montserrats spülen. Und das ausgeglühte Plymouth soll wieder Freiluftmuseum werden, diesmal für die Verwüstungskraft von Vulkanen. Irgendwann, wenn der Berg Soufrière wieder Ruhe gibt. Ein Besuch beim Vulkan-Observatorium am Mango Hill macht allerdings klar, dass es bis dahin noch eine Weile dauern kann. Das riesige weiße Haus steckt voller Geräte, die den Herzschlag des Vulkans überwachen. Ausgestellt sind einige Stücke, die in Plymouth ausgegraben worden sind: geschmolzene Coca-Cola-Flaschen und versteinerte Früchte. Der Leiter des Observatoriums, Simon Young, sagt, dass der Vulkan Ende 1999 in eine neue Wachstumsphase getreten sei. Wenn die anhalte, könnte der Soufrière in diesem Jahr wieder Lava und noch mehr Asche spucken. Allerdings ohne Gefahr für den bewohnten Norden.

Seit Juli 1995 haben sich die Insulaner daran gewöhnt, gemäß den Vorhersagen und Anordnungen der Wissenschaftler zu leben. Auch wenn angekündigte Ausbrüche nicht immer stattfanden oder tatsächliche Ausbrüche nicht vorhergesagt wurden. Gut 120 Millionen Mark hat die britische Regierung in den vergangenen Jahren ausgegeben, um die Folgen des Vulkanausbruches auf Montserrat zu lindern. Dieses Geld floss in die Errichtung von Notquartieren und in die Ausbesserung von Straßen. Ebenso in den Bau eines neuen Hafens im Norden der Insel und in die Planung der neuen Hauptstadt Montserrats samt eines dazugehörigen Flughafens. Hinzu kommt, dass der Staatshaushalt der Insel inzwischen zu mehr als der Hälfte subventioniert wird, da er kaum noch eigene Einnahmen hat. Trotz der finanziellen Zuwendungen sind die Bewohner der Notquartiere extrem unzufrieden, denn bei ihnen kommt kaum etwas von der Finanzhilfe an. Nicht einmal 100 Mark werden pro Monat an jeden Bürger ausgegeben. Da nur wenige der Flüchtlinge Arbeit haben und die Preise auf Montserrat ungefähr auf deutschem Niveau liegen, reicht die Unterstützung selbstredend nicht aus. Aber als die britische Regierung in London jedem Insulaner anbot, mit etwa 7000 Mark Startgeld ein neues Leben auf einem Nachbareiland zu beginnen, nahmen nur 37 der 4500 Verbliebenen an. Zu den offiziellen Hilfsbemühungen kommt nun noch privates Engagement. George Martin, Ex-Plattenproduzent der Beatles, rief Eric Clapton, Phil Collins, Elton John und eine Handvoll weiterer Superstars zu einem Benefizkonzert in der Londoner Royal Albert Hall zusammen. Die 4500 Karten für den Abend waren binnen 90 Minuten ausverkauft, in viele Länder wurde der Auftritt übertragen. So kamen knapp 3 Millionen Mark zusammen.

Bewohner, die auf der Insel ausharren wollen, brauchen trotz des Spendensegens weiterhin vor allem eins: Hoffnung. Und Galgenhumor. Edith Herman stellt ihren Gartenstuhl ins Haus, schließt die Läden. Ihr Mann hat gepackt, nun schlüpfen sie bei Freunden in der sicheren Zone unter. Möglich, dass der Berg ihnen das Haus in der nächsten Nacht nimmt. Möglich, dass es außer ein wenig Asche nichts abbekommt. Die alte Dame folgt ihrem Mann zum Auto, dreht sich noch einmal kurz um und stellt knapp fest: „Mit dem Friseurtermin wird das heute wohl nichts mehr.“

Ein Mitarbeiter des Wetterdienstes auf Montserrat stapft durch feinkörnige Asche, um vulkanologische Messstationen zu überprüfen

NACH DEM GROSSEN KNALL

Als im Mai 1980 in den USA der Vulkan Mount St. Helens explodierte, verwüstete eine heiße Druckwelle 600 Quadratkilometer Wald. Das spektakuläre Naturereignis beflügelt noch heute die Neugier von Geologen

Von Erwin Lausch

Zerstört? Verwüstet? Nein – völlig abgeräumt ist diese Landschaft. Bis zum 18. Mai 1980, 8.32 Uhr Ortszeit, war hier ein grünes Waldgebirge mit Douglasfichten und anderen Nadelbäumen. Nun aber zieht sich ringsum, bergauf, bergab, graubraune Öde. Vom Aussichtspunkt Windy Ridge im Mount St. Helens National Volcanic Monument bestaune ich ein wahrlich atemraubendes Panorama der Vernichtung. Im Südwesten liegt jenseits einer nackten hügeligen Mondlandschaft der Vulkan, von dem das Unheil kam. Ich blicke in den gewaltigen Krater wie in das weit geöffnete Maul eines Monsters. Mount St. Helens war ein wohlgeformter Kegel, von weiß leuchtenden Gletschern umkleidet und als Amerikas Fujiyama gerühmt, bis er an einem klaren Sonntagmorgen explodierte.

Wie ein hohler Zahn sieht der Mount St. Helens im US-Staat Washington aus, nachdem er 1980 seine Spitze weggesprengt und dadurch 400 Meter an Höhe verloren hat. Im Krater hat sich aus frisch aufgedrungener zäher Lava ein Dom gebildet, der zu einem neuen Gipfel heranwachsen könnte

Mit weit ausholenden Armbewegungen versucht Celese Brune vom National Volcanic Monument einer Gruppe von Touristen das Ungeheure nahe zu bringen. Im weltweit größten Bergsturz in historischer Zeit rutschten Nordflanke und Spitze des Vulkans ab; Schlammströme wälzten sich zu Tal; Steine und Asche regneten weit übers Land; Glutlawinen schäumten aus dem Krater. Am schlimmsten aber war der „Lateral blast" (der „seitwärts gerichtete Stoß"), die glühend heiße Druckwelle einer ungeheuren Explosion. Wie ein unwiderstehlicher Orkan fegte sie hinweg, was im Wege stand, und versengte, was sie, am Rande ihrer Kraft, nicht mehr umzuwerfen vermochte. Diese Druckwelle raste über 600 Quadratkilometer bergiges Land hinweg – über ein Gebiet, das fast so groß ist wie Düsseldorf, Hannover und Stuttgart zusammen.

Windy Ridge ist sechseinhalb Kilometer vom Vulkan entfernt. Hier hätte niemand überlebt – ich brauche nur die bizarr zersplitterten Baumstümpfe anzusehen, die vom Wald einzig geblieben sind. Die mächtigen Stämme sind sonstwohin geflogen. Mit einer Geschwindigkeit bis zu 1000 Kilometer in der Stunde, so haben Wissenschaftler anhand der Auswirkungen rekonstruiert, tobte mehr als 300 Grad heiße Luft über Berg und Tal. Dagegen nimmt sich die gefürchtete Orkan-Windstärke 12 (ab 117 km/h) fast wie ein Säuseln aus. Noch in über 20 Kilometer Entfernung starben am Mount St. Helens Menschen im Gluthauch des Vulkans, 57 insgesamt. Es wären wohl Tausende gewesen, hätten die Geologen nicht rechtzeitig vor großen Risiken gewarnt, hätten die Behörden nicht Sperrzonen eingerichtet – obwohl die Forscher mit einem solchen Glutorkan nicht gerechnet hatten und das Sperrgebiet sich als zu klein erwies.

Ein großer Teil der Region gehört nun zum National Volcanic Monument. Die Katastrophe ist zum Lehrstück geworden, und die Faszination der Vernichtung zieht weitaus mehr Touristen an als jemals zuvor. Ich passiere Aussichtspunkt um Aussichtspunkt, ein Blick grandioser als der andere, und überall erläutern Lehrtafeln, was geschehen ist. Mit Geologen und Biologen durchstreife ich die weiträumige neue Sperrzone am Vulkan, die Wissenschaftlern vorbehalten ist. Der Hubschrauber bringt mich zu schwer zugänglichen Gebieten, und das ist der größte Teil dieser Art Nationalpark, der 445 Quadratkilometer umfasst.

Die Katastrophe ist noch so gegenwärtig, als hätte sie sich erst kürzlich ereignet. Schon das Ausmaß der Vernichtung ist überwältigend. Unvorstellbare Energien waren hier am Werk. Allein die Druckwelle raste, so haben Geowissenschaftler errechnet, mit der Energie von mehr als 400 Atombomben des Typs Hiroshima über die bergige Landschaft. Insgesamt hat Mount St. Helens am 18. Mai 1980, vom Bergsturz bis zum Abklingen des Ascheauswurfs neun Stunden später, die Energie von 27 000 Hiroshima-Bomben freigesetzt. Der Vulkan ist eine einzigartige Demonstration dessen, was ungezügelte Naturgewalt anzurichten vermag – schon das macht den Ausbruch noch heute erinnernswert. Zum anderen aber wurde und wird am Mount St. Helens ein Stück Forschungsgeschichte geschrieben. Niemals zuvor ist ein explosiver Vulkan so gründlich untersucht, sind die Ereignisse vor, bei und nach der großen Eruption so eingehend dokumentiert worden. Und niemals zuvor wurde die Erneuerung des Lebens so ausgiebig erforscht.

Die Vulkanologie, die lange als ein eher nebensächliches, mit dem Studium einer exotischen Naturerscheinung befasstes Fach galt, geriet schlagartig als eine Wissenschaft von eminent praktischer Bedeutung ins Bewusstsein der Öffentlichkeit. In vielen Teilen der Welt gibt es hochexplosive Vulkane, durch die oft weitaus mehr Menschen gefährdet sind als am Mount St. Helens. Die Erkenntnisse, die dort gewonnen wurden, bieten einen guten Ansatz, Ausbrüche auch anderer Vulkane vorherzusagen und Menschenleben zu retten. Selbst in Nordamerika ist Mount St. Helens nur einer von über einem Dutzend Vulkanen des Kaskaden-Gebirges, das sich parallel zur Pazifikküste von Südkanada durch die US-Staaten Washington und Oregon bis nach Nordkalifornien zieht. Wie viele andere Vulkan-Ketten auf der Erde verdankt das Kaskaden-Gebirge seine Existenz dem Zusammenspiel der driftenden Platten, aus denen die äußere Hülle der Erde besteht. Vor der nordamerikanischen Westküste schiebt sich die relativ

Vor der großen Explosion stieß Mount St. Helens gewaltige dunkle Aschenwolken aus. An der Nordflanke bildete sich unterdes eine 1,6 Kilometer lange und 0,8 Kilometer breite Beule. Sie schwoll bis zu eineinhalb Metern pro Tag an, bis sie schließlich unter dem ungeheuren Druck im Innern des Vulkans aufbrach und der Berg ins Rutschen kam

kleine Juan-de-Fuca-Platte mit einer Geschwindigkeit von etwa zweieinhalb Zentimeter pro Jahr schräg abwärts unter die Nordamerikanische Platte. In etwa hundert Kilometer Tiefe schmilzt das Gestein. Glutflüssiges Magma steigt auf und bricht zur Erdoberfläche durch. Mehrere Kaskaden-Vulkane waren im vergangenen Jahrhundert aktiv, Mount St. Helens zuletzt im Jahr 1857.

Nach einer Serie von Ausbrüchen des Lassen Peak am Südende der Kaskaden von 1914 bis 1921 herrschte Ruhe im Vulkan-Gebirge. Den Geologen, die in den folgenden Jahrzehnten die Kegel genauer in Augenschein nahmen, fiel auf, dass Mount St. Helens regelmäßiger geformt und weniger von Erosionsrinnen zerfurcht war als seine Nachbarn. Sie schlossen daraus, dass dieses Vulkangebäude öfter mal durch frisch aufgedrungene Lava renoviert worden sein musste. Das Fazit aus den Untersuchungen vor allem seit Ende der fünfziger Jahre zogen 1975 die Geologen Dwight Crandell und Donal Mullineaux sowie der Geochemiker Meyer Rubin: „Ein Ausbruch findet wahrscheinlich innerhalb der nächsten hundert Jahre statt, möglicherweise noch vor der Jahrhundertwende." 1978 warnten Crandell und Mullineaux in einem detaillierten Report noch einmal: „Mount St. Helens hat eine lange Geschichte sporadisch explosiver Aktivität hinter sich. Wegen seines Verhaltens in der Vergangenheit und der relativ großen Häufigkeit seiner Eruptionen während der letzten 4500 Jahre glauben wir, dass es sich um einen besonders gefährlichen Vulkan handelt." Schon zwei Jahre darauf, am 20. März 1980, deutete ein Erdbeben der Stärke 4,2 auf der Richter-Skala darauf hin, dass Mount St. Helens aus seinem 123 Jahre währenden Schlaf erwachte. Hunderte kleinerer Beben folgten. Am 27. März stieß der Vulkan nach einer Explosion feine Gesteinstrümmer und Dampf aus. An der vergletscherten Spitze bildete sich ein kleiner Krater. Ausbrüche von wenigen Sekunden bis zu fast einer Stunde Dauer wiederholten sich in den nächsten Wochen häufig.

Binnen kurzem sammelten sich Vulkanologen, Seismologen, Hydrologen, Glaziologen. Die Forscher beobachteten Mount St. Helens von allen Seiten, platzierten Messinstrumente. Der Geological Survey, die US-Behörde für alle geologischen Probleme, richtete in Vancouver (Washington) eilends ein Hauptquartier ein, von dem aus die Aktivitäten koordiniert wurden. Die Vulkanologen konnten sich auf Untersuchungen des weltberühmten Hawaiian Volcano Observatory stützen, die ergeben hatten, dass sich Vulkanausbrüche durch Erdbeben und ein Anschwellen der Erdoberfläche anzukündigen pflegen. Die Forscher waren sich freilich darüber im Klaren, dass zwischen den Vulkanen von Hawaii und dem Mount St. Helens große Unterschiede bestehen:

- in der geologischen Situation – Hawaii liegt mitten auf der Pazifischen Platte, nicht an einem Plattenrand;
- in der Zusammensetzung und der Konsistenz der Lava – die Lava auf Hawaii enthält weniger Kieselsäure und ist daher viel dünnflüssiger;
- in der Form – die Vulkane auf Hawaii bilden breite Schilde mit Hangneigungen von nur wenigen Grad, Plattenrandvulkane hingegen steile Kegel,
- in der Natur der Eruptionen – auf Hawaii verlaufen sie vergleichsweise undramatisch, geradezu sanft, an Plattenrändern aber hochexplosiv

Während bei Ausbrüchen auf Hawaii Zuschauer willkommen sind und zu den besten Aussichtsplätzen geleitet werden, warnten die Vulkanologen am Mount St. Helens von Anfang an vor großen Risiken. Sie befürchteten vor allem Lawinen und Schlammströme, wenn Eis und Schnee von vulkanischer Glut geschmolzen würden. Als am Nordhang eine Beule heranwuchs, 1,6 Kilometer lang und 0,8 Kilometer breit – ein Hinweis darauf, dass im Innern neu aufgestiegenes Magma gegen die Bergflanke drückte –, rechneten die Forscher auch mit einem Bergsturz. Bis zu eineinhalb Meter pro Tag schwoll die Beule an.

Ein Beben der Stärke 5,1 schüttelte am 18. Mai die instabil gewordene Nordflanke los. Unmittelbar darauf folgte die Spitze des Berges – Mount St. Helens verlor dadurch 400 Meter Höhe. Das zu Tal stürzende Gemisch aus Gletschereis und berstendem Gestein raste mit einer Geschwindigkeit von über 250 Kilometer pro Stunde herab. Ein Teil fuhr in den Spirit Lake. Die Hauptmasse jedoch ergoss sich in das Tal des North Fork Toutle River. Auf alten Fotos leuchtet der Spirit Lake wie ein glitzerndes Juwel in tiefgrüner Fassung aus bewaldeten Berghängen. Nun dehnt sich düsteres Wasser, in dem unzählige Baumstämme schwimmen, zwischen entblößten, rundgewaschenen Hängen – rundgewaschen, so erläutert Celese Brune, von gigantischen, bis 250 Meter hohen Flutwellen, die emporschwappten, als die Trümmer vom Mount St. Helens in den See rutschten.

Noch Fragen? Eine ältere Dame meldet sich: „Bitte, wo war Harry Trumans Haus?" Jedesmal, hat mir ein anderer Führer erzählt, fragt jemand nach dem zufälligen Namensvetter des früheren US-Präsidenten. Dieser Harry Truman hier hatte sich nach 50 Jahren geruhsamen Wohnens am Spirit Lake rundweg geweigert, sein bedrohtes Haus zu verlassen und war dadurch zu einer Art Volksheld geworden. Celese Brune zeigt auf eine Stelle im Wasser: Da unten, in der Südwestecke des Sees, war das Haus, liegen Harry Truman und seine 16 Katzen unter viele Meter mächtigen Bergsturzmassen begraben. Spirit Lake ist ein anderer See, als er einmal war. Durch den Bergsturz steht der Wasserspiegel etwa 60

Spirit Lake zu Füßen des Mount St. Helens war vor der Eruption ein glitzernder See zwischen dicht bewaldeten Berghängen. Nun sind die Hänge kahl, und unzählige Baumstämme bedecken düsteres Wasser

Meter höher als zuvor, und die Ausdehnung des Sees, ursprünglich fünf Quadratkilometer, hat sich fast verdoppelt.

Im Tal des North Fork Toutle River bildet der Bergsturz eine unabsehbare Ansammlung aus großen und kleinen Hügeln, als hätten Riesenlaster wahllos ihre Ladungen hingeschüttet. 25 Kilometer weit fliegen wir, der Geologe Steve Brantley vom Volcano Observatory in Vancouver (Washington) und ich, mit dem Hubschrauber über diesen Schuttabladeplatz. An der Nordseite des Tals haben die anbrandenden Bergsturzmassen den Hang hoch hinauf rundgeschliffen. Ein 350 Meter hoher Bergrücken wurde von den rasenden Gesteinstrümmern „überspült". Die Schuttablagerungen, erläutert mir Brantley, sind bis 195 Meter mächtig, im Durchschnitt 45 Meter. 2,8 Kubikkilometer Gestein fahren vom Mount St. Helens zu Tal.

Wir überfliegen eindrucksvolle Schluchten, die sich das Wasser auf der Bergsturzhalde neu geschaffen hat. Sie sind, so Brantley, streckenweise über 300 Meter breit und 45 Meter tief. Aber Wasser sehe ich kaum darin. Weil das Gebiet so radikal von Vegetation entblößt und viel Boden zerstört wurde, laufen die reichlichen Niederschläge schnell ab. Junge Nadelbäume und Ansammlungen von Laubgehölzen sind ungleichmäßig über das Gehügel verteilt. Später, am Boden, erkenne ich Erlen und Weiden, bis sechs Meter hoch. Doch nur wo sich Wasser hält, kann etwas wachsen. Wo sich indes Wasser zu einem Teich gestaut hat, könnte man fast vergessen, wie wenig Zeit das Leben hatte, sich in dieser radikal veränderten Umgebung neu zu etablieren. Über einem dichten Kranz von Sumpfpflanzen schweben Libellen. Ein Kolibri schwirrt vorbei. Im Wasser selbst wimmelt es von Kaulquappen. Wie mag der Laich in diese verstreuten Oasen gekommen sein? Ganz einfach, erfahre ich von Peter Frenzen, dem Chefbiologen am Mount St. Helens National Volcanic Monument: Frösche pflegen in nassen Perioden weit übers Land auszuschwärmen.

Bevor der Hang ins Rutschen kam, hatten Gase aus dem aufgestiegenen Magma und überhitzter Wasserdampf im Mount St. Helens unter enormem Druck gestanden. Als der Berg zerbarst, entspannte sich der Überdruck, ähnlich wie aus einer Sektflasche beim beherzten Entkorken eine Fontäne sprüht. Heraus schoss zunächst allerdings eine düstere Wolke, die sich mit rasender Geschwindigkeit als Glutorkan am Boden ausbreitete, ein Gemisch aus heißen Gasen, Gesteinstrümmern und Ascheteilchen. Windy Ridge liegt in der innersten von drei halbkreisförmigen Zonen, die nach den Auswirkungen des Lateral blast unterschieden werden: in der „Baumbeseitigungszone". Die entwurzelten oder dicht über dem Erdboden abgebrochenen Stämme wurden in den Spirit Lake oder eine der Schluchten geschleudert, die das Land zerschneiden. Dieses Kerngebiet massiver Vernichtung reicht etwa zwölf Kilometer weit. Daran schließt sich die Zone, in der die Bäume von der Druckwelle zwar umgelegt, aber nicht mehr weggeblasen wurden. Ganze Hänge sehen aus wie gemäht, wie bedeckt mit den ordentlich hingestreckten Schwaden exotischer Riesenhalme. Je nach den Geländeformen reicht diese Zone unterschiedlich weit, stellenweise bis in 30 Kilometer Entfernung vom Vulkan. Als der Sturm nicht mehr stark genug war, Bäume zu kippen, war er immer noch heiß genug, sie zu versengen. Die dritte Zone bildet ein Streifen aufrecht abgestorbener Bäume. Wie eine Girlande zieht sie sich, einige Hundert Meter bis wenige Kilometer breit, um die anderen beiden Zonen. Dann folgt unvermittelt die Normalität. Die Grenze ist überraschend scharf: Nur ein paar Meter machten für die Bäume den Unterschied zwischen Leben und Tod aus.

Die großen Nadelbäume hat es am härtesten getroffen. Dass es sie, die das Bild des ganzen Gebietes bestimmt hatten, urplötzlich nicht mehr gab, machte einen großen Teil des Schocks aus, gehört auch für mich zu den eindrucksvollsten Folgen dieser Katastrophe. Für Peter Frenzen jedoch, den Biologen, hat die Zerstörung auch positive Aspekte. „Viele Leute", klagt er, „sehen Mount St. Helens sehr negativ. Dabei ist das hier ein wundervoller Platz natürlicher Erneuerung." Aus der Sicht der von ihm vertretenen neuen Disziplin der „disturbance ecology", der Ökologie bei gestörten Lebensumständen, handelt es sich um ein ideales Laboratorium, in dem auch bedeutende Erkenntnisse über die Auswirkungen von Störungen durch menschliche Eingriffe zu gewinnen seien. „Wir hatten erwartet", berichtet Frenzen, „dass das Leben in dem am schlimmsten betroffenen Bereich vollständig vernichtet war. Aber diese Vorstellungen wurden bald korrigiert." Als glücklicher Umstand erwies sich, dass zum Zeitpunkt des Ausbruchs noch Schnee lag und die Seen zugefroren waren. Der Schnee half Tieren unter der Erde zu überleben, etwa Nagern und Ameisen, er schützte Knollen und Zwiebeln, Wurzeln und Samen und auch kleine Sämlinge. Unter dem Eis überlebten Amphibien und Fische, freilich nicht im Spirit Lake. Wenige Wochen darauf, ohne Schnee und Eis, wäre – davon sind die Biologen überzeugt – alles noch viel schlimmer geworden. „Es war wie bei den Sauriern und den Säugetieren", sagt Frederick Swanson,

Geologe und Experte für Landschaftsmanagement im Dienst der US-Forstbehörde, „die Großen, hier die Douglasfichten, mussten sterben, aber die Kleinen überlebten und hatten danach bessere Chancen." Ein Wald aus Douglasfichten, erklärt mir Swanson, erneuert sich nur bei einer Katastrophe, normalerweise durch Waldbrand, Windbruch oder Eingriffe des Menschen. Denn im dichten Schatten der alten Bäume kommen junge nicht hoch. Der Ausbruch des Mount St. Helens sorgte großzügig für einen Generationswechsel.

Swanson zeigt mir, wie das Leben neu Fuß fasst. Schattige Rinnen, in denen die Erosion den alten Boden unter den vulkanischen Ablagerungen wieder freigelegt hat, zeigen am ehesten relativ üppigen Pflanzenwuchs. Aus Kahlschlägen zur Zeit des Ausbruchs sprießt schneller frisches Grün als aus Flächen, die den Wald erst durch den Ausbruch verloren haben: Die nun überall benötigten Pionierpflanzen hatten sich auf den Kahlschlägen bereits angesiedelt und ihre Samen verstreut. Es ist faszinierend zu beobachten, wie sich das Leben wieder auszubreiten beginnt. Aber noch sind die Anfänge leicht zu übersehen. Bis die Spuren der Verwüstung überwachsen sind, werden Jahrzehnte vergehen; und Jahrhunderte, bis wieder hoher Wald wogt.

Paradebeispiel der Biologen für die Erneuerung des Lebens ist Meta Lake: ein kleiner See in einem geschützten Kessel, über 14 Kilometer vom Krater entfernt gelegen. Alle alten Bäume sind umgebrochen. Aber zwischen dem toten Holz sprießen massenhaft junge Nadelbäume, ein bis zwei Meter hoch, und auch kleine Sträucher sind nicht zu übersehen. Ralph Naess, der hier gerade die Besucher führt, macht es spannend: Wie alt die Bäumchen wohl seien? Vielleicht sechs, höchstens acht Jahre, schätze ich. Zählungen von Jahresringen haben jedoch gezeigt, dass die Bäumchen im Schatten der Großen schon Jahrzehnte hinter sich gebracht hatten. Sie überstanden die Katastrophe unter zwei Meter hohem Schnee und konnten danach erst richtig loswachsen. Viele Tiere und Pflanzen haben am Meta Lake überlebt, auch Taschenratten, die dann freilich mangels anderer passender Nahrung vielen kleinen Bäumen den Garaus machten. Und mancher Bewohner ist schneller wieder da als erwartet. Ein wenig in den See hinein ist eine kleine Plattform mit einer Lehrtafel gebaut: 1988 ist ein Biber zurückgekommen und staut nun den Abfluss des Sees.

Nach der vernichtenden Eröffnung spie der Vulkan stundenlang Dampf und Asche senkrecht in die Luft. In weniger als zehn Minuten bildeten die schmutziggrauen Massen eine 20 Kilometer hohe pilzförmige Wolke, die der Wind nach Nordosten trieb. 540 Millionen Tonnen Asche gingen, so errechneten die Forscher später, auf 57 000 Quadratkilometer nieder. Von Zeit zu Zeit schäumte das Magma aus dem nun nach Norden weit offenen Krater. Über die Bergsturzmassen ergossen sich Glutlawinen: in heiße Gase gebetteter Bimsstein, zu dem der Magmaschaum erstarrt war. Mindestens 17 Glutlawinen breiteten sich, einander überlappend, fächerförmig aus, hinterließen zwischen Krater und Spirit Lake die „Bimsstein-Ebene". Die bis 40 Meter mächtigen Ablagerungen waren 750 bis 850 Grad und nach zwei Wochen immer noch über 400 Grad heiß. „Dies ist der einzige Bereich, wo gar nichts überlebt hat", sagt Peter Frenzen bei einer Exkursion zur Bimsstein-Ebene. Hier kommt

Vulkanisches Feuer und Eis sind eine gefährliche Kombination. Bei einem relativ kleinen Ausbruch des mit Gletschern bedeckten Nevado del Ruiz in Kolumbien löste geschmolzenes Eis einen Schlammstrom aus, der – verstärkt noch durch das Wasser eines Flusses – in der 50 Kilometer entfernten Stadt Armero 23 000 Menschenleben forderte

das Leben auch nur sehr spärlich wieder in Gang. Es mangelt an Nährstoffen und an Wasser, das durch das lockere Material immer schnell hindurchläuft. Schutz vor der gleißenden, von dem hellen Bimsstein reflektierten Sonne gibt es nicht. An den Boden geduckte Lupinen mit blauen Blüten sind die ersten Pioniere. Ihnen kommen die Knöllchenbakterien in ihren Wurzeln zugute, die den Stickstoff der Luft binden und für die Pflanzen nutzbar machen. Wenn eine Lupinenpflanze abstirbt, hinterlässt sie auf einer kuhfladengroßen Fläche ein wenig Humus, der es nun auch den anfliegenden Samen anderer Pflanzen ermöglicht, Fuß zu fassen.

Frenzens Mitarbeiter Charlie Crisafulli beobachtet seit 1982 eine zwölf mal 14 Meter große, in Quadrate eingeteilte Fläche. Zunächst wuchsen darauf nur einzelne Lupinen, die in weitem Abstand zueinander standen. Von Jahr zu Jahr wurden es mehr, und nun bedecken sie den Boden schon fast dicht an dicht. 27 weitere Pflanzenarten haben sich, berichtet Crisafulli, inzwischen eingefunden. Manche werden über einen Meter hoch. Die Versuchsfläche ist freilich eine Ausnahme: Der größte Teil der Bimsstein-Ebene trägt noch kaum Lebensspuren.

Schwer von Asche, waren viele Bäume nach dem Ausbruch des Pinatubo 1991 gebeugt und gebrochen – ein Bild, wie es auch nach der Eruption des Mount St. Helens zu sehen war

Noch vor den Lupinen aber waren Spinnen da, vom Wind aus fruchtbareren Gefilden herangeweht. Wir finden auch jetzt einige Exemplare an völlig kahlen Stellen. Ich habe Schwierigkeiten, mir tierisches Leben ohne Pflanzen vorzustellen. Doch die Erklärung ist so simpel wie verblüffend: Die Nahrungsgrundlage – Insekten – trägt gleichfalls der Wind herbei. Auf jeden Quadratmeter fallen, so hat ein Biologe am Mount St. Helens festgestellt, pro Jahr einige Gramm vom Himmel.

Zu Bergsturz und Lateral blast, ausgestoßenen Aschemassen und Glutlawinen kamen noch Schlammströme, die Massen von Baumstämmen und tonnenschwere Felsbrocken mit sich wirbelten, Brücken zerschmetterten und Straßen demolierten. Der größte und folgenreichste Schlammstrom entwickelte sich gegen Mittag des Katastrophentages aus den Bergsturztrümmern. Als sich nämlich das Material zu setzen begann, drang Wasser aus dem begrabenen Fluss und dem geschmolzenen Eis an die Oberfläche. Viele kleine Schlammströme flossen zu einer Masse zusammen, die sich bis sieben Meter hoch den North Fork Toutle River hinabwälzte, Häuser und Holzfällerlager überrollte und schließlich noch, 120 Kilometer weit stromabwärts, die Fahrrinne des Columbia River über Kilometer hin verstopfte.

Auch in den folgenden Jahren wurden noch Millionen Tonnen zertrümmertes Gestein aus den Bergsturzmassen, vom Vulkan ausgespiene Asche und von den entblößten Hängen abgespülter Boden flussabwärts geschwemmt. Wenngleich die Sedimentfracht mit den Jahren abgenommen hat, müssen noch immer jährlich Millionen Dollar für Baggerarbeiten in den Flüssen aufgewendet werden. In einem Rückhaltebecken, das jetzt am North Fork Toutle River in Bau ist, soll das herabgeschwemmte Material sich künftig sammeln. Noch beunruhigender aber waren Seen, die der Bergsturz aufgestaut hatte. Spirit Lake enthielt bald mehr Wasser als je zuvor, und an den ehemaligen Einmündungsstellen zweier Nebenflüsse waren neue Seen beträchtlicher Größe entstanden, Coldwater Lake und Castle Lake. Ein Bruch dieser vom Vulkan roh hingeschütteten Naturdämme würde zahlreiche Gemeinden flussabwärts mit Flutwellen und möglicherweise noch gewaltigeren Schlammströmen als am 18. Mai 1980 bedrohen. Um das zu verhindern, wurde Wasser aus den Seen zunächst abgepumpt und später durch Tunnel abgeleitet. Messinstrumente wurden installiert, die Veränderungen des Wasserspiegels wie auch Bewegungen der Dämme registrieren und die Werte an automatische Datensammelstationen melden, von wo sie dann per Funk weitergeleitet werden.

Einmal monatlich müssen die Stationen gewartet werden. Ich begleite den Elektroniker Rick Kittelson zu einer Station, die in abgelegener Gegend auf dem Bergsturz nahe Castle Lake eingerichtet ist. Es ist ein mit Instrumenten vollgestopfter Container, den Solarzellen mit Strom versorgen. Die Messergebnisse von den umliegenden Instrumenten kommen normalerweise alle vier Stunden. Doch sobald sich irgendwo etwas rührt, wird alle fünf Minuten gemessen. Jahrelang musste mindestens einer von fünf Hydrologen am Volcanological Observatory in Vancouver ständig erreichbar sein, um übermittelte Daten zu analysieren, die möglicherweise drohendes Unheil anzeigten. Das ganze Flusstal entlang sind Sirenen installiert. Zurzeit gelten jedoch alle drei Seen als stabilisiert. An die Stelle eines sehr aufwendigen Warnsystems ist ein einfacheres Überwachungssystem getreten, das jedoch jederzeit wieder in das Warnsystem umgewandelt werden kann. Auch für das persönliche Leben der Hydrologen wie Dallas Childers ist das ein großer Unterschied: „Zur Sicherheit mussten wir alle fünf den Pieper Tag und Nacht bei uns haben. Das brauchen wir nun nicht mehr."

Zu einer bedrohlichen Situation ist es nie gekommen. Doch Alarme gab es häufig, etwa durch Wellen in den Seen. Im Mai 1984 strömte nach einer Explosion im Krater eine Schmelzwasser-Flut vom Mount St. Helens herab. Die betroffenen Messstationen meldeten das Ereignis korrekt. Der alarmierte Hydrologe analysierte die Daten und gelangte innerhalb von Minuten zu dem Schluss, dass das Ausmaß nicht bedrohlich war und keine Notwendigkeit bestand, die Sirenen heulen zu lassen.

Auch für die Vulkanologen war die Arbeit nach dem Ausbruch keineswegs zu Ende. Es galt, möglichst genau zu rekonstruieren, was geschehen war. Zudem war Mount St. Helens auch nach dem 18. Mai 1980 immer wieder aktiv, fünfmal noch im selben Jahr. Wieder und wieder stiegen Aschewolken in den Himmel, rasten Glutlawinen den Hang hinab. Am Boden des Kraters begann sich ein halbkugelförmiger „Dom" aus frischer Lava aufzuwölben. Aus der eilends zusammengerufenen Arbeitsgruppe in Vancouver ist ein weltweit renommiertes Institut geworden: das „David A. Johnston Cascades Volcano Observatory" – benannt nach einem Geologen, der im Dienst vom Glutsturm getötet wurde. Unter der rund 80-köpfigen Belegschaft sind etliche Leute der ersten Stunde. Donald Swanson etwa installierte einen Tag vor der Katastrophe Instrumente auf der Beobachtungsstation Coldwater II, auf der Johnston umgekommen ist. Zur Zeit der Eruption war Swanson, zusammen mit seinem Kollegen Dan Miller, wieder auf dem Weg dahin.

Dan Miller hat sich der Untersuchung des bis zum Ausbruch des Mount St. Helens unterschätzten Lateral blast gewidmet. Die dabei entstandenen Ablagerungen sind von normalem Aschefall durchaus zu unterscheiden. Anhand dieser charakteristischen Hinterlassenschaft ist es möglich, die heißen Druckwellen noch nach Jahrtausenden nachzuweisen. „Lateral blasts", fasst Miller die bisherigen Ergebnisse zusammen, „kommen selten vor, aber sie sind bei zahlreichen Vulkanen aufgetreten. Am Mount St. Helens haben wir aus 40 000 Jahren Aktivität nur einen einzigen, viel schwächeren als den von 1980, nachweisen können."

Ähnlich verheerend wie 1980 am Mount St. Helens war jedoch ein Lateral blast, der 1956 auf der Halbinsel Kamtschatka vom Vulkan Bezymianny ausgestoßen wurde. Sowjetische Geologen entdeckten erst später, was in dem abgelegenen Gebiet geschehen war, und berichteten in russischen Fachzeitschriften über das Ereignis – ohne viel Beachtung zu finden. „Bei dem wenigen, was wir 1980 wussten", erinnert sich Donald Swanson, „war der Lateral blast in der Vulkanologie eher Folklore." Jetzt ist er fester Bestandteil der Lehrbücher.

An einem klaren sonnigen Tag fliegt Steve Brantley mit mir zum Krater des Mount St. Helens hinauf. Wir umrunden mehrmals den Lavadom, der sich nun, nach zahlreichen Wachstumsschüben, schon 300 Meter hoch wölbt. Brantley zeigt mir die unterschiedlichen Lavaströme. Die überaus zähe Lava, so erläutert er, wird „wie Zahnpasta aus der Tube" herausgepresst, gewöhnlich an der höchsten Stelle des Doms. Mit einer Geschwindigkeit von nur ein bis fünf Meter pro Stunde kriecht sie abwärts und fügt dabei dem Dom ein weiteres Stück hinzu – bei einem Ausbruch gewöhnlich ein paar Millionen Kubikmeter innerhalb einiger Tage. Orangerot leuchten „Zielmarken", die Forscher am Dom-Gestein angebracht haben, um von einem Bergrücken gegenüber mit Laserstrahlen messen zu können, ob der Dom schwillt. Das tut er in der Regel vor einem Ausbruch. Wie kommen die Fußspuren auf den teilweise von Schnee bedeckten Dom? „Die stammen von einem Team, das magnetische Untersuchungen macht", kommentiert Brantley.

Wir landen am Ausgang des Kraters. Seit Oktober 1986 hat es keinen Ausbruch mehr gegeben, ist der Dom nicht mehr größer geworden. Nur feine weiße Wasserdampffahnen kräuseln sich in den blauen Himmel. Kein Erdbeben, keine Schwellung deuten auf einen baldigen Ausbruch hin. Doch weiterhin gilt die Vorschrift, dass der Hubschrauber in der Nähe warten muss, nicht etwa zwischendurch andere Aufgaben erledigen darf. Vom steilen Lavadom sind hausgroße Brocken heruntergepurzelt. Viel labiler noch sind die aufgerissenen Kraterwände. Ständig ist das Poltern von Steinschlag zu hören. Eine Lawine, die im Winter von der Westwand des Kraters niedergegangen ist, hat eine dicke Lage Lavabrocken hinterlassen. Nirgendwo ist der Aufbau des Vulkans, eines klassischen „Schichtvulkans", so gut zu sehen wie hier: Die schräg nach außen fallenden Schichten sind an den Kraterwänden angeschnitten. Wir stehen wie inmitten einer riesigen Torte. Asche- und Lavaschichten unterschiedlicher Tönung und Härte liegen übereinander, wie das Erdinnere sie angeliefert hat, miteinander verstrebt durch senkrechte Gänge aus erstarrter Lava – ein so eingängiges wie farbenprächtiges Bild.

Auf dem Rückflug frage ich Brantley, wie es wohl am Mount St. Helens weitergehen wird. Er antwortet mit einem Achselzucken. Die Vulkanologen sind froh über ihre Treffer bei kurzfristigen Vorhersagen. Langfristige Prognosen lassen sich jedoch noch kaum machen. Beim jetzigen Tempo des Dom-Baus könnte, sagt der Forscher, der Vulkan seine alte Höhe in etwa einem Jahrhundert wieder erreicht haben – „rein theoretisch". Dass es wirklich so kommt, hält Brantley allerdings für eher unwahrscheinlich. Denn so geregelt geht es bei den Vulkanen selten zu, schon gar nicht in der hochexplosiven Spielart. Eine Überraschung für die Vulkanologen, so erfahre ich nach der Heimkehr, ließ denn auch nicht lange auf sich warten. Zwei kleinere Ausbrüche in den folgenden Monaten wurden zwar richtig vorhergesagt wie alle anderen nach der Katastrophe. Doch die nächste Explosion am Mount St. Helens, die stärkste seit vier Jahren, traf die Vulkanologen völlig unerwartet. Die sonst so zuverlässigen kleinen Erdbeben vor einem Ausbruch waren diesmal ausgeblieben.

Am Pinatubo zerstörte ein „Lahar", einer der zahlreichen vom Berg herabrasenden Schlammströme, die wichtigste Brücke der Stadt Angeles. Auch am Mount St. Helens waren Schlammströme eine große Gefahr

Asche vom Pinatubo verwüstete eine leicht gebaute Anlage zur Schweinezucht. Dank massiverer Bauweise und geringerer Aschemengen kam es durch den Mount St. Helens kaum zu Schäden durch eingestürzte Dächer. Forscher schätzen, dass der Pinatubo zehnmal so viel Asche ausgestoßen hat wie Mount St. Helens

EINER, DER KALT SPUCKT

Der 2878 Meter hohe Ol Doinyo Lengai in Ostafrika ist einzigartig unter den aktiven Feuerspeiern der Erde: Selbst dünnflüssig ist seine Lava nicht heiß genug, um zu glühen

Von Jacques Durieux

„Da oben", sagt der Maasai und deutet auf denVulkankegel, der fast 2000 Meter hoch vor uns aufragt. „Das ist Ol Doinyo Lengai, der Berg des göttlichen Schöpfers." Steil steigen die schroffen Flanken des Berges über dem Plateau an. Erschöpft von Sonne und Staub, lassen wir uns am Fuß des ostafrikanischen Vulkans fallen. Da tauchen unvermittelt drei Maasai auf. Stumm und neugierig betrachten sie uns. Und so erzählen wir ihnen von unserem Plan, den Vulkan zu besteigen. Dessen Aktivität wollen wir beobachten und die merkwürdige Lava untersuchen. Proben der ausgestoßenen Gase sollen genommen werden, um sie später zu analysieren.

Gelegen im Norden Tansanias, ist der Ol Doinyo Lengai einer von zahllosen Vulkanen im ostafrikanischen Grabensystem, das sich vom Jordangraben durch das Rote Meer und Ostafrika bis zum Sambesi erstreckt. In dieser über 6000 Kilometer langen tektonischen Störungszone ist ein durchschnittlich 50 bis 60 Kilometer breiter Streifen Erdkruste um mehrere Tausend Meter abgesackt. Flüsse haben ihre Sedimente, Vulkane ihre Lava in diesen „Graben" geschüttet, dessen Sohle immer noch im Mittel 600 bis 900 Meter und stellenweise fast 3000 Meter tiefer als die „Grabenschultern" liegt. Einzigartig unter allen tätigen Vulkanen auf der Erde ist der Ol Doinyo Lengai wegen der Zusammensetzung seiner Lava. Sie ist ungewöhnlich reich an Calcium und Natrium, die sich mit Kohlensäure zu Karbonaten verbinden. Nach dem Erkalten entsteht daraus ein sonderbarer Kalk: Wegen seines hohen Gehalts an wasserlöslichem kohlensauren Natrium zersetzt sich dieser „Karbonatit" schnell an der Luft.

Lange Zeit vermochten sich viele Geowissenschaftler nicht vorzustellen, dass diese seltsamen Kalke erstarrte Lava sind. Erst in den sechziger Jahren setzte sich nach Untersuchungen am Ol Doinyo Lengai die Erkenntnis durch, dass Vulkane tatsächlich zuweilen auch kalkige Lava ausspucken. Vor uns liegt ein kreisrunder Krater in Grau, Braun und Weiß. Der Boden der klaffenden Öffnung ist uneben, von einer zerrissenen Gesteinskruste bedeckt. Kein Anzeichen von Leben, es ist totenstill. Der Vulkan scheint nicht aktiv zu sein. Nirgendwo ist flüssige Lava zu sehen. Alles wirkt verwittert. Die Kruste, die unter unseren Schuhen kracht, besteht zweifellos aus Karbonatit, doch das Gestein hat sich bereits stark verändert, ist ausgelaugt. Mitten im Krater ragt ein breiter Kegel mit zwei schwarzen Löchern an seiner Spitze auf. Wir beugen uns über eine der Öffnungen – und zucken zurück: Ein sehr heißer Luftstoß hat uns getroffen. Da drinnen muss sein, was wir suchen: Lava.

Etwa zehn Meter unter unseren Füßen, am Grund eines glockenförmigen Brunnens, brodelt es. Niemals zuvor haben wir eine derartige Lava gesehen. Ein düsteres Gemisch, das selbst in der Dunkelheit kaum zu glühen vermag. Es ist von dichtem Schaum bedeckt. Von Zeit zu Zeit verringert sich der Gasausstoß, und der Schaum fällt in sich zusammen. Dann überzieht sich der Teich mit einer elastischen Haut, die sich rhythmisch verformt. An manchen Stellen werden ganze Bahnen dieser Haut in die Tiefe gerissen. Offenbar schießt unter einer Wandung frische Lava empor.

In der Tiefe des anderen Lochs brodelt ebenfalls Lava. Auch hier wird die zähe Masse von Zeit zu Zeit mit einer Haut überzogen. Wir beobachten, wie sie sich, weil kaum in Bewegung, verdickt. Eine Idee schießt uns durch den Kopf. Sie erscheint uns zunächst verrückt: Könnte uns die erstarrte Oberfläche nicht wie eine Eisscholle auf dem Wasser tragen? Am nächsten Morgen machen wir die Probe aufs Exempel. Von Seilen und Gurten gehalten, die Gasmaske auf der Nase, lasse ich mich in den Spalt über dem Lavasee gleiten. Kurzes Herzflattern in dem Augenblick, als ich meine Füße auf die erstarrte Oberfläche setze: Wird sie mein Gewicht halten? Nichts rührt sich, und so fasse ich Vertrauen. Zuerst messe ich die Temperatur des flüssigen Gesteins. Der im Schaum platzierte Thermofühler zeigt 591 Grad Celsius an. Das sind fast 50 Grad mehr, als bislang am Ol Doinyo Lengai gemessen wurden. Kalkige Lava ist nur etwa halb so heiß wie jene, die üblicherweise vorkommt. Als Nächstes fülle ich heißes Gas, welches aus der Lava entweicht, in eigens dafür konstruierte Ampullen. Das gelingt am Ol Doinyo Lengai zum ersten Mal. Vor uns hat es noch niemand gewagt, in den Kamin des Vulkans hinabzuklettern.

An den folgenden Tagen steigt die Lava in den Schloten mehrmals an. So hoch, dass sie eine Spalte in der Wand erreicht und sich durch diesen Riss auf den Boden des Kraters ergießen kann. Pechschwarz wie Tinte strömt der Bach dahin. Diese Karbonatitströme ändern ihre Farbe beim Abkühlen wie die Blätter im Herbst. Nur wechselt die Tönung der Lavaströme von Schwarz zu Kastanienbraun und dann, innerhalb weniger Stunden, von Braun zu Grau, bis die Lavaströme schließlich weiß werden.

Nach fast einer Woche am Krater machen wir einen Abstecher nach Norden zum Natronsee, wo sich all das leicht lösliche Soda sammelt, das vom Regenwasser aus dem Karbonatit herausgewaschen wurde. Der See wird zusätzlich noch durch heiße Quellen mit Soda gespeist. Da er keinen Abfluss hat und bei der großen Hitze viel Wasser verdunstet, bleibt das Mineral Natron zurück. Es kristallisiert zu immensen weißen Schollen, die irgendwann am Ufer stranden. Weiter draußen, dort wo es noch Wasser gibt, gedeihen einzellige rote Algen in solchen Mengen, dass das Wasser braunrot wirkt. Diese Algen sind die Nahrung für die Flamingos, die sich dieses extreme Milieu zunutze gemacht haben. Die ätzende Sodalauge schützt die Vögel und ihre Brut vor Feinden. Ihnen selbst hingegen kann die konzentrierte Brühe nichts anhaben. Ohne den Ol Doinyo Lengai gäbe es weder dieses Naturtheater noch den Natronsee als Schlupfwinkel für Flamingos.

Während der Eruption jagte der Pinatubo so viel Asche in die Luft, dass es im Umkreis von 80 Kilometern zeitweise völlig dunkel wurde

Seite 217 – Spannungen in der Erdkruste haben diesen Vulkan in der Nähe des Turkana-Sees in Kenya gespalten

Seite 218/219 – Schwer beladen steigt die Trägerkolonne zum Gipfel des Ol Doinyo Lengai in Tansania hinauf. Wegen der Hitze tagsüber sind die Männer nachts aufgebrochen, haben den Weg im Schein ihrer Stirnlampen gesucht. Kurz vor dem Ziel geht die Sonne auf

Seite 220/221 – Gletscher bedecken den Cotopaxi in Ecuador, den mit 5911 Metern höchsten aktiven Vulkan der Erde. Sein Krater am Gipfel ist 800 Meter weit und 650 Meter tief. Cotopaxi war im 18. und 19. Jahrhundert sehr aktiv. 1877 haben sich „Lahars", durch geschmolzenes Eis ausgelöste Schlammströme, die in ihrem Lauf alles mit sich reißen, über 100 Kilometer weit ergossen

Seite 222/223 – Alle zehn Jahre findet auf Bali eine mehrtägige Prozession zum Vulkan Agung statt. Sie beginnt am Meer und endet an der Flanke des Vulkans bei der heiligsten Tempelanlage der Insel, Besakih

Seite 224/225 – Wie ein elegant drapierter Stoff wirkt die Oberfläche eines Lavastroms auf Hawaii. Die exquisite Form entstand, indem eine dünne Haut, die sich auf dem Glutstrom gebildet hatte, zusammengeschoben wurde

Seite 226/227 – Vulkane liefern fruchtbare Böden. An den Hängen auf Réunion wächst dichter tropischer Höhenwald

Seite 228/229 – Der Pinatubo auf den Philippinen bedeckte 1991 weite Gebiete mit Asche und Lapilli. Heftige Niederschläge spülten in den lockeren Ablagerungen schon nach kurzer Zeit tiefe Canyons aus

Seite 230/231 – Die Szene wirkt wie einem Science-Fiction-Film entnommen. Aber der Lavasee (vom Erta'Ale in Äthiopien) ist echt, und der silbrige Dress heiße Notwendigkeit

Seite 232/233 – Bei einer Eruption im Vatnajökull (Island 1996) staute sich viel Wasser unter dem Eis. Nachdem das Wasser abgelaufen war, brach der Gletscher ein

Seite 234/235 – In der Nähe des japanischen Vulkans Sakura-Jima üben Kinder den Ernstfall: die Evakuierung. Sie haben sich in einem erdbebenfesten und vor Aschefall wie auch vulkanischen Bomben sicheren Gebäude versammelt und warten auf Boote, die sie abholen sollen

Seite 236/237 – Fast 5000 Kilometer lang zieht sich eine Kette von Vulkanen durch Indonesien. Neben dem über 2900 Meter hohen Merapi (rechts) ragt Merbabu auf

Seite 238/239 – Blick vom 3265 Meter hohen Vulkan Pic Toussidé im Tibesti-Gebirge (Tschad): Am Fuß liegt eine sechs Kilometer weite und 700 Meter tiefe weiß leuchtende Caldera. In diesem Trou-au-natron („Natron-Loch") nutzen Sahara-Bewohner die seltene Chance, in heißen Quellen zu baden

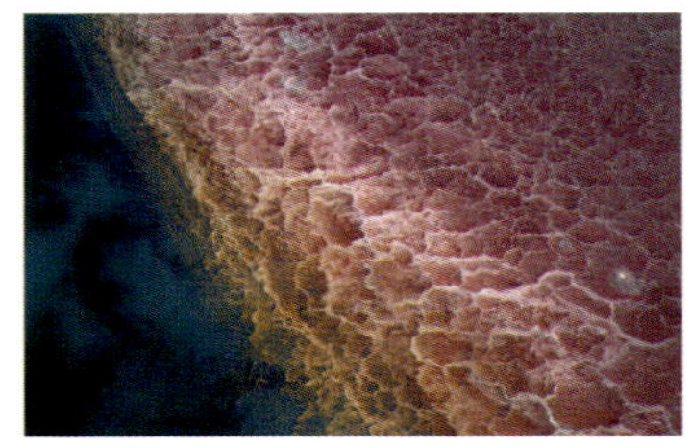

Seite 240/241 – Luftaufnahme vom Magadi-See in Kenya, einem Soda-See

Seite 242/243 – Unter dem Vatnajökull riss 1996 eine zwei Kilometer lange Spalte auf, die Lava spie. Die Hitze schmolz in das Eis darüber einen tiefen Canyon

Seite 244/245 – Farbenzauber von Landmannalaugar, Island

Seite 246/247 – Am Fuß des 45 Meter hohen Wasserfalls im Canyon Bras-Rouge auf der Insel Réunion haben sich Eisenverbindungen in vielerlei Brauntönen niedergeschlagen. Das Eisen stammt aus Ablagerungen, die von heißen Quellen im oberen Teil des Wasserfalls abgesondert wurden

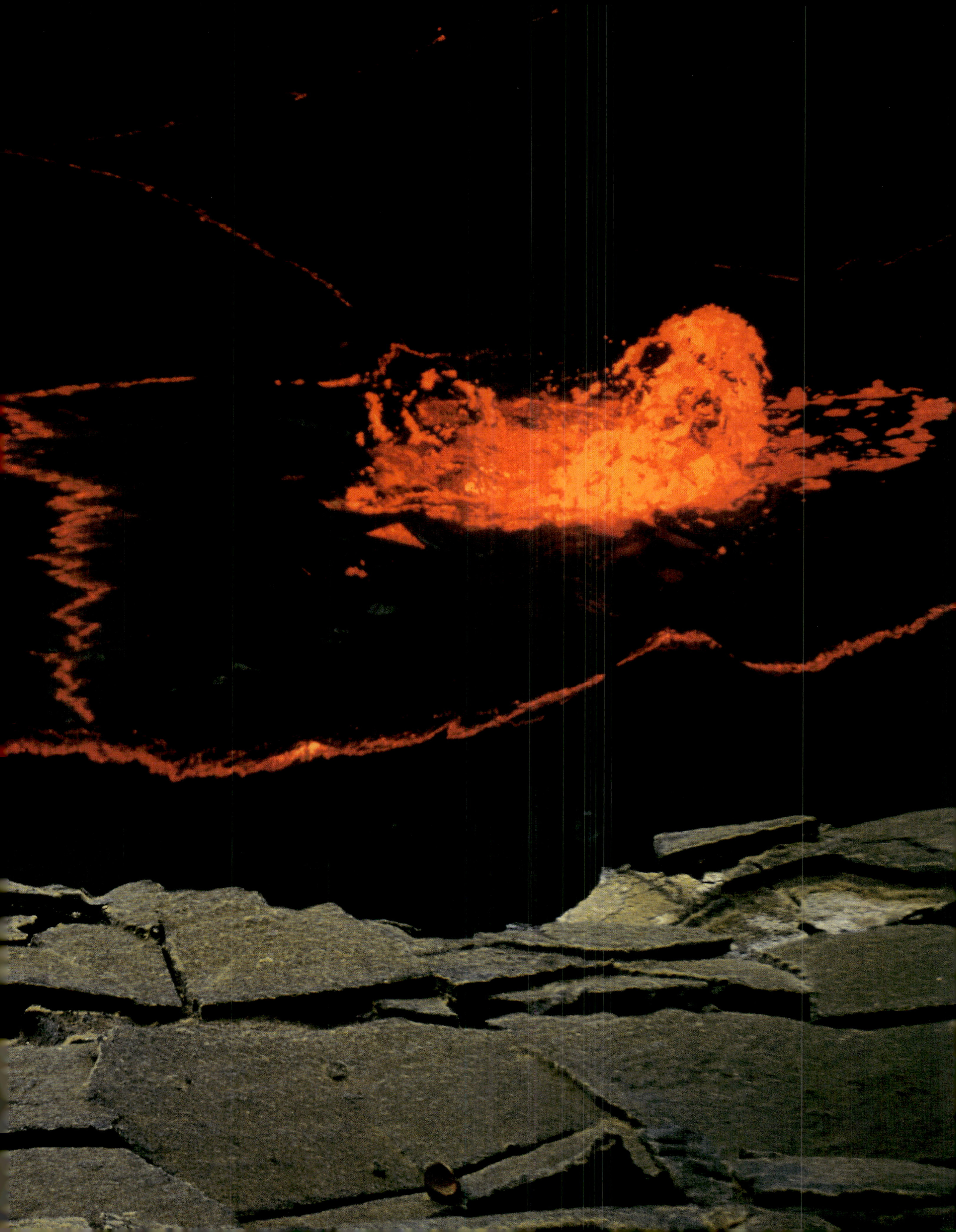

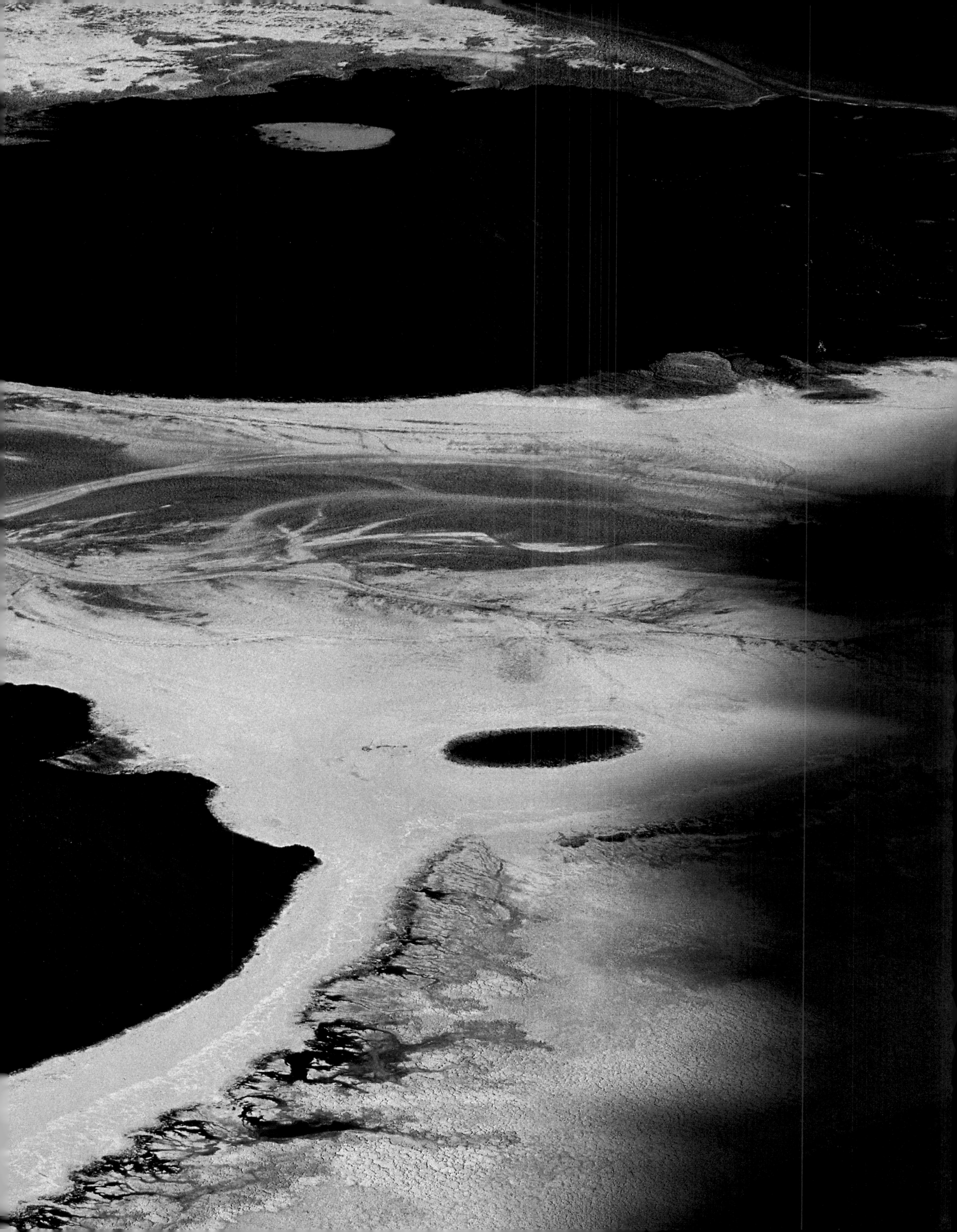

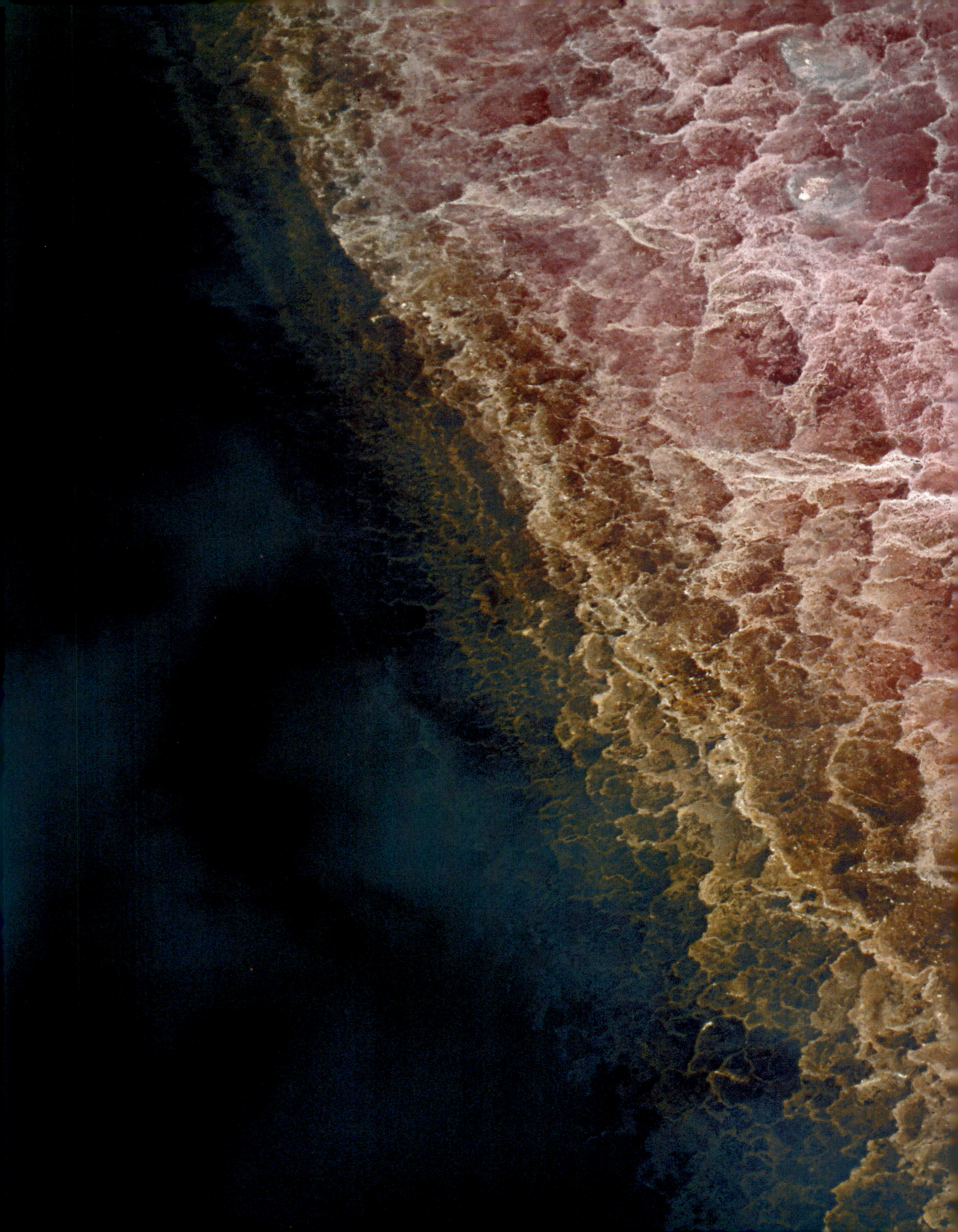

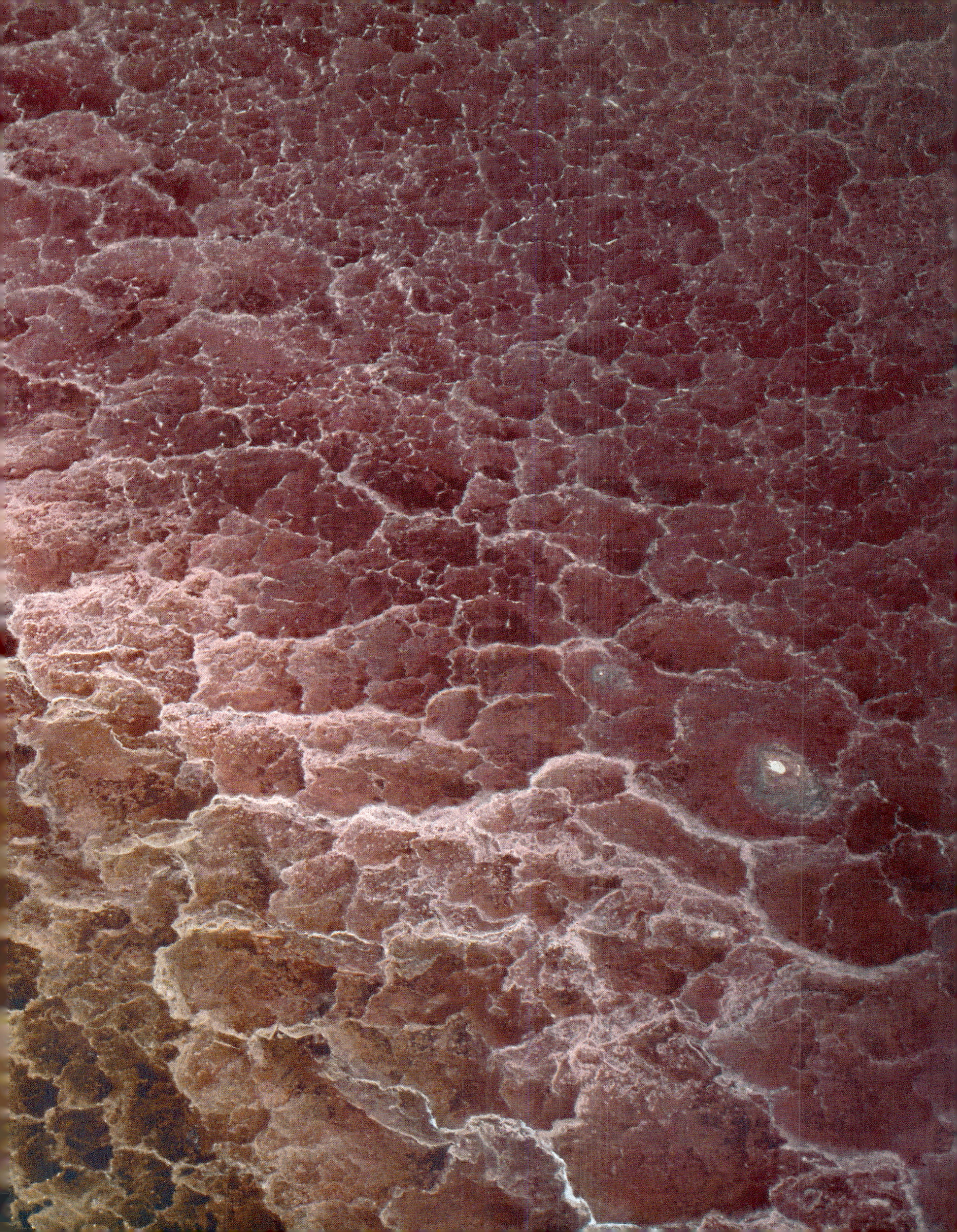

BLINDFLUG

Wenn Feuerberge Asche in den Himmel husten, droht modernen Flugzeugen Gefahr: Triebwerke verstopfen, die Elektronik fällt aus. Trotz Beinahekatastrophen werden Sicherheitsmaßnahmen nur zögerlich ergriffen

Von Jacques Durieux

Lange Zeit hatten Piloten und Vulkanologen dienstlich nur wenig Berührungspunkte. Für die Flugzeugkapitäne waren die Vulkane interessante Landschaftselemente, Orientierungspunkte längs einiger Flugrouten oder Sehenswürdigkeiten, auf die man die Reisenden hinwies. Für die Vulkanologen war das Flugzeug vor allem ein bequemes Mittel, um Vulkangebiete zu erkunden, Krater und Lavaströme zu beobachten. Durch die Zunahme des internationalen Flugverkehrs in den vergangenen 20 Jahren ist die enge Zusammenarbeit zwischen Vulkanologen und Flugkapitänen jedoch unerlässlich für die Sicherheit von Passagieren und Maschinen geworden. Denn einige dramatische Notfälle beim Überfliegen aktiver Vulkane Anfang der 80er Jahre haben Piloten und Vulkanologen gleichermaßen alarmiert.

Am 23. Juni 1982 etwa brach der Vulkan Galunggung im Herzen der Insel Java aus. Bei einer riesigen Explosion stieß er eine Aschewolke aus, die schnell in Höhen von bis zu 15 Kilometern stieg. Eine Boeing 747, die zwischen Malaysia und Australien unterwegs war, überflog gerade indonesisches Territorium. Auf den Kontrollbildschirmen der Piloten im Cockpit erscheinen keinerlei Hinweise auf die gefährliche Wolke aus dunkler Asche. Plötzlich ist das Flugzeug von einem elektrischen Spannungsfeld umgeben, und die gesamte Bordelektronik fällt aus. Staub dringt in die Kabine ein, ein starker Schwefelgeruch versetzt Passagiere und Besatzung zusätzlich in Panik. Heftige Turbulenzen rütteln das Flugzeug durch, das erste Triebwerk versagt, dann fallen zwei und schließlich alle vier Motoren aus. Ohne Antrieb trudelt das Flugzeug in die Tiefe. Die Piloten versuchten verzweifelt, die Maschine zu stabilisieren und gleichzeitig die Motoren wieder in Gang zu setzen. Das Flugzeug ist inzwischen von 12 000 auf 4000 Meter abgesackt, die Situation erscheint völlig ausweglos, ein Absturz unumgänglich.

Vulkanische Asche war mit der Luft in Triebwerke und Verbrennungskammer gesaugt worden. Dort herrschen Temperaturen bis zu 1000 Grad Celsius. Bedenkt man, dass vulkanische Asche bereits bei Temperaturen von 700 Grad entsteht, wird klar, weshalb die Triebwerke ausfielen: die Asche verschmolz in der Verbrennungskammer und bildete eine glasige Keramikschicht. Diese blockierte dann die weitere Luftzufuhr. Glück im Unglück: Durch das schnelle Absinken gelangte das Flugzeug rasch in dichtere und vor allem sauerstoffreiche Luftschichten, die Keramikschicht brach auf. Nach mehreren vergeblichen Startversuchen sprang der erste Motor wieder mühsam an, einige Hundert Meter tiefer zwei weitere. Die Piloten haben die Kontrolle über die Boeing zurückgewonnen und nehmen Kurs auf den Flughafen von Jakarta. Da die Scheiben des Cockpits von einer dicken Ascheschicht bedeckt sind, kann der Kapitän nicht auf Sicht landen, sondern muss sich voll auf seine Instrumente verlassen. Das Manöver gelingt.

Wie konnte es zu dem Beinaheabsturz kommen? Der Pilot war nicht gewarnt, das Flugzeug durchflog die Aschewolke des Galunggung in normaler Reisegeschwindigkeit. Bei einem Tempo von 800 Kilometern pro Stunde wirken die Aschepartikel wie ein Sandstrahlgebläse auf den Jumbo. Von der Lackierung des Cockpits war nichts mehr übrig, die Flügel, Quer- und Steuerruder waren stark beschädigt. Die technischen Messfühler und die Luftzufuhr waren unbrauchbar, die Windschutzscheibe undurchsichtig. Drei Wochen später, am 13. Juli 1982, konfrontiert ein erneuter Ausbruch des Galunggung eine andere Boeing 747 mit einer Aschewolke. Das Szenario wiederholt sich. Nach dem Ausfall von zwei Motoren stürzt die Maschine mehr als 2000 Meter in die Tiefe, bevor die Piloten sie wieder unter Kontrolle bekommen und in Jakarta landen können. Erneut sind Passagiere und Besatzung nur knapp einer Katastrophe entgangen.

Seit diesen beiden Vorfällen bemühen sich die Verantwortlichen der Luftfahrtgesellschaften um neue Sicherheitsmaßnahmen. Doch die Bordinstrumente können Aschewolken nicht orten und damit die drohende Gefahr nicht rechtzeitig anzeigen. Einzige Möglichkeit: Meldungen über Vulkanausbrüche sollen künftig an die Verantwortlichen der Zivilluftfahrtbehörden weitergeleitet werden. Doch deren Bereitschaft zur Zusammenarbeit hält sich in Grenzen. Offenbar scheint ihnen der Vulkan, der die beiden ersten Notfälle verursacht hat, zu weit weg zu liegen von den Luftfahrt-Routen der Industrienationen. Ein flächendeckendes Frühwarnsystem lässt weiter auf sich warten.

Rund sieben Jahre später, am 15. Dezember 1989, empfangen die Seismographen im Überwachungsraum der vulkanologischen Überwachungsstation in Alaska dramatische Signale: Der Vulkan Redoubt steht offenbar kurz vor dem Ausbruch. Die Zivilluftfahrtbehörde wird sofort benachrichtigt, damit sie die Warnmeldung an die verschiedenen Fluggesellschaften weiterleiten kann. Obwohl die Warnung auch eine Boeing 747 erreicht, die auf der Route von Amsterdam nach Tokyo unterwegs ist und gerade in Anchorage zwischenlanden will, kommt es erneut zum Unglück. Zwar lässt der alarmierte Pilot Vorsicht walten, fühlt sich aber sicher, nachdem er an diesem erstaunlich klaren Tag rings um sich herum keine Aschewolken entdecken kann. Dann plötzlich fallen sämtliche Bordinstrumente aus. Geistesgegenwärtig versucht der Pilot, den Kurs zu ändern und der Aschewolke auszu-

Links: **Als der Pinatubo 1991 nach 600-jähriger Ruhepause wieder erwachte, schossen Aschewolken nahezu 30 Kilometer hoch auf**

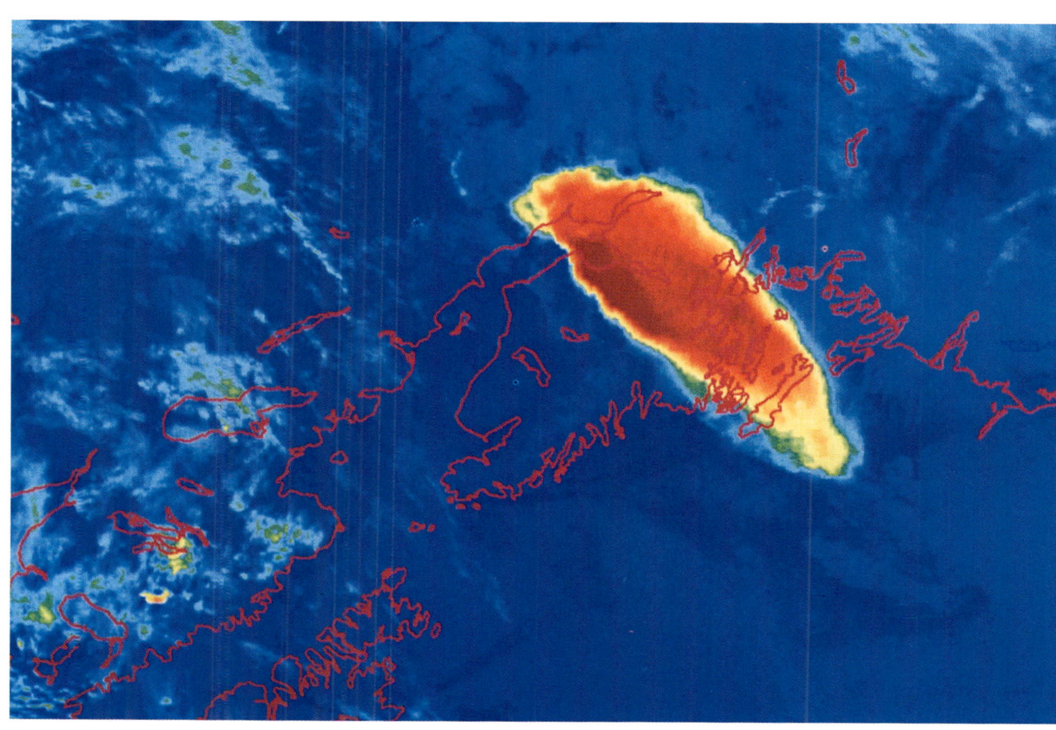

Unten: **Die Satelliten-Aufnahme zeigt eine Wolke vulkanischer Asche über den Alëuten. Aschewolken werden aus dem All überwacht, weil sie den Luftverkehr gefährden können**

Einen Kilometer lang ist ein Bollwerk, das japanische Ingenieure gegen Schlammströme vom Vulkan Tokachi auf der Insel Hokkaido errichtet haben. 1926 kamen dort durch ein Lahar über 140 Menschen ums Leben, zahlreiche Häuser wurden zerstört

weichen. Aber es ist zu spät, alle vier Motoren fallen aus, das Flugzeug stürzt aus 8000 Meter Höhe ab. Doch auch dieses Mal springen die Motoren in einer Höhe von etwa 5000 Meter wieder an, und dem Piloten gelingt es, die Boeing in Anchorage heil auf den Boden zu bringen. Wieder einmal ist man nur mit knapper Not einem Unglück entkommen. Die Schäden am Flugzeug werden sorgfältig dokumentiert. Man findet genau dieselben Schäden wie bei den Vorfällen am Galunggung: geschmolzene Asche in den Motoren, Abschleifung usw. Am Ende belaufen sich die Reparaturkosten auf 165 Millionen Mark. Zum Vergleich: ein neues Flugzeug kostet knapp 300 Millionen!

Diesmal bleibt das Unglück nicht folgenlos, dieses Mal kam es zur Beinahekatastrophe nicht über einem Dritte-Welt-Land, sondern auf einer der wichtigsten Flugrouten der Welt. Die so genannte Nordpol-Route, die damals noch ganz Südostasien versorgte, war eine der am häufigsten geflogenen Strecken der Welt. Fast 200 Flugzeuge transportierten hier pro Tag rund 17 000 Passagiere. Hinzu kommt, dass entlang dieser Route zahlreiche Vulkane überflogen werden. Man zählt 40 aktive Vulkane in Alaska, 30 in Kamtschatka und 30 weitere auf den Aleuten. In der Summe finden sich entlang dieser Route also 100 Vulkane, die eine potenzielle Bedrohung darstellen.

Wenn man bedenkt, dass von diesen Vulkanen pro Jahr vier oder fünf ausbrechen und jede Eruption eine Aschewolke ausstößt, wird das Ausmaß der Bedrohung deutlich. Und es verwundert kaum, dass die vulkanologische Forschungsstelle in Anchorage sich mittlerweile intensiv um die Gefährdung des Flugverkehrs durch Vulkanausbrüche kümmert. Das Institut in Alaska ist eines von weltweit vier Zentren, die Aschewolken von Vulkanen systematisch überwachen. Dazu bedienen sie sich spezieller Satelliten, die auf Empfehlungen von Vulkanologen entwickelt wurden. Spezialisten werten die Satellitenbilder aus, die ihnen von den Meteorologen geliefert werden. So können sie exakt die Bahnen der Aschewolken aufzeichnen und Stunde für Stunde verfolgen. Anhand der meteorologischen Vorhersagen lässt sich die voraussichtliche Strecke prognostizieren. Diese Informationen werden weltweit an die Piloten übermittelt, um ein Höchstmaß an Sicherheit zu erreichen.

Zentrale Ursache für die Bedrohung von Passagieren, Besatzung und Maschine durch Vulkane ist das hohe Flugzeugaufkommen. Aufgrund des immer dichteren Luftverkehrs werden heutzutage gefährliche Vulkane in Regionen überflogen, die früher fast unbekannt waren. Zudem sind moderne Flugzeuge fast vollkommen von ihrer Elektronik abhängig – bei allen geschilderten Notfällen fielen Bordelektronik und Navigationssysteme aus. Da die klassischen Verbrennungsmotoren der alten Propellerflugzeuge noch Luftfilter besaßen, wurden sie in der Vergangenheit niemals derart beschädigt. Die Triebwerke moderner Düsenjets hingegen saugen während des Betriebs große Mengen Luft an und damit auch viel Asche.

Mittelfristig sollen alle Informationen über Aschewolken, die in weltweiten Netzen zusammenlaufen, ausgewertet werden, um vulkanbedingte Flugverbotszonen einzurichten. Generell größere Sicherheit wird es aber nur geben können, wenn man ganz neue Flugrouten ausweist, die unbeeinflusst von vulkanischen Aktivitäten sind.

KATASTROPHEN-MANAGEMENT

Mit allen Mitteln versuchen die Japaner den Naturgewalten zu begegnen. Im Einsatz sind Videokameras, Sensoren, Stahl und Beton. Und weil das meistens nicht reicht, üben sie jedes Jahr wieder die Flucht

Von Jacques Durieux

Überall auf der Welt verbindet man das Bild des Vulkanberges Fujiyama mit Japan. Im japanischen Archipel sind die Menschen dazu gezwungen, mit Vulkanen im Einklang zu leben. Aufgrund der begrenzten Fläche werden sogar die Hänge der Feuerberge bebaut. Vielerorts finden sich Städte, die im Laufe der Jahrhunderte zu Metropolen gewachsen sind und dabei nur wenige Kilometer entfernt von aktiven Vulkanen liegen. Die japanische Bevölkerung hat gelernt, mit den Risiken des Vulkanismus zu leben, und eine eigene Art des Umgangs mit dieser Bedrohung entwickelt.

Das Land gehört zum so genannten „Zirkumpazifischen Feuergürtel". Sämtliche Platten rund um den Pazifik schieben sich entlang von Subduktionszonen unter- und übereinander. Der Vulkanismus entlang dieser Plattengrenzen ist immer explosiv und gefährlich. Japanische Vulkanologen haben Überwachungs- und Alarmsysteme installiert, die rechtzeitige Evakuierungen ermöglichen sollen. Parallel dazu wurden Schutzmaßnahmen entwickelt, um das Leben der Menschen und ihrer Besitztümer vor Schlammlawinen zu schützen.

Das beeindruckendste Beispiel findet sich auf Hokkaido, am Fuß des Vulkans Tokachi. Die Insel Hokkaido, im Norden des japanischen Archipels, hat ein sehr kaltes Klima. Im Winter liegt die Schneedecke oft meterhoch. Das verstärkt die Bedrohung, weil sich bei einem Ausbruch der Vulkan erhitzt und heißer Ascheregen auf einer großen Fläche niedergeht. Durch die Schneeschmelze entsteht eine riesige Wassermenge, die schnell ins Tal fließt. Dadurch können verheerende „Lahars" entstehen: Schlammlawinen, die in die Tiefe donnern und vulkanisches Material mitreißen, welches entweder aus der aktuellen Eruption stammt oder den Ablagerungen vergangener Ausbrüche entrissen wird.

Furano, eine moderne Stadt am Fuß des Vulkans, liegt in einer Ebene am Eingang eines engen Tals, das sich direkt vom Vulkan herabsenkt. Als wirkungsvolles Hindernis gegen den Schlammstrom ist quer zum Tal eine Serie von Dämmen errichtet worden. Die beiden am höchsten gelegenen bestehen aus zwei riesigen Stahlrohrgittern, die ein Sieb von sieben Metern Höhe und 700 bzw. 1000 Meter Länge bilden. Diese Filter sollen Felsblöcke und Baumstämme, die von den Wassermassen mitgerissen werden, zurückhalten. Wenn die schweren und massiven Objekte sich zusammen mit der Schlammlawine mit großer Geschwindigkeit talwärts bewegen, verwandeln sie sich in ballistische Geschosse von hoher Zerstörungskraft. Daher empfiehlt es sich, sie möglichst schnell zu stoppen. Weiter unten bremsen Betondeiche den Schwung des Schlammstroms. Sie gehören zu einer Staffel weiterer „Filter"-Deiche, die den Abschluss großer Sedimentationsbecken bilden. In diesen Becken werden Teilchen kleiner Korngröße (Asche, Sand, Kiese) zurückgehalten, die ebenfalls die Dichte der herabfließenden Masse vergrößern.

Nach der sukzessiven Filterung durch all diese Bauwerke bleibt von der ursprünglichen Lawine nur noch eine Wasserwelle übrig. Die wird in Kanäle geleitet, in denen sie durch hohe Betonwände von bewohnten Gebieten ferngehalten wird. In jedem der beschriebenen Bauwerke sind automatische Drucksensoren installiert. Wenn sie ausgelöst werden, wird in den tiefer gelegenen Talabschnitten Alarm ausgelöst. Darüber hinaus werden alle Deiche, Becken und Kanäle von automatischen Kameras überwacht. Die Informationen werden in Echtzeit an ein modernes Überwachungszentrum übermittelt – ein Kontrollturm, der den Ausgang des Talabschnittes und die Stadt Furano dominiert.

Berechnungen zufolge benötigen die Schlammlawinen von ihrer Entstehung an den Hängen des Vulkans bis zum Erreichen der Stadt einige zehn Minuten. Wenn in der Kontrollstelle die ersten Signale der Sensoren empfangen werden, wird die Bevölkerung von den Verantwortlichen des Zivilschutzes alarmiert. Da die Einwohner rechtzeitig informiert und durch zahlreiche Übungen mit der Situation vertraut sind, wissen sie genau, wo und wie evakuiert wird. Für diejenigen, die nicht innerhalb weniger Minuten die tiefer gelegenen Stadtteile verlassen können, sind in ausreichender Höhe künstliche Plattformen gebaut worden. Darauf befinden sich ein großer Parkplatz, ausgedehnte Versammlungsflächen und ein Gebäude mit Schlafgelegenheiten, Küche, Konferenz- und Sitzungssälen sowie ein Kommunikations- und Medizinzentrum. Die Energieversorgung ist autark.

Diese Infrastruktur kostet Milliarden. Sie konnte nur realisiert werden, weil Japan ein reiches Land ist. Entwicklungsländer sind

In kleineren Tälern rund um den Tokachi werden auch andere Konstruktionen erprobt, mit denen Lahars aufgehalten werden sollen

zu solchen Investitionen kaum fähig, auch wenn dort viele gefährliche Vulkane zu finden sind. Hier heißt es, die Geldknappheit durch Einfallsreichtum und harte Arbeit auszugleichen. So sind etwa in den Tälern am Fuße des Merapi in Indonesien Anti-Lawinen-Deiche nach japanischen Plänen gebaut worden. Wie Ägyptens Pyramiden oder die Chinesische Mauer errichteten Hunderte von Arbeitern die riesigen Sperrdämme Stein für Stein in Handarbeit. Dazu hämmerten sie aus der erstarrten Lava vergangener Vulkanausbrüche grobe Blöcke, die anschließend mithilfe von Bambusgerüsten aufeinandergesetzt und mit Mörtel aus Sand und abgelagertem Schlamm der letzten Eruption zusammengefügt wurden.

Auf der Insel Kyushu im Süden Japans befindet sich der Sakura-Jima, ein Vulkan, der in einem quasi-permanenten Zustand des Ausbrechens ist. Mehrere Male im Jahr erschüttern seine Explosionen die angrenzenden Städte und Dörfer. Auch hier hat man ein Verhalten entwickelt, das von dem brodelnden Nachbarn diktiert wird. Wer in dieser Gegend ankommt, wird durch viele ungewöhnliche Details an die Gefahr des Vulkans erinnert: etwa eine Telefonzelle, die durch eine Betondecke vor herunterfallenden vulkanischen Geschossen geschützt wird, oder ein von diversen Deichen zerschnittenes Flussbett, das die Wucht der Schlammlawine bremsen soll. Eine Leuchttafel am Straßenrand informiert Autofahrer über niedergehenden Ascheregen und eingeschränkte Sichtverhältnisse.

Im Abstand einiger Kilometer stehen Schutzhütten aus Beton, in die sich Reisende flüchten können, die von einer Explosion überrascht werden. Die Häuser am Straßenrand sind erdbebensicher konstruiert und halten dem Gewicht der Asche stand, die sich auf dem Dach ansammeln könnte. Gleichzeitig sind die Straßen besonders breit, um die Beseitigung der Asche zu erleichtern. Die Elektrizitätsversorgung erfolgt über unterirdische Kabel; Heizungs- und Klimaanlagen sind mit besonderen Filtern bestückt.

Wie sehr der Vulkan in das Leben der Stadtbewohner integriert ist, zeigt sich stets am 12. Januar, dem Jahrestag der großen Eruption von 1914. An diesem Tag nimmt die gesamte Bevölkerung an einer Katastrophenschutzübung teil. Die Stadt simuliert ein spezielles Szenario, zum Beispiel heftige Explosionen des Gipfelkraters oder Ascheregen und Lavaströme im Süden des Vulkans. Sofort nach dem ersten Alarm ermittelt ein Computer die zu ergreifenden Maßnahmen. Die gut informierten und trainierten Bewohner nehmen die Simulation sehr ernst und reagieren in der Regel ruhig und besonnen. Sobald die Alarmsirene ertönt, kriechen die Schüler aller Grundschulen unter ihre Pulte, wo sie Schutz vor einstürzenden Dächern und vulkanischem Geröll finden sollen. Nach einigen Minuten stehen die Kinder auf Anweisung des Lehrers auf. Jedes nimmt seinen sorgfältig in der Garderobe verwahrten Helm und einen kleinen Rucksack, der ein Survivalpack enthält.

Anschließend kommen Lehrer, Spezialisten des Zivilschutzes und Angehörige zusammen, um die Kinder in ihre Mitte zu nehmen und gemeinsam zur Hauptstraße der Stadt zu eilen. Unter dem Knattern der Hubschrauber, die über den Berg fliegen und

Einzigartig auf der Erde ist die Tunnelanlage unter dem japanischen Vulkan Sakura-Jima. Sie ist auf die Zone gerichtet, in der vor einem Ausbruch Magma aufsteigt. Detektoren sollen kleinste Erschütterungen aufnehmen, die durch das Magma ausgelöst werden

In der von einem Ausbruch bedrohten Umgebung am Sakura-Jima wird die Evakuierung per Schiff geprobt. Eine umfassende Aufklärung der Bevölkerung, verbunden mit regelmäßigen Übungen, ist eine wichtige Voraussetzung für wirksamen Katastrophenschutz im Ernstfall

nach Verwundeten suchen, geht die Menge wohlgeordnet zum Hafen von Arimura und wartet in einer Art Betonbunker auf die Rettungsboote für ihre Evakuierung. Auf dem Sportplatz ist ein provisorisches Krankenhaus errichtet worden, in dem Ärzte und Helfer des Roten Kreuzes die mit roter Farbe geschminkten „Verwundeten" versorgen. Geordnet versammeln sich Kinder und Erwachsene an den Kais, bevor sie in die Betonbunker der Notfallhäfen gehen, um dort die nötigen Anweisungen entgegenzunehmen. Während eine große Fähre am Kai festmacht und die Menschen an Bord strömen, wird gleichzeitig eine Telekommunikationsstation mit Antennen und Satellitenanlage errichtet – trotz des Vulkanausbruchs soll die Region nicht vom Rest der Welt abgeschnitten sein. Und, typisch für Japan: Gleichzeitig findet eine Fernsehübertragung statt, damit die Bevölkerung direkt am Bildschirm verfolgen kann, was auf dem Sakura-Jima vor sich geht.

Die Katastrophenschutzübung wird jedes Jahr zelebriert und von Japans Verantwortlichen mit großem Stolz verfolgt. Doch während die Effizienz der technischen Maßnahmen, der Deiche und Sperren unbestritten scheint, bleibt der Nutzen der jährlichen Übung fraglich. Zwar kann sie dazu beitragen, der Katastrophe ihren Schrecken zu nehmen. Doch lässt die streng hierarchische Organisation kaum Spielraum zum Improvisieren. Ein unvorhergesehenes Ereignis, das nicht im Evakuierungsplan steht, kann die Maßnahmen leicht scheitern lassen.

ERUPTION AM COMPUTER

Italiens gefährlichster Vulkan ist der Vesuv: Der Kegel fliegt in die Luft, Asche verfinstert den Himmel, Lava wälzt sich zu Tal. In 15 Minuten sind eine Million Menschen tot. Noch ist dies nur eine Simulation

Von Carmen Butta

Die Bäuerin hockt am Wegesrand, Füße und Hände schwarz von Lavaerde. Über ihr, an einem Ast, baumelt ein Bündel Stoff: ein Weihnachtsmann, die Augen leer, der Mund offen. Ein obszöner Weihnachtsmann. Sein monströser Phallus weist zur Kuppe des Berges – zum Vesuv. Er soll das Böse fortstoßen, das von dort kommen kann. Die Bäuerin wendet das Gesicht zum Vulkan: „Dorme, dorme …" – „Er schläft …" Hier unten hat der Vulkan sich verkleidet. Ginster und Bougainvillea schimmern aus dem Grün der Pinien hervor; ein warmer Blütenduft streicht über den Hang. Oben ist die Erde nackt. Als Urmund liegt der Krater da, ausgetrocknet und wie im Schrei erstarrt. Fähnchen seines heißen Atems lösen sich vom graubraunen Gestein und segeln aus der Tiefe herauf über die Sedimentlinien der geschichteten Zeit.

Niemand hier nennt den Vesuv einen Vulkan. Das würde Unglück heraufbeschwören. In keinem Fest, in keiner Prozession wird er genannt, in keinem der traditionellen Lieder kommt das speiende Ungeheuer vor: Es darf nicht geweckt werden, und über die Angst zu reden macht nur Angst. Man sagt nur *a muntagna* – der Berg.

Vom Golf von Neapel und den umliegenden Hügeln wächst eine steinige Flut auf den Bergkegel zu. Portici, Boscotrecase, Torre Annunziata, Pompei – die 18 Städte und Dörfer um den Vesuv sind in den vergangenen Jahrzehnten verschmolzen zu einer amorphen, 28 Quadratkilometer großen Megalopolis. Durch das dunstige Gewirr der Gassen quillt das Magma einer halben Million Menschen. Ein pragmatisches Volk, dem die Natur ewiger Konkurrent ist. Zum 40. Jahrestag der letzten Eruption setzten die Bürger von San Sebastiano al Vesuvio auf den Platz ihres wieder aufgebauten Dorfes eine Gedenktafel mit der Aufschrift: „Der Wille des Menschen ist stärker als der Vulkan".

Über dem entweihenden Getöse schweigt der Vesuv – seit 1944, als er zehn Tage lang Lava, Bims und Asche auf das Land unter sich spie. Nicht einmal mehr der Pennacchio, die über Jahrhunderte vertraute Rauchfahne, schraubt sich heute aus seinem Schlund. Doch „je länger der Schlaf, desto böser das Erwachen", unkt die Professoressa Lucia Civetta. Die zierliche Direktorin am Osservatorio Vesuviano in Neapel, der ältesten vulkanologischen Beobachtungsstation der Welt, wacht verbissen über die Ruhe des Berges. Mit dem Ausbruch von 1944 fand eine 300 Jahre währende Periode von häufigen, meist schwächeren Eruptionen ihr Ende. Seither steckt verfestigtes Magma wie ein Pfropfen im Mund der Erde und verhindert kleinere Ausbrüche. Doch darunter kann sich ein Gemisch aus Gas und zähflüssigem Magma zusammenbrauen, das sich irgendwann in in einer gewaltigen Explosion entlädt.

Eine Computersimulation stellt diesen Moment als Szenario dar, das fast den Schrecken jener Tage erreicht, als im Jahre 79 n. Chr. das prächtige Pompeji in Feuer und Asche versank: Eine

Am Fuß des Vesuv ballen sich Städte und Dörfer. Bei einem drohenden schweren Ausbruch müssten Hunderttausende evakuiert werden – eine ungeheure Herausforderung bei unzureichenden Verkehrsverhältnissen

Säule aus Gas, Asche, Steinen und Lava erhebt sich über dem Krater – 20 Kilometer hoch. Die Sonne verfinstert sich, und die Luft ist erfüllt von glühendem Staub. Ein Regen aus Bimsstein und Asche – bis zu 180 Kilo pro Quadratmeter – schlägt auf das Land. Und wenn die Gassäule in sich zusammenbricht, rasen über 800 Grad heiße „pyroklastische Ströme", Lawinen aus Gas und vulkanischer Asche, mit gut 360 Kilometern pro Stunde die Hänge hinunter und vernichten alles auf ihrem Weg. Die Apokalypse wird sich in 15 Minuten vollenden. „Wann das sein wird…?" Der Mund der Professoressa ist ein Strich: „In drei Monaten oder in 300 Jahren."

Um diese Unwägbarkeit einzugrenzen, wird der Vesuv durch künstliche Erdbeben tomographiert – ein Projekt, das weltweit seinesgleichen sucht. Bis zu 500 Kilogramm Dynamit werden gezündet, und die Ausbreitung der Detonationswellen ermittelt an 150 Messpunkten. Das gibt den Forschern ein genaueres Bild vom Inneren des Vulkans. Doch nach den ersten Diagnosen war bis in drei Kilometer Tiefe kein explosiver Erdbrei zu finden. „Das Magma wird womöglich tiefer liegen oder auch überhaupt nicht da sein – was aber keine Entwarnung ist", sagt die Professorin.

Ein hinterhältiges Wesen, dieses glutflüssige Gestein. Giuseppe Luongo, Professor für Vulkanologie an der Universität von Neapel, spricht sogar von „der überrumpelnden Intelligenz des Magma". Infolge eines tektonischen Erdbebens im nahen Apennin etwa könne plötzlich Magma aus 30 Kilometer Tiefe in die Vulkankammer fließen und zudem eine unterirdische Wasserquelle freigelegt werden, und – er klatscht die Handflächen aufeinander – „schnell kommt es zur schönsten explosiven Eruption". Oder aber: „Das Magma schafft sich auf seinem Weg nach oben durch einen Erdrutsch die Öffnung für einen ruhigen effusiven Ausbruch. Paff! Keine Apokalypse. Eine Banaleruption."

Wenn der Berg sich regt, versichern die Alten, ist es ein Übel wie andere, mit dem man sich arrangieren kann. Der Sattler Giovanni Acanfora steht auf dem Friedensplatz von Boscoreale. „Schwarz, schwarz und noch mal schwarz wurde es", schildert er die Eruption von 1944. Um dem Berg den Schrecken zu nehmen, verklären ihn die Vesuvianer. Ihre Art von Exorzismus. Wenn jemand von einer Eruption träumt, gilt das hier als „unkontrollierbares Bedürfnis nach Liebe" und ist stets ein gutes Omen. Und wenn ein Paar die Lust überfällt, sucht es sich ein Nest am Vesuv. 1983 schreckten die Bewohner doch einmal hoch. Am Vesuv, hieß es, verderbe der Wein in den Kellern, wüchsen massenhaft Brombeeren an den Hängen, und Lichtmasten seien wie von Geistern versetzt. Die Ursache dafür könne nur eine Erhöhung der Bergtemperatur sein: Warnzeichen einer Eruption. Die Vulkanologen vom Observatorium dementierten – was den Argwohn

WENN DAS MONSTER ERWACHT: **Das Computermodell zeigt Ablauf und Ausmaß der aufsteigenden Aschesäule und der Glutlawinen beim erwarteten Ausbruch des Vesuv (nach Dobran und Macedonio)**

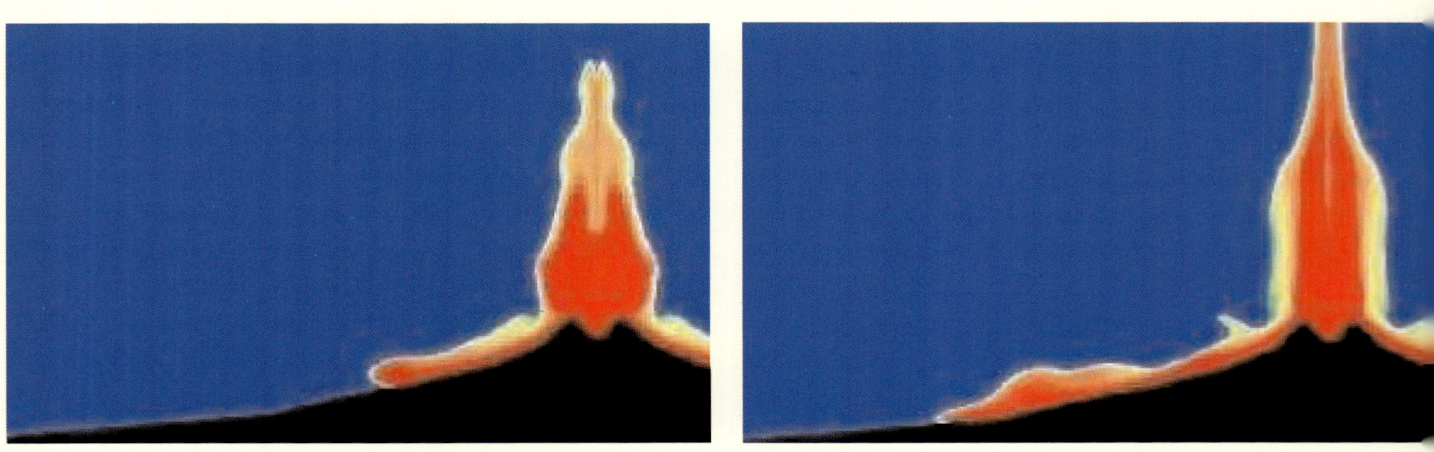

Im seismischen Labor des vulkanologischen Observatoriums am Vesuv laufen die Daten von elf Stationen zusammen, die den Vulkan ständig abhorchen. Ein Geophysiker kontrolliert die Aufzeichnungen. Von besonderem Interesse sind Erschütterungen durch Magma, das unter dem Vulkan aufsteigt

der Neapolitaner noch steigerte. Gewerkschaften forderten für die Arbeiter und deren Familien Gasmasken, Kontoinhaber stürmten die Banken, Milchpulver, Fischdosen und Taschenlampen verschwanden aus den Regalen. Kaum jemand ging noch zur Arbeit, sogar die Polizisten blieben ihren Wachen fern. Als eines Nachts irgendein Scherzbold ein Dutzend Neapolitaner anrief, der Vesuv sei nun so weit, warnten die ihre Verwandten und Freunde – bis das Telefonnetz zusammenbrach. Durch die Fenster sahen die Geschockten ihre Nachbarn, die mit Decken auf der Straße umherirrten. Also verließen sie ebenfalls schleunigst das Haus, sprangen in ihre Autos und hupten heftig, wobei sie die letzten schlafenden Mitbürger weckten. Beim Sonnenaufgang des 7. Oktober waren allein über 500 000 Neapolitaner in ihren eingekeilten Wagen gefangen und harrten ergeben des Desasters.

Zu ähnlichen Szenen kam es auch im November 1987, im Januar 1988, im Mai 1990 und im Oktober 1992. Manche verdächtigten hernach die Camorra der Panikmache: Sie habe damit auf einen Sturz der Immobilienpreise spekuliert. Andere fragten maliziöser, ob nicht Wissenschaftler durch Warnungen vor bevorstehenden Ausbrüchen bloß Forschungsgelder hätten lockermachen wollen. Immerhin überzeugten die peinlichen Vorkommnisse die Stadtväter, endlich den Notfallplan aufzustellen, der seit zehn Jahren versprochen worden war. In der Baubehörde plagt sich seither der Ingenieur Rosano mit im Gefahrengebiet illegal errichteten Häusern. „Jetzt soll es für 11 000 eine Amnestie geben, aber 300 müssen abgerissen werden. Ist das gerecht?“

Jene, die den Schrecken der Eruption erleben, die durch den heißen Atem des Vulkans taumeln, irren mit langen, nackten Armen auf den großflächigen Gemälden von Alfonso Marquez umher. Der Mann mit dem zerbrechlichen Äußeren einer Phiole trägt Schuhe mit Ledersohlen – damit die Kraft des Magmas von den Füßen bis ans Herz strömt.

„Feurig und unzähmbar hat uns der Vesuv geformt. Wir vom Berg weinen, lieben, fluchen mehr als alle anderen.“ Marquez lebt in Ercolano, dem einstigen Herculaneum, das wie Pompeji vom gewaltigen Ausbruch 79 n. Chr. lebendig begraben wurde. Immer wieder hat Alfonso auf die steinernen Abdrücke der Opfer jener Katastrophe gestarrt. In ihrer Haltung, in ihren Gesichtern erkannte er die Schönheit der Zerstörung und den Akt der Schöpfung zugleich. Die Eruption sei eine Katharsis, eine Ejakulation unseres Planeten, die Neugeburt der Erde. „Der Vesuv ist Mutter und Vater in einem. Er ist wie Gott. Er war vor uns da.“ Wird der Vesuv ausbrechen, will Alfonso Marquez nicht fliehen. Er will sich auf die Terrasse stellen und dem Vulkan ins Gesicht sehen. „Meine Augen werden glänzen vom Wiederschein der Glut – von all der Schönheit.“

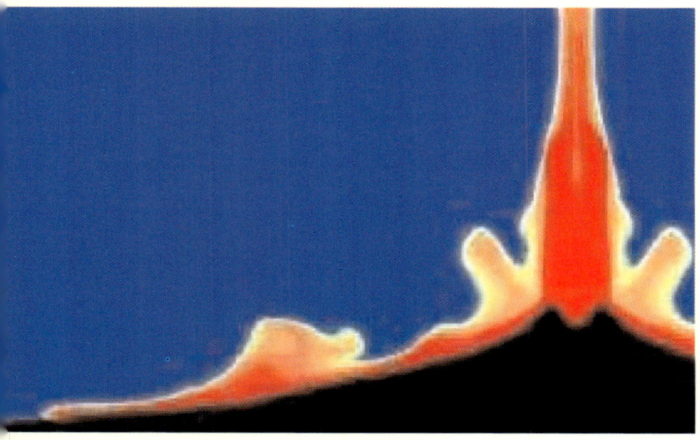

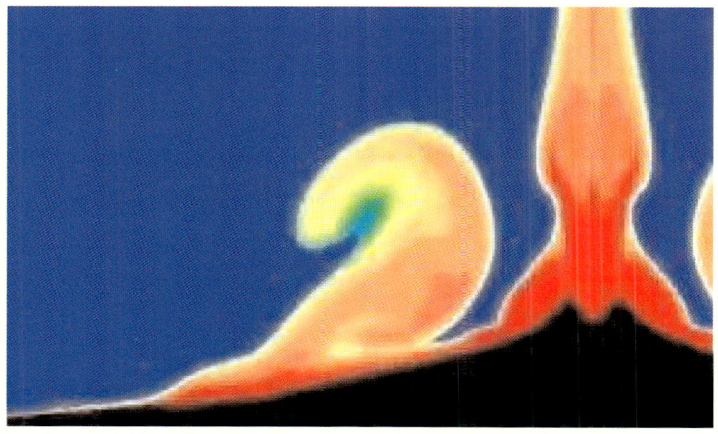

Seite 257 – Überall ist Asche beim Ausbruch des Pinatubo 1991 – auch die Christus-Statue wurde damit bedeckt

Seite 258/259 – Eine Prozession zu Ehren San Gennaros zieht durch die Straßen Neapels. Dabei tragen die Gläubigen einen Schrein mit Reliquien des im Jahre 305 hingerichteten Schutzheiligen der Stadt. Seit Jahrhunderten bitten die Neapolitaner San Gennaro um Schutz vor dem nicht weit entfernten Vesuv

Seite 260/261 – Neapolitanern gilt als größter Schatz im Dom ihrer Stadt etwas Blut, das vom heiligen Gennaro stammen soll. Mehrmals im Jahr verflüssigt es sich auf wundersame Weise. Wenn das Wunder jedoch nicht eintritt, was ab und an passiert, wird das als böses Omen angesehen

Seite 262/263 – Das Schicksal von Borodur, dem berühmten buddhistischen Heiligtum in Zentraljava, war eng mit Vulkanismus verknüpft. Im achten und neunten Jahrhundert aus Vulkangestein erbaut, um das Jahr 1000 aufgegeben, von Asche des nahen Merapi verschüttet und geschützt, ist Borodur heute viel bewundertes Kulturdenkmal

Seite 264/265 – Traditionelle Gerichte, die von den Familien in ihren Häusern zubereitet werden, gehören zu den Opfergaben am Vulkan Bromo in Ostjava

Seite 266/267 – Für die Zeremonie am Bromo holen Priester Wasser aus einer heiligen Quelle. In Bambusstäben, die in Tücher geschlagen sind, transportieren sie es

Seite 268/269 – Bevor die Sonne aufgeht, sind die Pilger am Krater des Bromo angekommen und werfen ihre Gaben in den nebelgrauen Schlund

Seite 270/271 – Dampf quillt aus dem Krater des Bromo, der sich mit drei inaktiven Vulkanen aus der Tengger-Caldera erhebt, einem Einsturzkessel nach einer Eruption in vorhistorischer Zeit

Seite 272/273 – Viele Opfergaben der hinduistischen Pilger am Bromo landen nicht im Krater, sondern werden von hinzugekommenen Muslimen geschnappt, die in der steilen Kraterwand ihr Glück suchen. Die Hindus nehmen das Abstauben gelassen und eher amüsiert hin. Für sie zählt die Geste des Gebens mehr, als was aus den Gaben wird

Seite 274/275 – Am Merapi in Zentraljava tritt, in der dunkleren Kerbe, nahezu ständig zähflüssige Lava aus. Es bildet sich ein Dom, der bröckelt und ab und zu bricht

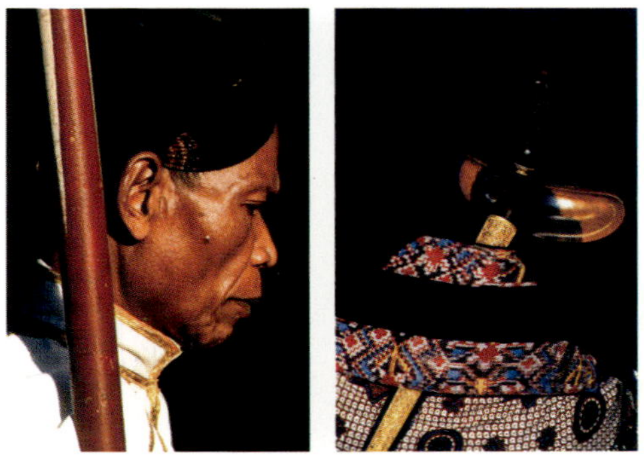

Seite 276/277 – Die Angehörigen der Palastwache beim Sultan von Yogjakarta haben nicht nur die Aufgabe, Leben und Eigentum ihres Herrschers zu beschützen, sondern sind vor allem auch Hüter der Tradition. Sie organisieren und führen die großen Zeremonien durch, durch die der Kontakt zu den Vulkangeistern des nahen Merapi gepflegt wird. Als Zeichen ihrer Würde tragen sie den Keris, einen Dolch, dem magische Kräfte zugeschrieben werden. Obgleich schlecht bezahlt, genießen die Palastwächter Ansehen wegen der Nähe zum Sultan, dem Erben eines angeblichen Versprechens der Vulkangeister, die Stadt zu verschonen

Seite 278/279 – Am Strand von Bali beginnt die Prozession „Panca Wali Crama", die alle zehn Jahre zum Vulkan Agung führt. Mit Opfergaben eilen die Teilnehmer des Umzuges zum Versammlungsplatz

Seite 280/281 – Mit fliegenden Fahnen zieht der Pilgerzug auf Bali, immer wieder unterbrochen von Gebeten, durch Reisfelder seinem Ziel entgegen, dem Agung

Seite 282/283 – Das Ziel am Hang des Agung in 900 Meter Höhe ist erreicht: die Tempelanlage Besakih. Hier geben sich die Pilger einer langen Zeremonie hin

Seite 284/285 – Betend in kleinen Tempeln, die über das Gebiet von Besakih verstreut sind, fühlen sich die Pilger in Harmonie mit ihren Göttern

Seite 286/287 – Mit Tänzen begrüßen Pilger die Götter, die mit ihnen nach Besakih gekommen sein sollen

T
SALI E TABACCHI
VALORI BOLLATI
LOTTO

DIE LÄNGSTE NACHT

Am 27. August 1883 explodierte südlich von Sumatra der Vulkan Krakatau. 36 000 Menschen verbrannten im Feuerregen oder ertranken in den Flutwellen. Es war eine der größten Naturkatastrophen aller Zeiten

Von Wolf Schneider

Als der Vulkan Krakatau am Morgen des 27. August 1883 mit der Kraft von 7000 Hiroshima-Bomben explodierte, erzeugte er das gewaltigste Getöse, das seit Menschengedenken über Land und Ozean donnerte: vier Stunden war es unterwegs. Die Eruption türmte eine der höchsten Wogen auf, von der wir wissen: Mehr als 30 000 Menschen erschlug und ersäufte sie, nach 32 Stunden kam sie im 18 000 Kilometer entfernten Le Havre an.

Ein Jahr nach der Detonation auf der kleinen Insel zwischen Java und Sumatra landete ein Teppich aus Bimsstein an der Ostküste Afrikas, bedeckt mit Muscheln, Krebsen und den Skeletten von Mensch und Tier. Die Asche des Krakatau trieb drei Jahre lang sichtbar um die Erde; drei Monate nach dem Ausbruch färbte sie den Abendhimmel über New York so flammend rot, dass die Feuerglocken läuteten; vier Jahre lang senkte sie die Durchschnittstemperatur auf Erden.

203 Jahre lang, seit einem Ausbruch Anno 1680, von dem nicht viel überliefert ist, hatte die Insel Krakatau friedlich dagelegen: damals 33 Quadratkilometer groß, etwas kleiner als Pellworm im nordfriesischen Watt; von drei stumpfen Vulkankegeln nur mäßig überragt, 822 Meter hoch der höchste; vielen Seefahrern durch ihre Lage mitten in der verkehrsreichen Sundastraße zwischen Sumatra und dem reichen Java wohlvertraut; unbewohnt und von üppigem Urwald bedeckt, der hin und wieder ein paar Holzfäller von den Nachbarinseln anzog.

Dass aus diesen drei Vulkanstümpfen 20 Kubikkilometer Bimsstein und Asche – fast 8000-mal das Volumen der Cheops-Pyramide – in den Himmel schießen würden, bevor das Meer zwei Drittel der Insel verschlang: Dafür gab es durchaus Signale. Die Vulkanologen von heute, Wissenschaftler, die der Erdkruste den Puls fühlen und die Menschen warnen können wie 1991 vor dem Ausbruch des Pinatubo auf den Philippinen – sie hätten diese Signale zu deuten verstanden und damit vermutlich Zehntausenden ihren grässlichen Tod erspart.

Sonntag, 20. Mai 1883. Drei Monate vor der Katastrophe erwacht der Krakatau aus seinem Schlaf: Er lässt Donner hallen, Asche regnen und auf Java Häuser zittern; und die Sonne, wenn sie sich überhaupt zwischen den Aschewolken zeigt, ist blau. 30 Kilometer nördlich am Krakatau vorbei dampft an jenem Sonntag im Mai die deutsche Korvette „Elisabeth" von Java nach Westen, ein kleines Kriegsschiff mit Schornstein und mit Segeln, wie das damals noch üblich ist. (Den Geschwindigkeitsrekord für die Atlantiküberquerung hält seit 1871 die britische „Adriatic", eine vollgetakelte Viermastbark mit Dampfmaschine.) An Bord befindet sich ein Marinepfarrer namens Heims, der farbig schildert, was er am Himmel und was er auf Erden sieht.

„Der Kapitän hatte eben die paradierende Besatzung besichtigt und schickte sich an, zur Inspektion des schönen blitzblanken Schiffes zu gehen, als unter den im Sonntagsanzug auf Achterdeck versammelten Offizieren eine gewisse Aufregung bemerkbar wurde", berichtet Heims. Von der Insel Krakatau steigt plötzlich „eine enorme glänzend weiße Dampfsäule mit reißender Schnelligkeit auf, in kurzer Frist die kolossale Höhe nicht unter 11 000 Meter erreichend und in fast schneeiger Helle von dem klaren blauen Himmel sich abhebend". Die Säule rundet und ringelt sich und erinnert den Pfarrer an einen riesigen Blumenkohl, von immer neuen wirbelnden Massen zu majestätischem Rollen getrieben. „Allmählich mischten sich dunklere Farben in die weiß schimmernde Helle der Wasserdämpfe, bis nach und nach eine breite blaugraue Wand, gleich einer mächtigen, finsteren, fächerförmigen Gewitterwolke alles überdeckte."

Aus der Wand regnet es Asche – „eine hellgraue, etwas gelbliche, unendlich fein zerteilte Masse", die sich wie ein Flaum über das Schiff ausbreitet. Und was ist am nächsten Morgen aus des Kaisers spiegelnder Korvette geworden? Eine schwimmende Zementfabrik! schreibt der Marinepfarrer: Schiffswand, Torpedorohre, Segel „dick und lückenlos mit dem graulichen haftenden Staub belegt. Gedämpft klang der Tritt der Leute, und sie selbst sahen aus, als wären sie ehrbare Müllergesellen. Über all diesen Ascheregendesastra wölbte sich der Himmel wie eine große Glocke aus recht mattem Milchglas, in der die Sonne wie eine hellblaue Kugellampe hing".

An den beiden folgenden Tagen sind in Batavia auf Java, der Hauptstadt des damaligen Niederländisch-Indien, noch mehrere Explosionen zu hören, 150 Kilometer vom Krakatau entfernt. Das alles gilt als nicht weiter beunruhigend: Mit einem Schiff der Niederländisch-Indischen-Dampfschiff-Kompagnie fahren am 27. Mai, eine Woche nach dem großen Aschenregen, 86 Passagiere aus Batavia zum Krakatau, aus Neugier.

Über dem niedrigsten der drei Vulkankegel der Insel, den Meeresspiegel nur um 100 Meter überragend, steht eine Dampfwolke von zwei bis drei Kilometern Höhe, und alle fünf bis zehn Minuten kracht es in ihm. Die meisten Passagiere bleiben an Bord bis zur Heimfahrt am Abend, aber einige lassen sich mit einem Boot an Land setzen, darunter der Bergwerksingenieur J. Schuurman. Den Strand erreichen sie, indem sie, bis zu den Knöcheln einsinkend, über eine etwa einen Meter dicke Schicht aus Bimsstein und Asche staksen. Den früher undurchdringlich dichten Tropenwald finden sie auf kahle Stämme reduziert, die aus der Asche ragen; es riecht nach Schwefelsäure. „Ein Bild der totalen Zerstörung", notiert Schuurman, „aus dem mit unbeschreiblicher Schönheit und donnernder Gewalt die Rauchsäule emporschoss."

Irgendwelche Warnungen für die nahe Zukunft leitet der Bergwerksingenieur daraus nicht ab: Ein wissenschaftliches Instrumentarium fehlt ihm, an Vulkanausbrüche ist man in diesem Teil der Welt gewöhnt, und nachdem die Zeitungen mit Schuurmans Bericht noch ein letztes Echo hervorgerufen haben, erlischt in der Hauptstadt Niederländisch-Indiens das Interesse am Krakatau.

Dabei sind an der Westküste, näher zu den drei Vulkanen, ab Mitte Juni wieder Detonationen zu hören, auch heftige darunter, eine zweite Rauchsäule steht am Himmel, und in Anyar, der Krakatau nächsten javanischen Stadt, werden Erdstöße registriert.

Am 11. August, 16 Tage vor dem Unglück, erhält die Vulkaninsel noch einmal Besuch: Kapitän H. J. G. Ferzenaar hat

Links: **An der bröckelnden Gletscherfront des Vatnajökull auf Island sind Aschelagen von zahlreichen Vulkanausbrüchen als dunkle Bänder zu erkennen. Nach der Ablagerung jeweils von Schnee überdeckt, wurden die einzelnen Lagen im Gletschereis eingeschlossen und konserviert**

Beim Ausbruch des Krakatau 1883, einer der größten Naturkatastrophen in jüngerer Zeit, starben 36 000 Menschen. In weitem Umkreis wurde die Landschaft verheert. Auf der 30 Kilometer nördlich gelegenen Insel Sebuku fielen dem Vulkan ausgedehnte Regenwälder zum Opfer

immerhin den Auftrag, zu prüfen, ob eine genaue Erforschung des Krakatau möglich sei. Der Kapitän rät von ihr ab, weil sie zu gefährlich wäre: Nun stehen schon drei Rauchsäulen über der Insel, schmutzig grau, weiß oder rötlich gefärbt. Ferzenaar fertigt eine Lageskizze an, stochert in Asche, Bimsstein und Schwefel herum und fährt rasch wieder davon. Seine Gründe, nicht zu bleiben, sind gut, nur: Welchen Grund hat er, keine Warnung zu äußern?

Am 23. August, drei Tage vor dem Verhängnis, notiert der Kapitän des Postdampfers „Princes Wilhelmina": „einstündige Fahrt durch hellbraunen Aschenregen, mächtige Rauchwolken über dem Krakatau". Die Bewohner der umliegenden Küsten von Java und Sumatra sehen sie auch und ändern ihr Leben nicht.

In Anyar trifft am 25. August, dem Vorabend der beiden Schreckenstage, der neue Leiter des Telegrafenamts ein, Schruit mit Namen. Seine Familie hat er zunächst in Batavia gelassen; er zieht ins Hotel und freut sich des hübschen Städtchens mit seinen Mango- und Tamarinden-Bäumen, Kokospalmen und Platanen.

Sonntag, 26. August. Um sechs Uhr morgens ist es allein die Besatzung des amerikanischen Frachters „Berbice", mit Petroleum von New York nach Batavia unterwegs, die einen Geschmack davon bekommt, was der Sundastraße und den benachbarten Regionen auf Java und Sumatra bevorsteht. Sonst zeigt sich der Überdruck am Morgen dieses schwarzen Sonntags nur in einem Mehr an Rauchwolken, Donnergrollen und Aschenregen. Der aber trifft eben die „Berbice" voll, sodass sie nicht mehr in die Sundastraße einfährt. „Blitz und Donner wurden immer schlimmer", heißt es im Logbuch des Kapitäns. „Elektrische Entladungen schossen um das Schiff herum, Feuerbälle fielen aufs Deck und versprühten zu Funken. Der Steuermann spürte in einem Arm Elektroschocks, die Kupferverkleidung des Ruders begann zu glühen. Ich ließ Segel über die Luken nageln, damit die Ladung nicht Feuer fing."

Gegen Mittag verlassen viele Anwohner der Lampung-Bucht auf Sumatra nördlich des Krakatau ihre Häuser und flüchten in die Berge, aus Angst vor dem Wasser – das, wie sie richtig voraussehen, viel mehr Menschen umbringen wird als die glühende Lava.

13.06 Uhr. Viele Bewohner von Batavia schauen verwundert zum Himmel, denn ein Gewitter scheint heranzurumpeln, ohne dass sich eine Wolke blicken lässt. Vielleicht Kanonendonner? Erste Unruhe macht sich breit.

14.00 Uhr. Die glühenden Gase sprengen den Deckel des Ventils und schießen, mit Lava versetzt, donnernd in den Himmel – 34 Kilometer hoch, der Kapitän des Handelsschiffes „Medea" hat die schwarze Wolke vermessen, das Schiff ist 149 Kilometer entfernt und wird doch von der Eruption geschüttelt. In Anyar an der Westküste Javas, nur 60 Kilometer vom Krakatau entfernt, tickert der Dienst habende Telegrafist nach Batavia: Krakatau explodiert, Qualm und Dunkelheit ringsum.

14.10 Uhr. Der nächste Ausbruch des Krakatau, von nun an etwa alle zehn Minuten. Gegen 15 Uhr werden die Eruptionen noch lauter, wie Kanonenschüsse, die mit Donnerschlägen wechseln, schreibt ein Ohrenzeuge auf Sumatra.

15.30 Uhr. Der Kapitän des irischen Seglers „Charles Bal", nur zehn Seemeilen vom Krakatau entfernt, registriert „ein seltsames Geräusch wie prasselndes Feuer oder die Salven schwerer Artillerie im Abstand von ein bis zwei Sekunden", während eine Aschewolke mit rasender Geschwindigkeit nach Nordosten zieht.

17.00 Uhr. Der Lärm der Eruption durchdringt die gesamte Länge der Insel Java, bis zu 1100 Kilometer vom Krakatau entfernt. Im Logbuch der „Charles Bal" ist festgehalten: „Dunkelheit überzog den Himmel, und ein Hagel warmen Bimssteins knatterte aufs Schiff. Wir deckten die Luken ab und schützten Füße und Köpfe mit Stiefeln und Südwestern."

17.30 Uhr. In Anyar trifft der erste Vorbote des furchtbaren Seebebens ein: Eine zwei Meter hohe Welle lässt mehrere vor Anker liegende Schiffe an die Zugbrücke krachen, schwer beschädigt bleibt sie zurück. Eine halbe Stunde später meldet Mijnheer Schruit aus dem Telegrafenamt von Anyar nach Batavia: totale Finsternis; kurz darauf ist die Leitung unterbrochen. Südlich der Hauptstadt zittert die Erde.

In Telukbetung auf Sumatra, 80 Kilometer nördlich des Krakatau gelegen, wird das Meer so unruhig, dass die ersten Einwohner aus den unteren Teilen der Stadt fliehen. „Die Sonne ging ganz schrecklich unter", berichtet ein Augenzeuge. „Durch schmutzige Wolkenmassen zuckten wilde Blitze."

19.00 Uhr. Wild wechselnde Strömungen reißen in Telukbetung mehrere Schiffe aus den Verankerungen, Matrosen gehen über Bord. In Caringin auf Java, 40 Kilometer südöstlich des Krakatau, spülen Wellen mehrere Häuser weg; aus umgestürzten Lampen wächst ein Feuer, das weitere Häuser zerstört.

20.00 Uhr. In Katimbang auf Sumatra, 35 Kilometer nordöstlich des Krakatau, klatscht die erste Welle gegen das Büro des holländischen Verwalters Beyerinck. Der schickt seinen Schreiber zum höher gelegenen Wohnhaus: Die Familie solle sich sofort zur Flucht vorbereiten – warm anziehen, noch was essen! Was danach geschieht, hat Frau Beyerinck aufgeschrieben: Ein Diener mit einer Laterne kommt vorbeigerannt und schreit: „Der Seegeist kommt! Das Meer ist weg! Ich habe die Korallenbänke gesehen, und man sieht sie nie, auch nicht bei der tiefsten Ebbe!"

20.30 Uhr. Während der Tumult des Vulkanausbruchs sich mit dem Lärm des aufs Dach prasselnden Bimssteins mischt, versucht Frau Beyerinck noch, ihren Jüngsten zu stillen. Da reißt eine Welle das Bürohaus weg und vom Wohnhaus die Treppe. Ihr Mann kann sich auf eine Kokospalme retten, rennt dann zum Wohnhaus und ruft den Dienern zu: „Bindet die Pferde los!" Und zu Frau und Kindern: „Springt, ich fang euch auf!" Sie rennen durch riesige Pfützen, versinken in Morast, erreichen den pfadlosen Dschungel, reißen sich Blutegel vom Hals und verschnaufen erst gegen Mitternacht, nachdem sie eine Hütte etwa 130 Meter über dem Meer erreicht haben.

Zur selben Zeit setzt sich Mijnheer Schruit, der neue Telegrafenmeister in Anyar auf Java, zum Abendessen nieder, mit dem Vorsatz, sich gleich morgen früh um die Reparatur der vor drei Stunden unterbrochenen Telegrafenleitung zu kümmern. Für seine Mahlzeit nutzt er eine Viertelstunde, in der die drei Vulkane auf Krakatau schweigen. Vorher hat er mehrere holländische Damen beschwichtigt, „die sich durch die obwaltenden Umstände alarmiert fühlten", wie er später schreibt. Die Umstände, das waren „ein gewaltiges Gewitter und ein Beben der Erde, als wäre der Tag des Jüngsten Gerichts gekommen".

23.00 Uhr. Kapitän W. J. Watson von der „Charles Bal" berichtet, 20 Kilometer vom Krakatau entfernt: „Feuerketten steigen zwischen dem Vulkan und dem Himmel auf und ab, weiße Feuerbälle drehen sich über der Insel. Der Wind ist heiß, erstickend, schwefelig, brennende Schlacke fällt aufs Deck. Das Lot kommt ganz warm aus dreißig Faden Tiefe" (55 Meter).

23.32 Uhr. In Batavia bleibt die astronomische Uhr stehen, die Erdstöße haben sie aus dem Tritt gebracht. So endet der erste der beiden schwarzen Tage – der weniger schlimme. Noch sind nur einige Menschen umgekommen, noch glaubt niemand an eine Jahrhundertkatastrophe. Aber die meisten der in der Tiefe freigesetzten Gase rumoren noch in den Kavernen und drängen in den Schlot, der auf der Insel Krakatau seine drei Ventile hat.

Montag, 27. August. 2.00 Uhr. Auf der „Berbice" liegt die Asche einen Meter dick. „Ich musste meine Beine andauernd aus den Ascheschichten ziehen, damit sie nicht darin begraben wurden", berichtet der Kapitän. „Ich rief alle Mann mit Laternen an Deck, um die Asche wegzuschaufeln – obwohl die fürchterlichen elektrischen Entladungen und Donnerschläge weitergingen. Die Asche brannte Löcher in die Kleider und die Segel."

Auf Java und Sumatra bleibt die Lage bis kurz vor Sonnenaufgang, wie seit gestern gewohnt: In Telukbetung so hohe Wellen, dass kein Schiff mehr anlegen kann, auf der „Charles Bal" tanzen Elmsfeuer an Masten und Rahen, in der Hauptstadt Batavia sind etliche Schaufenster zerbrochen, und viele Gaslaternen verdüstern sich.

5.00 Uhr. In ihrer Hütte 130 Meter über dem Meer geben die Beyerincks ihren Dienern den Auftrag, ein Huhn zu schlachten und eine Suppe zu kochen – „schnell, vielleicht müssen wir noch höher fliehen!" Die Hütte ist in Wolken von Asche gehüllt, die das Meer verbergen; Flammen züngeln in den Baumwipfeln.

5.30 Uhr. Der Krakatau holt zum ersten seiner vier verheerenden Schläge aus. Hunderttausende schreckt das Ungewitter aus dem Schlaf – ein Morgengrauen, ohne dass es tagt. Um 5.43 Uhr zeichnet das Barometer in der Gasanstalt von Batavia eine schwere Druckwelle auf. Weitere Bewohner der Stadt Telukbetung auf Sumatra fliehen in die Berge; andere, die schon am Abend zuvor geflüchtet sind, kehren noch einmal zurück, um ein paar Habseligkeiten zusammenzuraffen. Gegen sechs Uhr berichtet ein Kapitän südöstlich des Krakatau: Bimsstein fällt in Kürbisgröße.

5.30 Uhr. Die erste der vier großen Wellen kommt, zehn Meter hoch, höher, als sie hier je ein Orkan peitschen könnte – ein Tsunami, Schreckensruf in Japan, in Indonesien, auf Hawaii. In Telukbetung auf Sumatra zerstört die Welle den Leuchtturm und die Lagerhäuser; den Raddampfer „Berouw", der an der Pier geankert hat, wirft sie mit seinen vier Kanonen auf die Hütten der Chinesen, alle 28 Mann der Besatzung kommen um.

6.44 Uhr. Die zweite der vier großen Eruptionen. Nach 13 Minuten ist die Druckwelle in Batavia. Durch die Hauptstadt kriecht die Angst, notiert Reverend Tenison-Woods. Gegen 8.20 Uhr knirscht es in den Mauern vieler Häuser.

9.00 Uhr. Der zweite Tsunami stellt sich auf, die Sintflut kommt. Die Woge schlägt über dem blühenden Städtchen Anyar zusammen und lässt keinen Baum und keine Mauer stehen. Mijnheer Schruit, der Telegrafenmeister, sieht sie nahen, weil er gerade mit seinen Männern plaudert, die die gestern zerstörte Leitung nach Batavia reparieren wollen – sieht sie „wie einen Berg, der vorwärts stürmt, und zwei noch höhere hinter ihr. Ich rannte, so schnell mich meine Beine tragen konnten, den brüllenden Tod auf den Fersen". Als Schruit auf einem Berghang atemlos zusammenbricht, sieht er ungläubig das Wasser fallen und dankt dem Himmel, dass er seine Familie in Batavia zurückgelassen hat.

Alle, die noch in Anyar waren, als die Welle kam, sind tot: Javaner, Araber und Chinesen und etwa 50 Europäer. 35 Meter hoch war der Tsunami, wie sich später anhand seiner Spuren berechnen ließ – 35 Meter! Eine elf Meter hohe Grundsee war am Neujahrstag 1995 stark genug, den deutschen Seenotrettungskreuzer „Alfried Krupp" unter Wasser zu drücken und einen Mann der Besatzung über Bord zu spülen; 35 Meter aber – das ist so hoch wie ein elfstöckiges Haus oder fast so hoch wie die Türme der Markuskirche in Venedig.

In Merak nordöstlich von Anyar zerstört die Welle einen Steinbruch, drückt Kräne zu Blech zusammen und schleudert eine Lokomotive 300 Meter weit ins Land. Der Fabrikdirektor, seine Familie und 100 Arbeiter kommen um. In Batavia wird der Himmel gelblich und beginnt sich zu verdüstern, während es Asche

Im Mai 1883 erwachte der Krakatau aus zwei Jahrhunderte langem Schlaf. Er stieß imposante Aschewolken aus, aber das war nur ein Vorspiel

regnet. Sie bedeckt die Straßen und legt sich auf die Gemüter. In den Häusern gehen die Lichter an.

9.30 Uhr. Mijnheer Schruit hat sich von seinem Schock erholt, schreibt sofort einen Bericht an seine Vorgesetzten und schickt einen Boten los, nach Serang im Inneren von Java. Fast unbekleidet und völlig verstört stolpert ihm eine europäische Dame entgegen, sie hat ihre beiden Kinder verloren und sucht Hilfe für ihren Mann, der mit verletztem Rückgrat in ihrem halb zerstörten Hause liegt. Schruit wirft ihr einen Sarong über und eilt mit ihr durch den Aschenregen, um zu helfen.

9.58 Uhr. Das Barometer in der Gasanstalt von Batavia zeigt den nie erlebten Ausschlag von 6,7 Zentimetern Wassersäule. Auf der amerikanischen Dreimastbark „W. H. Besse", die 80 Kilometer nordöstlich des Krakatau mit gerefften Segeln ankert, hüpft die Nadel des Barometers um mehr als zwei Zentimeter hin und her. Mit einem Getöse, das bis nach Indien und Australien dringt, speien die Schlote des Krakatau glühenden Bimsstein und glühende Asche in Kubikkilometern himmelwärts, die Asche bis in 40 Kilometer Höhe; und zwei Drittel der Insel mit den drei Vulkanen beginnen in den Hohlraum hinabzustürzen, den das

Den Raddampfer »Berouw« trug eine vom Krakatau ausgelöste Welle fast drei Kilometer landeinwärts. Als die Magmakammer zusammenbrach, nachdem sie sich in gewaltigen explosiven Stößen entleert hatte, entstanden Tsunami-Wellen, die bis 41 Meter hoch über die umliegenden Küsten rollten

Magma hinterlassen hat – schneller hinausgeschleudert, als sie aus dem Erdinnern nachfließen kann.

Oben, über der Kruste, zucken Bündel von Blitzen in allen Richtungen durch die schwarze Nacht. In den Donner mischt sich das Heulen des Orkans und das Klatschen des Schlamms, der vom Himmel fällt. „Es war eine der wildesten und schrecklichsten Szenerien, die man sich vorstellen kann", berichtet der Erste Offizier der „W. H. Besse": „Es war Mitternacht zur Mittagszeit. Der Sturm heulte in der Takelage, das Wasser strömte mit knapp 20 Kilometern pro Stunde dem Krakatau entgegen und riss an unserer Ankerkette. Es stank nach Schwefel, wir hatten Angst zu ersticken. Wir glaubten, die letzten Tage der Welt seien gekommen."

10.00 Uhr. An den Küsten von Java und Sumatra werden Bäume vom Orkan entwurzelt, Dächer abgedeckt, Hütten eingerissen, Fenster von Schlamm zerschlagen. In Batavia wird es Nacht. Die Temperatur steigt nicht wie sonst am Vormittag; den Einwohnern kommt das vor, als ob das Thermometer fiele.

10.15 Uhr. Auf die krakataunahen Küsten bricht die dritte der vier großen Wellen nieder. Bis zu elf Kilometer weit schwappt sie auf Sumatra landeinwärts, losgerissene Korallenblöcke, bis zu 600 Tonnen schwer, hebt sie auf den Strand, und den Raddampfer „Berouw" mit den Leichen derer, die nicht von der ersten Welle über Bord gespült worden sind, trägt sie von Telukbetung drei Kilometer landeinwärts; in einem Flussbett setzt sie ihn fast unversehrt ab, neun Meter über dem Meeresspiegel. Es ist dieser Tsunami, der die meisten der mehr als 300 Dörfer zerstört und die meisten der 36 000 Menschen tötet, die dem Krakatau zum Opfer fallen. Und zugleich ist es diejenige Welle, die sich fortpflanzt durch alle Ozeane bis nach Kap Hoorn und in den Englischen Kanal.

10.30 Uhr. Auf den irischen Segler „Charles Bal" stürzt Schlamm herab, ununterbrochen muss ein Matrose ihn von den Scheiben des Kompasshauses wischen. Es ist so finster, dass keiner mehr den anderen sieht.

Mijnheer Schruit, der Telegrafenmeister von Anyar, erreicht mit anderen Flüchtlingen ein Dorf im Dschungel, die Einwohner kommen ihnen in der schwarzen Nacht des Tropentags mit Fackeln entgegen und zerren sie in ihre Hütten, „offenbar froh, Europäer um sich zu haben, deren Gegenwart ihre Angst verminderte. Das Krachen der Bäume im Orkan, der Schlammregen und die Finsternis verbanden sich zu einem Abbild der Hölle".

Da immer mehr Flüchtlinge herbeiströmen „und rücksichtslos Wasser tranken", rationiert Schruit den Vorrat, indem er sich aufs Wasserfass setzt. Die Flüchtlinge beklagen ihr hartes Los „und schimpften mehr oder weniger auf die Regierung, der sie die Schuld an allem Unglück gaben". Ein anderer Europäer unter den Flüchtlingen, von Reverend Neale zitiert, erlebt Schlimmeres: Nicht irgendeiner fernen Regierung – allen Europäern wird von den Einheimischen die Schuld gegeben, „sie verweigerten uns Essen und Hilfe, sodass etliche Frauen vor Erschöpfung niedersanken und starben".

Am schlimmsten unter allen Überlebenden geht es gegen 10.30 Uhr den Beyerincks an der Südspitze Sumatras in ihrer Hütte über dem Meer. „Einer kam angerannt und schrie: ‚Macht die Türen zu!' Plötzlich wurde es pechschwarze Nacht", berichtet Frau Beyerinck. „Das Letzte, was ich sah, war Asche, die durch die Ritzen im Fußboden emporquoll wie ein Springbrunnen. Mein Mann rief: ‚Wo ist das Messer? Ich werde uns allen die Pulsadern aufschneiden, dann sind wir von unserem Leiden erlöst.' Das Messer ließ sich nicht finden. Ein schwerer Druck warf mich zu Boden, die Luft wurde mir aus dem Mund gesaugt, Klumpen fielen mir auf Kopf und Körper, die Eingeborenen schrien ‚Allah il Allah!'" Frau Beyerinck versucht aufzustehen, fällt in heißer Asche auf die Knie, stolpert ins Freie. Als sie ihr Haar zurückstreichen will, verfangen sich die Finger in ihrer verbrannten Haut. Stöhnend in die finstere Hütte zurückgekehrt, findet sie ihren Jüngsten und will ihm die Brust geben, aber sein Herz schlägt nicht mehr. Er ist erstickt oder verbrannt wie mindestens tausend weitere Opfer an der Südspitze von Sumatra.

Auf dem Postdampfer „Generalgouverneur Loudon", von Telukbetung nach Anyar unterwegs, um von dem Unheil zu berichten, entschließt sich der Kapitän in der totalen Finsternis des

Ascheregens, beide Anker auszuwerfen. Während der Regen in Bimsstein und schließlich in Schlamm übergeht, schlagen sieben Blitze in die Mastspitze. Ihr Krachen übertönt das Heulen des Sturms und das Kreischen der Ankerketten, an denen das Schiff dem Hurrikan die Stirn bietet, unter Dampf mit halber Kraft voraus, um manövrierfähig zu bleiben und „die himmelhohen Wogen" richtig anzuschneiden. In zehn Minuten ist die „Loudon" 15 Zentimeter hoch mit Schlamm bedeckt, fünf Zentner pro Quadratmeter. Die Mannschaft schaufelt keuchend über Bord, was sie im Orkan schaffen kann.

10.45 Uhr. Die letzte der vier großen Detonationen. Während noch einmal Magma in die Höhe schießt, werden die nördlichen zwei Drittel der Insel Krakatau vollends in die dadurch entstandene Höhlung hinabgesogen, fast sechs Kubikkilometer Inselmasse, und unter 200 Meter Wasser begraben.

11.10 Uhr. In den Leuchtturm an der Westspitze Javas schlägt der Blitz ein, fährt durch die Ketten der dort arbeitenden Sträflinge und verbrennt sie. Serang auf Java meldet: Es regnet erst Bimsstein und dann Schlamm, unter dessen Last die Äste von den Bäumen brechen.

In Batavia herrscht Nacht. Die Hühner gehen schlafen, die meisten Europäer räumen die Büros und fahren mit ihren Kutschen heim zu ihren Villen, mit brennenden Laternen und gespenstisch leise auf der zentimeterdicken Ascheschicht. Die Temperatur liegt bei 22 Grad – sieben Grad niedriger als zur selben Zeit am Tag davor und am Tag danach.

11.30 Uhr. Der vierte Tsunami. Er trifft vor allem die Semangka-Bucht auf Sumatra, 125 Kilometer nordwestlich des Krakatau; mindestens 3000 Menschen bringt er um.

12.30 Uhr. Im drei Kilometer langen „Havenkanaal", der die Kais von Batavia mit dem offenen Meer verbindet, steigt das Wasser jäh um 2,35 Meter, reißt einen Teil der Mauern weg, die den Kanal säumen, und überschwemmt die tiefer liegenden Straßen einen Meter hoch. Menschen rennen um ihr Leben. Eine Stunde später stehen nur noch Pfützen im Kanal, der Meeresspiegel ist um 3,15 Meter unter Normalnull gesunken, das heißt um fünfeinhalb Meter gegenüber der Flut – der Sog der verschluckten Insel Krakatau.

12.42 Uhr. Der Donner der großen Eruption von 9.58 Uhr kommt in Manila an, der 2880 Kilometer entfernten Hauptstadt der Philippinen. Die Hafenbehörden glauben an Kanonensalven und rätseln, ob es sich um ein Gefecht oder um das Signal eines Schiffes in Seenot handelt.

13.30 Uhr. An der Südwestküste von Ceylon (heute Sri Lanka), 3100 Kilometer vom Krakatau entfernt, geschieht „etwas Außerordentliches", wie der Korrespondent des „Ceylon Observer" festgehalten hat: „Das Meer zog sich für drei Minuten bis an den Fuß der Hafenmole zurück und ließ viele Boote auf dem Trockenen. Kulis griffen nach Fischen und Garnelen. Das geschah noch zweimal."

13.48 Uhr. Das Getöse von 9.58 Uhr hat den größten Teil des Indischen Ozeans überquert und erreicht die Insel Rodriguez östlich von Madagaskar, 4653 Kilometer vom Krakatau entfernt. Von keinem anderen Lärm auf Erden ist überliefert, dass er je eine solche Distanz überbrückt hätte. Es ist, als ob man in New York eine Explosion in San Francisco mit bloßem Ohr vernähme oder in Hamburg eine in Nigeria, über die Sahara, das Mittelmeer und die Alpen hinweg.

14.00 Uhr. In Batavia hört der Aschenregen auf. Langsam wird es hell, graue Asche liegt acht bis zehn Zentimeter dick in den Straßen, dazu die Äste, die unter dem Gewicht der Asche gebrochen sind. Die Hähne verkünden einen neuen Tag.

15.00 Uhr. Nun trifft es die „Berbice" noch einmal, die vor 35 Stunden mit den Feuerkugeln als Erste das Nahen des Unheils zu spüren bekam. Um sie herum ist weiterhin Nacht. Das Schiff hat Schlagseite, weil viele Tonnen Asche in der Takelage kleben. Da fegt aus der stürmischen See ein sechs Meter hoher Brecher übers Deck und macht den Rumpf in seiner ganze Länge zittern; alle Chronometer bleiben stehen. Nur im Schein der Blitze sieht die Mannschaft ihr Gespensterschiff.

Um 16 Uhr setzt auf den Kokosinseln im Indischen Ozean, mehr als 1100 Kilometer vom Krakatau entfernt, ein zweitägiger Aschenregen ein. Um 21 Uhr fällt in Bombay, mehr als 4500 Kilometer westlich des Krakatau, der Meeresspiegel so plötzlich, dass Tausende von Fischen zurückbleiben und von Passanten gegriffen werden können. In Batavia ist kurz vor Mitternacht ein letztes Rumpeln zu vernehmen. In der Nacht zum 28. August steht der Mond sichtbar am Himmel und beleuchtet Land und Meer so hell, wie die Sonne es zwei Tage lang nicht vermochte.

Dienstag, 28. August. Zum erstenmal bricht wieder ein richtiger Tag an. Die Sundastraße zwischen Sumatra und Java, an der schmalsten Stelle 22 Kilometer breit, ist lückenlos durch einen zwei Meter dicken Bimsstein-Teppich verstopft, auf dem all das liegt, was die Riesenwogen mit zurück ins Meer gerissen haben: Bäume, Balken, Bretter, Türen, Trümmer aller Art – und Zehntausende von Kadavern, Menschen, Pferde, Büffel, Ziegen und auch Haie. Erst vier Tage später, als die Meeresströmung etwas Luft geschafft hat, kann das erste Schiff sich knirschend eine Rinne bahnen. Die Zufahrt zu dem Strand, auf dem sich bis vor kurzem das Städtchen Telukbetung erhob, ist gar bis zum 7. September durch eine vier Meter dicke Bimssteinschicht blockiert. 2260 Menschen sind hier getötet worden.

Wo der Krakatau untergegangen ist, wächst seit 1927 ein neuer Kegel heran – Anak Krakatau, das »Kind von Krakatau«. Das Kind ragt inzwischen schon 300 Meter aus dem Wasser, und bislang regelmäßige Eruptionen lassen ahnen, dass es weiter wachsen wird

In Katimbang, dem Ort, aus dem die Beyerincks flohen, sind 1000 Menschen ertrunken und 2000 durch glühende Asche verbrannt. Nach zwei Wochen sind 700 Leichen noch nicht beerdigt, Fliegen haben sich auf ihnen niedergelassen. Nahe den Kadavern etwa 1000 Überlebende, aus den Bergen zurückgekehrt, viele von Brandwunden entstellt, alle dem Verhungern nahe. Es gibt keine Pflanze mehr auf den Krakatau zugewandten Küstenregionen von Sumatra und Java, nur Bimsstein, Schlamm und Asche. Pferde, Büffel, sogar Wildschweine durchstöbern die Wüste auf der Suche nach Wasser. Wo es noch welches gibt, schmeckt es nach Schwefel.

Vom Krakatau selbst sind vier kleine, noch qualmende Inseln geblieben, von Schlacke und Asche bis zu 70 Meter hoch bedeckt; mehrere andere Erhebungen sind durch den Schlackeregen aus den flachen Gewässern der Umgebung gewachsen. Weit über fünf Kubikkilometer Asche hat der Vulkan in die Luft geblasen und den größeren Teil auf 800 000 Quadratkilometern ausgestreut, mehr als der doppelten Fläche Deutschlands; der kleinere reist um die Erde.

Lange vor der Asche kommt die Luftdruckwelle. Den Meteorologen in aller Welt bietet sie ein Schauspiel, wie es kein zweites gegeben hat, und 70 Jahre später wird sie bei der internationalen Diskussion über die möglichen Folgen von Wasserstoffbomben-Explosionen als warnendes Beispiel zitiert.

Während der Schall immerhin den Indischen Ozean überbrückt, ehe er nach knapp vier Stunden verebbt, breitet sich die Druckwelle mit annähernder Schallgeschwindigkeit kreisförmig über den gesamten Erdball aus. 19 Stunden nach der gewaltigsten der vier Explosionen prallen die Wellen in Kolumbien wieder aufeinander, am „Gegenüber" der Vulkaninsel auf der Erdkugel. Hier reflektieren sie einander und laufen nach Sumatra zurück.

Den Menschen wird diese Welle nicht bewusst, aber die Barometer registrieren sie jeweils durch einen plötzlichen Druckanstieg, und das viermal auf ihrem Lauf nach Kolumbien und dreimal gleichsam auf dem Heimweg zum Krakatau, siebenmal also in fünfeinhalb Tagen. Hinter einem Vulkanausbruch, der dieses leistet, steckt eine Energie von 100 bis 150 Megatonnen des Sprengstoffs TNT – das Doppelte der größten Wasserstoffbombe, die je detonierte.

Später als die Luftwelle trifft die Seewelle ein, sie reist nur mit 500 bis 600 Kilometern in der Stunde. In der Nacht zum 28. August lässt sie in Port Elizabeth in Südafrika, 7500 Kilometer vom Krakatau entfernt, den Meeresspiegel um 66 Zentimeter steigen. In Europa kommt die Welle nur noch in solch schwacher Höhe an – 12 Millimeter in Le Havre am Abend des 28. August –, dass zu ihrer Messung zweierlei vonnöten ist: sehr feine Instrumente und ein Wille zur scharfen Beobachtung, den es ohne die telegrafischen Berichte vom Krakatau nicht hätte geben können.

Länger noch als Luft- und Seewelle braucht die Asche bei ihrem Rundflug um die Erde. Geschätzte Menge: 300 Millionen Tonnen; geschätzte Geschwindigkeit: 5000 Kilometer pro Tag, vom Jetstream getrieben, der Strahlströmung in durchschnittlich zehn Kilometer Höhe. Was die Asche bewirkt, das können mindestens drei Viertel aller damals 1,4 Milliarden Menschen mit eigenen Augen sehen. Was in hundert Kilometer Umkreis schwarze Nacht und erstickenden Regen verbreitet hat, teilt sich Europäern und Amerikanern, Asiaten und Australiern monate-, ja jahrelang als lodernder Abendhimmel in allen Farben des Regenbogens mit – vor allem in Rubinrot, Blutrot, Purpur, Lila, Lachs- und Bernsteinfarben.

Bedrohlich finden das die einen, hingerissen sind die anderen, und oft bleibt umstritten, ob es der Widerschein eines nahen Feuers ist oder ein rätselhaftes kosmisches Ereignis – oder gar die Schleifspur des fernen Krakatau?

Auf den Seychellen im westlichen Indischen Ozean geht am 28. August, dem Tag nach dem Desaster, die Sonne verschleiert auf „wie an einem frostigen Morgen in England", und tags darauf sieht sie mehr aus wie der Mond. Auf Ceylon wird sie als grün am Morgen und blau am Mittag geschildert.

Am 2. September schreibt ein Einwohner von Trinidad in der Karibik an die „Times" in London: „Heute am späten Nachmittag sah die Sonne wie eine blaue Kugel aus, und nachdem sie untergegangen war, leuchtete der Himmel derart rot, dass wir glaubten, es brenne in der Stadt." Auf den Karolinen nördlich von Neuguinea ist die Sonne am 7. September „von krankem grünlichen Blau, als hätte sie die Pest".

In Batavia sind inzwischen die Hilfsmaßnahmen angelaufen. Dampfer mit Lebensmitteln, Tierfutter, Trinkwasser und Kleidung verlassen den Hafen, auch mit Petroleumfässern, um Kadaver zu verbrennen, dort, wo sie in Massen herumliegen. Einzelne Leichen werden begraben, zweieinhalb Gulden können sich die Einheimischen mit jedem beglaubigten Begräbnis verdienen. Noch weiß niemand, wie viele Menschen wirklich umgekommen sind. Die Bimssteinteppiche treiben mit durchschnittlich 23 Kilometern pro Tag träge über den Indischen Ozean nach Westen, aber dick verharren andere in der Sundastraße. Anfang Oktober berichtet ein Matrose: „Zehn Tage lang segelten wir durch Bimssteinfelder. Zwei Tagesreisen hinter Anyar schlugen Hunderte und Aberhunderte von Leichen gegen das Schiff, die meisten nackt."

Ihre erstaunlichsten optischen Wirkungen ruft die Asche des Krakatau in aller Welt erst Ende November hervor. Was am 27. November, genau drei Monate nach dem Drama, in New York geschieht, liest sich tags darauf so in der „New York Times": „Kurz nach 17 Uhr entzündete sich der westliche Horizont zu einem leuchtenden Scharlachrot. Die Menschen auf den Straßen waren bestürzt über diesen unglaublichen Anblick, versammelten sich in kleinen Gruppen an allen Ecken und starrten nach Westen. Viele glaubten, das sei eine Feuersbrunst, die gerade Staten Island oder die Küste von New Jersey verwüste. Die Wolken ver-

Lava kann sehr unterschiedliche Zusammensetzung haben. Diese unterscheidet sich von Vulkan zu Vulkan und kann von Ausbruch zu Ausbruch, sogar im Laufe ein und derselben Eruption eines Feuerspeiers unterschiedlich ausfallen. Deshalb werden für Untersuchungen immer wieder Proben frischer Lava genommen

färbten sich langsam ins Blutrote und mit ihnen das Meer. Schließlich gingen die leuchtenden Farben in ein mattes Rosa über, das langsam in der Dunkelheit verschwand."

In Poughkeepsie, nördlich von New York, läuten bei Sonnenuntergang die Feuerglocken: Der Himmel glüht fast bis zum Zenit. Auch in New Haven im Staat Connecticut galoppiert die Feuerwehr dem flammenden Horizont entgegen.

Wann aber setzt sich die Einsicht durch, dass dies die Reflexe der Asche vom Krakatau beim vermutlich zwölften Umlauf um die Erde sind – und gar die Folgerung daraus, dass auf unserem Planeten alles mit allem zusammenhängt, Luft, Land, Meer und Sonnenuntergang? Die erste schon bald, die zweite so recht erst rund hundert Jahre später. Da bestätigt sich die These der Kulturphilosophen, dass der Geist des Menschen dazu neigt, weit hinter seinen eigenen technischen Erfindungen zurückzubleiben.

Im Herbst 1883 freilich hat die Wissenschaft noch längst nicht bewiesen, dass es der Krakatau ist, der die New Yorker das Fürchten lehrt. Manche Experten tippen auf Meteorschwärme. Erst am 20. Dezember, knapp vier Monate nach der Katastrophe, stellt die angesehene Zeitschrift „Nature" fest, der Zusammenhang mit der Eruption in der Sundastraße habe sich „definitiv bestätigt".

Die „New York Times" ist davon nicht beeindruckt; sarkastisch schlägt sie vor, es sollten endlich wissenschaftliche Expeditionen zu allen Orten mit feuerrotem Horizont ausgerüstet werden: „Mit einer geschickten Lobby sollte es mehreren Hundert Wissenschaftlern möglich sein, sechs Monate lang auf Regierungskosten herumzureisen. Die Öffentlichkeit möchte die Sonnenuntergänge schließlich erklärt haben."

Einige der Bimsstein-Teppiche haben unterdessen, im Dezember 1883, immer noch eine Länge von 2000 Kilometern. Der Kapitän des Dampfers „Bothwell Castle" notiert: „Manchmal waren die Massen so dick, dass Matrosen auf ihnen herumspazierten. Wenn wir Fahrt machten, gab es ein ständiges Knattern und Knirschen." Von einem anderen Dampfer wird berichtet: „Eine Eisenstange, die wir hinunterwarfen, blieb auf dem Bimsstein liegen. Das Schiff bahnte sich eine Fahrrinne, die sich hinter ihm sofort wieder schloss. Es war, als dampften wir wie ein Pflug durch trockenes Land." Und von einem dritten Schiff, 4200 Kilometer westlich des Krakatau: „Die größeren Bimssteinbrocken waren mit Muscheln derart bepackt, dass wir uns fragten, ob sie noch lange schwimmen würden." Zwischen den Muscheln tummeln sich unzählige Kriechtiere, zwischen den Brocken „ruderten Legionen von Krebsen".

Was den Grund der aufregenden Sonnenuntergänge angeht, so lässt die „New York Times" nicht locker. Am 23. Januar 1884, fünf Monate nachdem es den Krakatau zerrissen hat, schreibt sie: „Auf Long Island hat ein Wissenschaftler den Staub in der Atmosphäre durch ein raffiniertes Experiment geprüft: Zwei Nächte lang ließ er seine Brille im Freien liegen. Es schlug sich jedoch kein Staubpartikel auf ihr nieder. Also wird niemand, der etwas von Brillen versteht, noch behaupten können, dass Staub vom Krakatau in nennenswertem Umfang in der Atmosphäre wäre." In Wirklichkeit bleibt er dort mehr als drei Jahre lang. Der englische Maler William Ascroft hält zwischen dem 26. November 1883 und dem 13. September 1886 in 530 Pastellskizzen fest, wie die Asche aus der Sundastraße den Himmel leuchten lässt und zuletzt noch die Sonne mit einem kupferroten Hof versieht.

Wenn die brodelnde Lava glutrot aufspritzt und als feuriger Bach davonfließt, können sich auch Vulkanologen dem Zauber dieses Anblicks nicht entziehen

Die Erde kühlt sich im ersten Jahr nach der Explosion im Durchschnitt um 0,5 Grad ab, erst 1888 ist die Normaltemperatur wiederhergestellt. Die Reste des Krakatau werden von Experten vieler Nationen durchstreift, erforscht, vermessen. Schon im Mai 1884 entdecken französische Wissenschaftler eine winzige rote Spinne in der Lava-Wüste einer der Rest-Inselchen. Zwei Jahre später haben sich 34 Pflanzenarten angesiedelt, 1897 gibt es wieder eine dichte Pflanzendecke. Der alte Tropenwald aber hat sich auf diesen Inseln bis heute nicht vollständig erholt.

Im Dezember 1927 wird es auf der Inselgruppe erneut unruhig, und 1928 steigt gar ein neues Inselchen aus den Fluten empor, „Kind des Krakatau" genannt. Dreimal versinkt es wieder, viermal steigt es empor. Heute ist es auf 300 Meter Höhe angewachsen, oft brummend und Schwefeldämpfe speiend.

Bis zu einer neuen großen Eruption wird sich der Krakatau vielleicht noch einmal hundert Jahre Zeit lassen. Wann und wo aber wird die Erde das nächste Mal ihren immer wieder verblüfften Bewohnern deutlich machen, dass sie eine Feuerkugel mit einer erschreckend dünnen Kruste ist?

Schon in neun Kilometer Tiefe stießen die Bohrer von Windischeschenbach in Bayern 1994 auf Gestein, das 300 Grad heiß und zähflüssig wie Honig war – und was sind neun Kilometer? Ein Siebenhundertstel der Entfernung zum Mittelpunkt der Erde. Und auf diese erbärmlich dünne Haut bauen wir Wolkenkratzer und Bausparhäuschen, am liebsten „für die Ewigkeit", wie wir bei Domen und Pyramiden sagen. Woher nehmen wir so viel Vertrauen?

Daher vor allem, dass wir, gemessen an den Zeitabständen geologischer Katastrophen, nur Eintagsfliegen sind mit unseren 80 Lebensjahren. Es ist die Kürze unseres Daseins, die uns zu der Illusion verführt, er verspreche uns Beständigkeit – dieser im Innern kochende Planet, dem nicht etwa die Kruste die annähernde Kugelgestalt bewahrt, sondern die Rotation.

Wollte man einen Globus zu einem wirklich realistischen Modell der Erde machen, so dürfte er natürlich nicht hohl und schon gar nicht aus Pappe sein: Aus Eisen, Nickel, Stein wäre er zu formen, und das hieße, dass er bei einem Meter Durchmesser fast drei Tonnen wöge. Und ein Motor müsste ihn in permanenter Drehung halten, sonst sänke er langsam und zischend zu einem Pfannkuchen zusammen, von Flammen umzüngelt, nach Schwefel stinkend und bis zu 7000 Grad heiß.

So ist sie, die alte Erde, und hin und wieder erzählen uns Vulkane die Wahrheit über sie.

Seite 297 – Ein Loch in der Decke eines Lavatunnels am Kilauea auf Hawaii erlaubt einen Blick auf den darunter fließenden glühenden Strom. Derartige Tunnel entstehen dadurch, dass sich die Oberfläche eines Lavastroms abkühlt und verfestigt. Unter dem Dach, das Wärmeverluste vermindert, kann ein Lavastrom weit kommen

Seite 298/299 – Im Afar-Dreieck zeugt neben Vulkanen, Erdbeben und großen Verwerfungen der salzige Assal-See, 160 Meter unter NN, von Spannungen im Erdinnern

Seite 300/301 – Landmannalaugar: Zu den kontrastreichen Farben des Gesteins gesellt sich das Weiß des Schnees

Seite 302/303 – Der Kljutschewskoj in Kamtschatka, mit 4835 Metern der höchste aller aktiven Feuerspeier Eurasiens, ist der aktivste Vulkan des Kurilen-Kamtschatka-Gebietes. Über 80 Ausbrüche wurden am Kljutschewskoj seit Ende des 17. Jahrhunderts beobachtet. Russische Vulkanologen widmen ihm daher besondere Aufmerksamkeit

Seite 304/305 – Bei der großen Eruption des Pinatubo auf den Philippinen wurden 1991 die Wälder, die den Vulkan bedeckt hatten, völlig vernichtet. Die Landschaft wurde durch mächtige Ascheablagerungen, in die tropische Regengüsse tiefe Canyons gekerbt haben, von Grund auf verändert

Seite 306/307 – Glühendes Gestein prasselt den Hang des Merapi hinab – ein nahezu alltägliches, relativ harmloses Schauspiel. Bei einem extremen Ausbruch sind in Zentraljava mehr als eine Million Menschen bedroht

Seite 308/309 – Die Trümmerlandschaft entstand 1980 im Westen der USA, als Mount St. Helens in einer gewaltigen Explosion 400 Meter Höhe verlor. Auf den durch Erosion zerfurchten Bergsturzmassen bildeten sich zahlreiche Seen

Seite 310/311 – Eine Ohrenrobbe schwimmt in einem von der Sonne erhellten verfallenen Lavatunnel (Galápagos-Inseln)

Seite 312/313 – Die Galápagos-Inseln offenbaren anschaulich ihre vulkanische Geschichte. Vorn liegt Bartolomé, im Hintergrund Sullivan Bay auf der Insel Santiago

Seite 314/315 – Diese Riesenschildkröten leben auf den Galápagos-Inseln im Kraterbereich des 1100 Meter hohen Vulkans Alcedo. Dort finden sie pflanzliche Nahrung und genügend Wasser aus den Wolken, die den Berg ständig umhüllen

Seite 316/317 – Ein Vulkanologe beobachtet von der Spitze eines Vulkankegels auf Réunion die aufspritzenden Lavafontainen. Der feuerfeste Anzug schützt zwar vor Hitze, doch unberechenbarer Auswurf kann gefährlich werden

Seite 318/319 – Der 5000-Meter-Riese Tungurahua in Ecuador erwachte 1999 aus 74 Jahre langem Schlaf und schleudert seitdem immer wieder Aschewolken in die Luft

Seite 320/321 – Vom Guagua Pichincha breitet sich eine Aschewolke über Quito aus. Der Vulkan hat Ecuadors Hauptstadt an seinem Fuß schon mehrmals verwüstet

Seite 322 – Seit 1981 ist der Guagua Pichincha nach 100-jähriger Ruhe wieder in kurzen Zeitabständen aktiv. Die Dampf- und Aschewolke auf dem Foto schoss 14 Kilometer in die Höhe. Satellitenaufnahmen zeigten, dass sie sich nach sechs Stunden schon über Kolumbien ausgebreitet hatte
Seite 323 – Auf die Jungfrau vom heiligen Wasser vertrauen die Bewohner des ecuadorianischen Badeortes Baños, der im Schatten des Vulkans Tungurahua liegt. Die Figur steht im Ruf, Wunder zu vollbringen, und ist daher das Ziel von Wallfahrten. In der Erwartung, dass die Jungfrau auch vor Katastrophen schützt, wird sie bei Prozessionen mitgeführt

Seite 324/325 – Auf dem Rücken der Träger wird der im Krater des Kawah Ijen auf Java geborgene Schwefel zur Verarbeitung kilometerweit geschleppt: aus dem Krater heraus und den Vulkan hinab, durch tropischen Regenwald, an Reisfeldern vorbei. An einer Bambusstange sind zwei Körbe befestigt, die zusammen 60 bis 120 Kilo Schwefel enthalten

Seite 326/327 – Sanft gerundet ragt im Golf von Tadjoura, Djibouti, der Guinni Koma aus dem Wasser. Bei einem submarinen Ausbruch vor 30 000 Jahren entstanden, ist er seitdem mit dem Ozeanboden emporgehoben worden

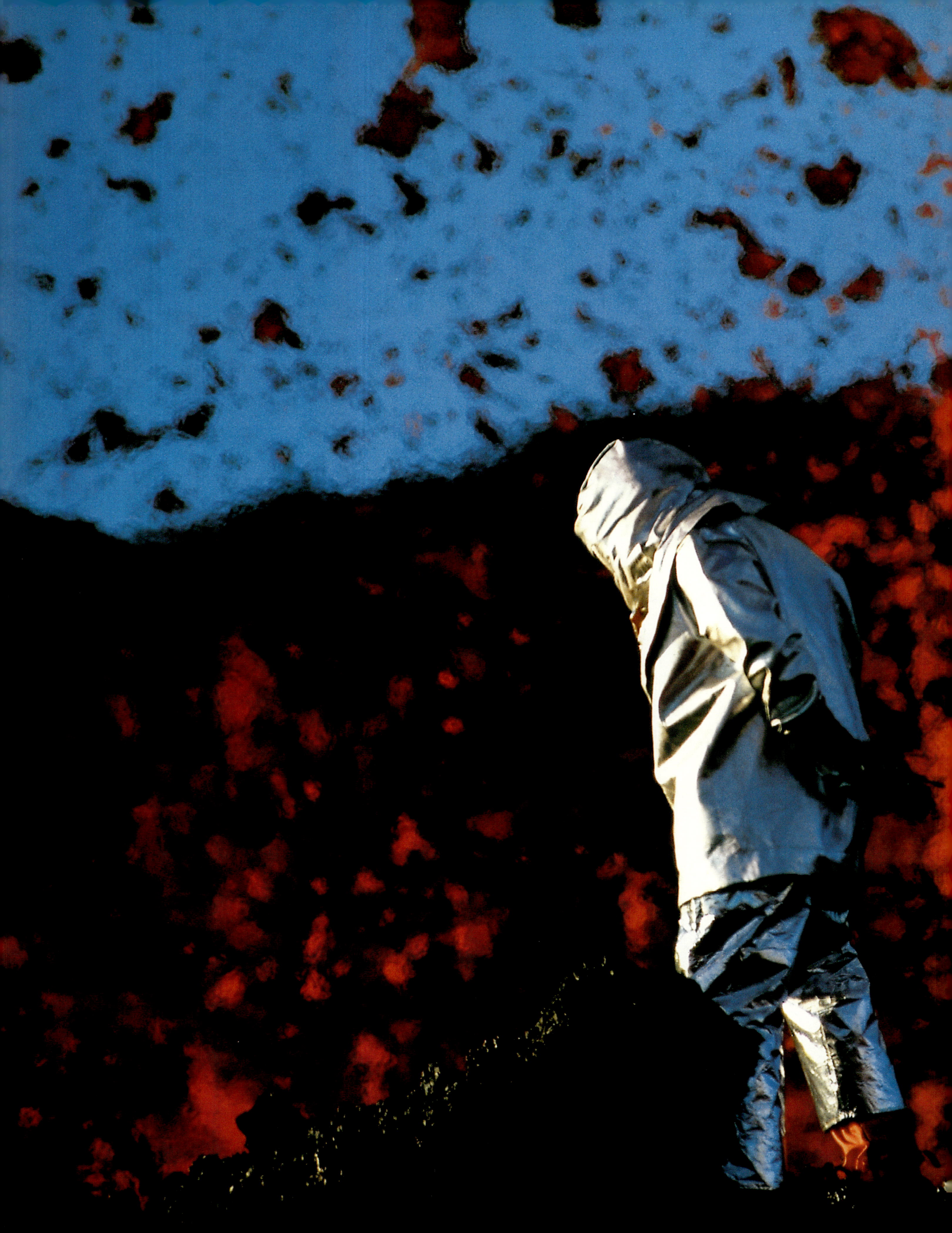

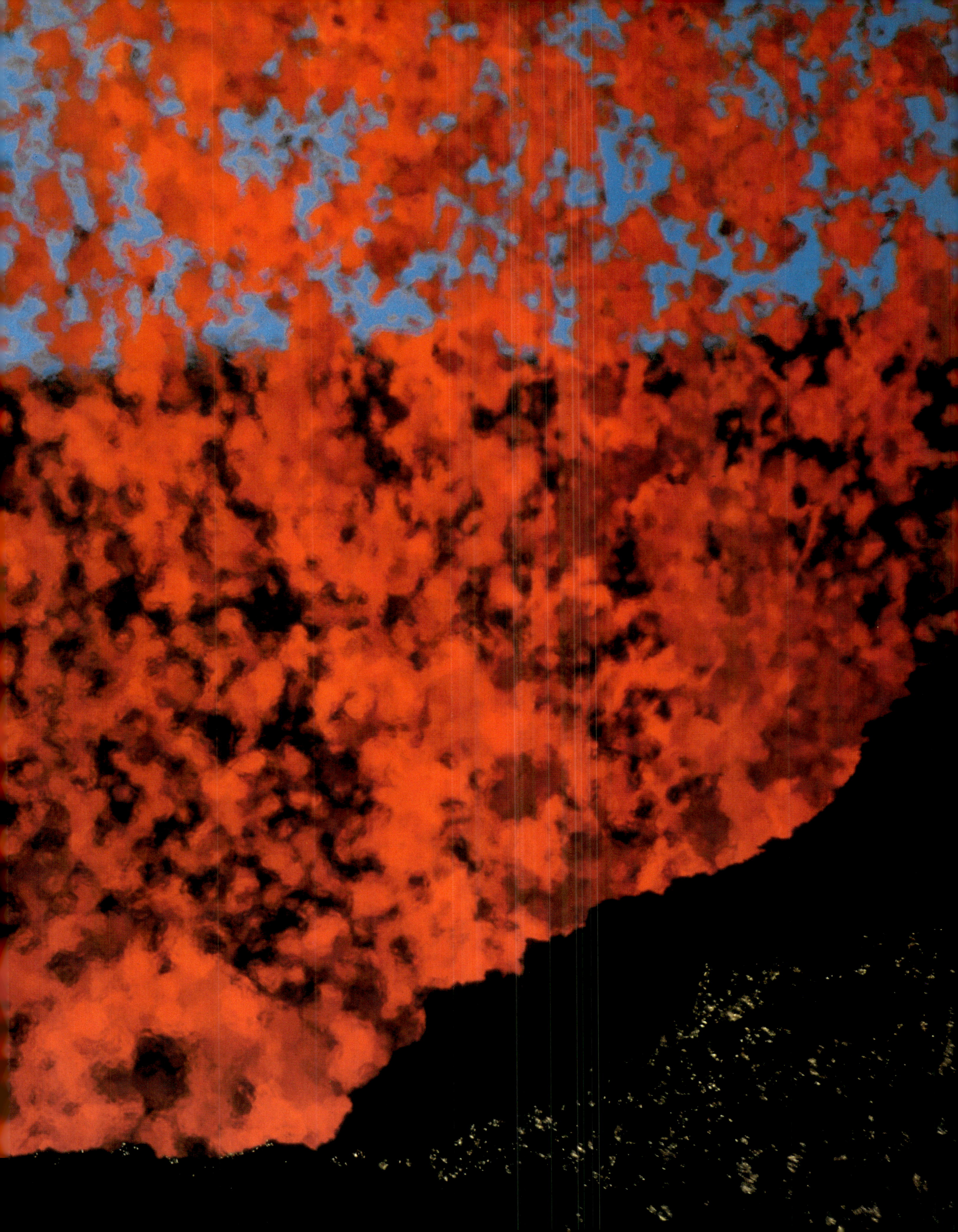

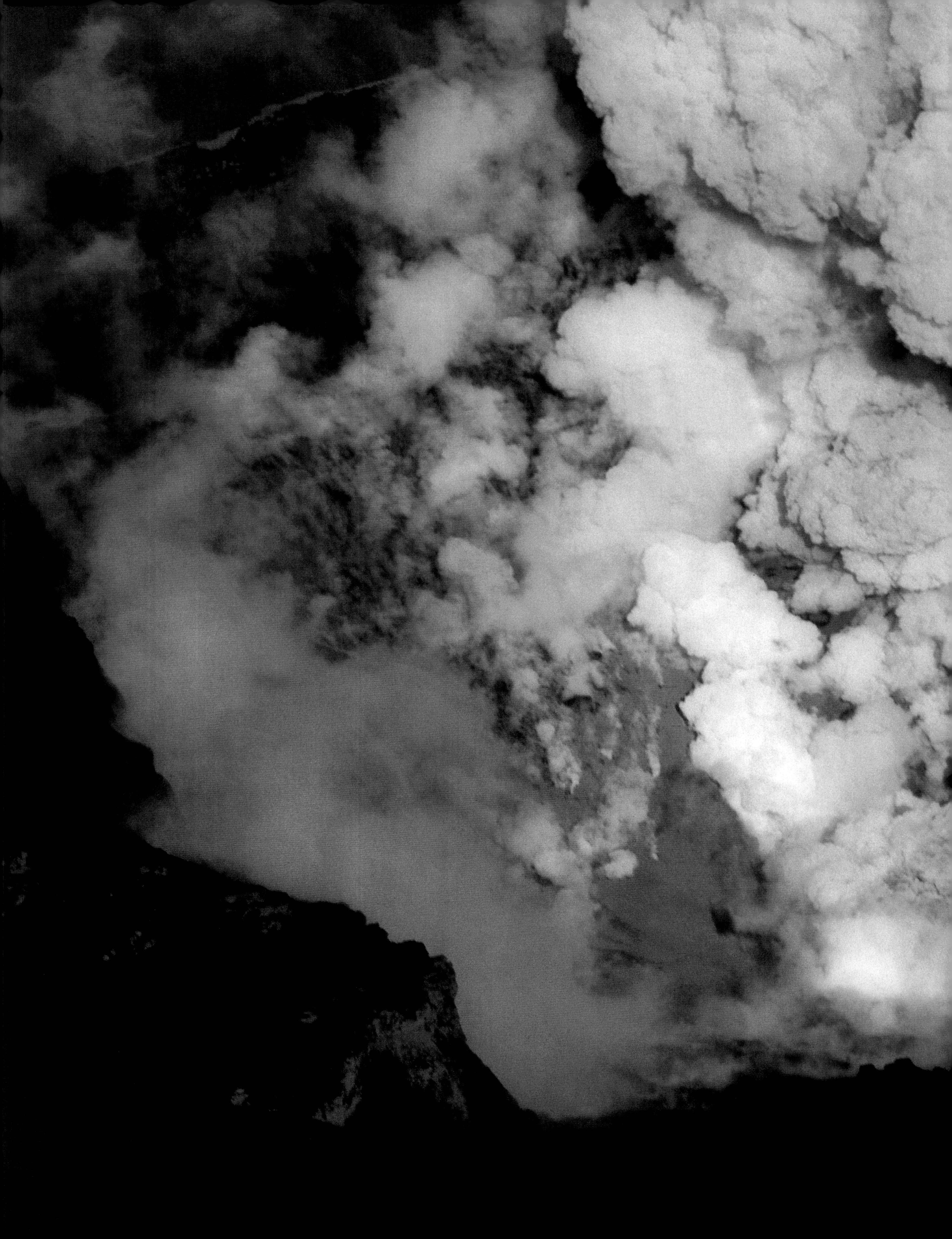

HOSPITAL
HOTEL

ABSTIEG IN DAS INFERNO

Auf der Südsee-Insel Vanuatu erfüllen sich Vulkanologen einen lebensgefährlichen Wunsch: Im Krater des Benbow sammeln sie Proben von frischer, noch nicht zersetzter Lava

Von Jacques Durieux; aufgezeichnet von Christoph Reuter

Nicht, dass die Ahnen prinzipiell etwas gegen Besucher hätten. Aber gefragt werden wollen sie schon. Und so sind wir zwar um die halbe Welt geflogen, von Europa nach Neukaledonien, weiter nach Port-Vila gefahren, die winzige Hauptstadt des Vanuatu-Archipels, noch mal 200 Kilometer nordwärts auf die kleine Insel Ambrym, dann in einem Lieferwagen bis ins Dörfchen Lalida – aber immer noch nicht angekommen. Erst einmal muss das Dorf-Oberhaupt klären, ob die Geister der Verstorbenen auch damit einverstanden sind, dass wir bei ihnen vorbeikommen: auf dem Benbow, einem der größten und aktivsten Vulkane dieses Ypsilon-förmigen Archipels, das 1700 Kilometer östlich von Australien liegt.

1800 Meter steigt die Insel Ambrym auf und bildet oben eine Caldera – einen Einbruchskrater von zwölf Kilometer Durchmesser, der bei einer gewaltigen Eruption vor etwa 2000 Jahren entstanden ist. Zwei Vulkane im Innern der Caldera sind noch aktiv, der Maroum und der Benbow. Bei den Einheimischen gelten die beiden Feuerberge als Sitz der Ahnen. Seit Kapitän James Cook 1774 auf die Inseln kam, werden sie auch von Vulkanologen beobachtet, regelmäßig sind Eruptionen registriert worden: Asche, kleine Lavateilchen, sogenannte „Lapilli", und „Lavabomben", faustgroße, zusammengebackene Lavafragmente, wurden hochgeschleudert, immer wieder brachen Lavaströme durch Brüche im Kraterrand aus, verwüsteten Dörfer, Straßen und Plantagen.

Besonders starke Detonationen ereignen sich, wenn die mehr als 1000 Grad heiße Lava mit Wasser aus Kraterseen oder dem Meer in Berührung kommt und sich in gigantischen Explosionen entlädt – wie zuletzt 1929. Doch noch immer wissen wir sehr wenig über die Vulkane auf Vanuatu, die Stationen sind auf dem „Feuerring" quer durch den Pazifik. Hier stößt die Indoaustralische auf die Pazifische Platte und schiebt sich darüber. Markenzeichen von Vanuatu sind lange Zeit ruhende, aber dann mit ungeheurer Wucht ausbrechende Vulkane.

Die Lava der Vulkane von Vanuatu ist normalerweise zäher als etwa die der hawaiianischen. Deshalb war es für uns eine kleine Sensation, als wir in Frankreich erfuhren, dass sich nach Jahrzehnten am Grunde des Benbow-Kraters auf Ambrym wieder ein Lavasee gebildet habe. Das hieß, dass sich dort die rare Chance bot, Proben von ganz frischer, noch nicht zersetzter Lava zu nehmen. Aus deren Zusammensetzung und Konsistenz wären wiederum Rückschlüsse zu ziehen auf das künftige Eruptionsverhalten eines Vulkans.

So sind wir denn unverzüglich nach Vanuatu gefahren. Und die Geister scheinen unserer Neugier gewogen zu sein: Das Dorf-Oberhaupt von Lalinda erlaubt unseren Aufstieg zum Benbow. Der Weg hinauf verläuft durch ein Flusstal, das uns einen Vorgeschmack der Naturgewalten gibt: Mächtige Lavablöcke liegen aufgetürmt links und rechts des Flusses, der in die Vulkanasche tiefe Schneisen, ja Schluchten gegraben hat. Und dann die Überraschung: Über die steilen Hänge erreichen wir ein spiegelflaches Hochplateau, ein Meer aus schwarzem Sand: die Caldera. Dieser zwölf Kilometer breite Einbruchkrater ist ein unwirtlicher Ort. Stürmischer Wind fegt die Asche in langen Fahnen über schwarzen Grund, Nebel verschluckt die eingestürzten Vulkanflanken, die Begrenzungen dieser kargen Landschaft. Nach einer Weile erst können wir ausmachen, was wir eigentlich suchen: den Vulkankegel des Benbow, der sich aus der Ebene erhebt.

Am nächsten Morgen klettern wir in strömendem Regen die haushohen schroffen Grate, Canyons und Abhänge hinauf, die bis zu sieben Meter jährlicher Niederschlag ins Lavagestein gegraben hat. Einigen steilen Passagen folgt eine letzte durch lose Asche, durch die wir wie im Griesbrei waten. Dann, endlich: der Kraterrand, eine Öffnung von mindestens einem Kilometer Durchmesser, voller Nebel, weiß und dick und gesättigt mit vulkanischen Gasen. Wir beschließen, am nächsten Tag mit Seilen, Haken und Gasmasken zurückzukehren und einzusteigen.

In der Nacht haben wir den Himmel gegen uns. Gewaltige Fluten ergießen sich von oben. Auf eine Wetterbesserung hoffend, halten wir uns den nächsten Tag im Camp auf. Am Morgen darauf klart es endlich auf. Drei Träger helfen uns, das Material hinauf zum Kraterrand zu tragen: mehr als 300 Meter Seile und Stahlhaken, Nahrungsmittel, Wasser und Gasmasken. Wir orientieren uns mit Kompass und mit GPS, dem satellitengestützten Ortungssystem.

Mal gehend, mal uns abseilend, tasten wir uns in den Krater hinunter, bis alle Wege enden: Vor uns öffnet sich ein aktiver Kamin mit einem Durchmesser von mehreren Dutzend Metern. Seine Felswände sind mit gelbem Schwefel bedeckt, erscheinen uns von einem Höllenatem beseelt. Und der faucht uns fortwährend mit heißen Gasen an. Ich erkenne den Geruch von Schwefeldioxid, aber da liegt noch mehr in der Luft: Fluorokieselsäure, eine der aggressivsten Säuren überhaupt. Zum Glück ist es sehr windig, sodass die Konzentration nicht allzu hoch wird. Wir umrunden den Schacht und finden eine Felswand, an der wir uns abseilen können auf eine kleine, von Asche bedeckte Plattform, vor der aus ein Weg hinabführt auf einen Felsvorsprung. Von dort können wir ihn endlich überblicken: den Lavasee. Noch kein Vulkanforscher vor uns – also vermutlich überhaupt niemand – ist so tief in diesen Krater eingedrungen.

Ich habe das Glück gehabt, an so ziemlich allen Lavaseen der Erde arbeiten zu können, aber dieser hier ist ohne Zweifel der ungewöhnlichste – und der diskreteste, so wie er sich 400 Meter unter dem Gipfel versteckt. In Wirklichkeit ist er auch weniger ein See als eine Art Dachluke von 60 bis 80 Meter Durchmesser. Sie öffnet sich über einem Strom rasch fließender Lava, die kontinuierlich vorbeiströmt. Von Zeit zu Zeit detonieren Gaswolken an der Oberfläche und schleudern Spritzer hoch; Asche und heiße Gase schießen herauf, tragen Lavateilchen mit sich. Weil diese vulkanischen Fragmente lang und dünn sind, nennen wir sie „Haare Pelés" – nach der hawaiianischen Vulkangöttin.

Eine Stunde bleiben wir hier unten. Als wir wieder hinaufsteigen, entdecken wir eine neue, uns bisher unbekannte Gefahr: Asche und Regen gehen miteinander eine Verbindung ein, die unsere Leichtmetallseile wie ein Reibeisen zerraspelt. Ein einziger Abstieg, und ein Hängeseil verliert die Hälfte seiner Stärke. Wir werden haushalten müssen.

Links: **Eine Expedition hat den Kraterrand des Benbow auf der Insel Ambrym im Südsee-Archipel Vanuatu erreicht. Der Benbow ist ein aktiver Vulkan, aber es ist Nebel, der auf diesem Foto die Sicht nimmt**

Um auf den Kraterboden des Benbow zu gelangen, muss ein schmales Sims über einem von Schwefel gelbgefärbten Kamin überwunden werden, aus dem heißer Höllenatem faucht. Das austretende Gas ist so heiß und korrosiv, dass eine Gasmaske unerlässlich ist

Von neuem nehmen wir tags darauf den Weg an der Nordseite auf, schlagen Haken an einer halbwegs zugänglichen Stelle, unter der 200 Meter tiefer der See spuckt. Ich beginne mit dem Abseilen, und von hier oben sieht die Lava-Linse aus wie ein freundliches Auge, das uns vom Boden des Kraters anstarrt. Bis das Wetter jählings wieder umschlägt und ich im nebligen Nichts hänge. Trotz Gasmaske brennen meine Augen, die Gase vermischen sich mit dem Regen zu Säure, die überall auf uns herabtropft. Warum haben wir nur geglaubt, Vanuatu sei ein tropisches Paradies?

Zurück, nur zurück, rein ins Camp! Warten, langes Warten im Zelt, während es die Stangen bei jedem Windstoß schüttelt. Regen, Wind, Nebel, Gaswolken, Säureregen, die das Material so abnutzen wie unsere Geduld. Schließlich, Tage später, ein letzter Versuch, über Felswände und Abhänge, über die schwankenden Gewölbe rauchender Lavahaufen zum See. Aber diesmal sind weniger wir es, die sich dem See nähern: Vielmehr nähert der See sich uns. Die kostbaren frischen Lavaproben, derentwegen wir all die Strapazen der letzten Tage auf uns genommen haben, fliegen uns nun direkt vor die Füße.

Mit jedem blubbernden Lavaschub werden kleine Stücke jetzt so hochgewirbelt, dass wir sie nur aufzusammeln brauchen. Unsere Geräte – übergroße Metallkellen, mit denen die ungefähr 1000 Grad heiße flüssige Lava zu schöpfen ist – brauchen wir gar nicht: Die Stücke kühlen derart rasch auf 400, 500 Grad ab, dass wir sie einfach mit unseren hitzeresistenten Handschuhen aufsammeln und für die Labor-Untersuchungen verpacken können. Dann aber beginnt es kritisch zu werden: Der Wind bläst so stark, dass wir unsere Haken und Seile an den Felswänden hängen lassen müssen. Unsere Gasmasken scheinen die aggressive Luft immer schlechter zu filtern. Säure tropft auf unsere Mäntel, und alles metallene Material korrodiert zusehends. So rasch wie möglich treten wir den Rückzug an.

Wie viel Glück wir auf unserer Expedition wirklich gehabt haben, realisieren wir erst, nachdem wir längst wieder sicher in Frankreich sind und unsere kostbaren Lavaproben auf die Analysen warten. Franck Tessier, ein befreundeter Amateur-Vulkanologe vor Ort, berichtet uns, dass der Lavasee heftig zu rumoren begann. Die glühende Lava-Linse verschwand, tauchte wieder auf, schleuderte Asche und Rauch hoch: Unser Zugang in den Krater war unpassierbar. Dann erschütterten mehrere mächtige Detonationen den Berg, der Lavasee verschwand im Höllentor des Kraters.

Die Ahnen haben die Besuchszeit offenbar beendet.

DER LÖWE ERWACHT

„El Léon dormido" nennen die Kolumbianer den Vulkan. „Der schlafende Löwe" bricht am 13. November 1985 aus und reißt einer ganzen Region das Herz aus. Nur jeder zehnte Einwohner der Stadt Armero überlebt

Von Peter-Matthias Gaede

„El León dormido" wird er genannt: der Nevado del Ruiz, ein Vulkan rund 160 Kilometer nordwestlich der kolumbianischen Metropole Bogotá. Doch der Löwe ist aufgewacht. Die grauenvollen Folgen seines Ausbruchs waren der Untergang der Stadt Armero und der Tod von 23 000 Menschen am 13. November 1985 – eine der größten Naturkatastrophen des Jahrhunderts. Und während der Ruiz schon wieder gefährlich raucht, leiden noch immer Tausende unter dem Trauma Armero: die „Damnificados", Überlebende, die gewaltsam von ihrer Vergangenheit enteignet wurden – und die in einer sozial und wirtschaftlich zerstörten Region noch keinen Weg in die Zukunft wissen.

Dünnhäutig ragt die Hand aus dem Staub; die Finger haben sich festgekrallt im Nichts. Es gibt keinen Halt mehr in dieser Stadt, es gibt keinen Trost auf diesen 34 Quadratkilometern grauer, schwarzer Wüste. Die Schreie sind stumm, die Münder, aus denen sie zum Himmel steigen: es sind Zahnreihen um dunkle Höhlen, die der Regen freigewaschen hat.

Was muss den Menschen geschehen sein, wenn selbst die Puppen so scheinen, als wären sie einen grauenhaften Tod gestorben, schlammverkrustet die Gesichter, verrenkt die Glieder oder weggerissen. Zufällig zusammengetrieben mit Kleidern, Töpfen, Poesiealben, mit Brillen, Lockenwicklern und Lenkrädern, Koffern und Kühlschränken – auf dem Müllhaufen dieser kaputten Geschichte.

Schuhe, Schuhe, Schuhe, wie Erinnerungsstücke der vergeblichen Flucht sind sie verstreut. Um Gräber. Um Kreuze mit einem Trauerflor aus herangewehtem Tüll, um Mahnmale aus Benzinkanistern und Bettgestellen, um die Autoleichen in den Kratern. Außer dem Tresorraum der „Banco de Colombia" haben nur die stärksten Bäume widerstanden, aber abgestorben sind auch sie.

Hätten sich die Lebenden zu den Toten gerettet, sie würden noch sein. Der Friedhof von Armero, auf einem Hügel gelegen, ist das letzte Stück heile Welt, das der Stadt geblieben ist. Sonst nur Trümmer – oder eben überhaupt nichts mehr. Der Eisverkäufer hat seinen Platz gefunden. Er wartet dort, wo der Papst gekniet hat. Dort, unweit der wieder freigeschaufelten Straße, kommt mittlerweile auch der Fahrradclub von Cajamarca auf seiner Sonntagstour vorbei. Dort hebt der Vater aus Bogotá einen Beckenknochen vom Boden und gibt seiner Tochter Anatomieunterricht. Aber die anderen, die irren noch immer umher, sind noch überhaupt nicht fertig mit Armero, wollen noch keine Geschichten erzählen von den Kadavern, die des Nachts bläulich geschimmert haben sollen. Vor zweieinhalb Monaten hat die junge Frau, die wir acht Kilometer südöstlich vom einstigen Stadtzentrum in der verdorrten Ödnis treffen, ihren Mann ausgescharrt. An Bartresten, an einem Fetzen Hose, an den Zähnen glaubt sie ihn erkannt zu haben. Aber sie will noch ihre Kinder finden, acht und fünf Jahre alt am 13. November 1985; sie will die Skelette sehen, oder vielleicht auch nur irgendein Skelett, was von der Größe her stimmen und was sie in Besitz nehmen könnte für ihre Trauer. Sie muss den Abschluss finden, den sie seit elf Monaten Quadratmeter für Quadratmeter sucht – nun schon in der dritten Regenzeit seit dem Unglück.

Der Wind über Armero blättert in Büchern, die bald niemand mehr aufhebt. Und es gibt wieder Schmetterlinge. Aber die „Avalancha“, die Welle aus Schlamm, die Armero erstickt hat, ist in den Köpfen der Überlebenden nicht zum Stillstand gekommen. Jeden Tag sitzt David Gomez, furchtbar dürr, auf der gleichen Bank gegenüber der Kirche von Lérida und formt die Katastrophe in ungelenkte Reime, die er wie ein Bänkelsänger krächzend in die Kneipen trägt. Er habe Armero „geliebt wie ein Kind“, sagt er. Er muss sich das Kind aus dem Kopf schreiben. Er findet: „In Armero, da sind wir gescheitert.“

Oder der, der sich „Jesuchristo de Colombia“ nennt, auch einer aus Armero. Ein klappriger Wicht, der durch die Straßen irrlichtert; er will kein Geld, er bittet den Fremden, ein Flugblatt der Damnificados, der Überlebenden, mitzunehmen – und es Miss Universum auszuhändigen, die er wohl für den mächtigsten Menschen der Welt hält.

Es sind die Verwirrten, die Belächelten, die am lautesten verzweifeln, es sind die Dichter, die Armero nun zur „Rose aus Schlamm und Blut“ stilisieren und den Vulkan Nevado del Ruiz zum „schweigenden Drachen mit diamantenem Panzer“ – doch stiller und bar jeder Romantik schleppen sie allesamt ein Trauma mit sich herum, alle Damnificados. Die Zahl ihrer im Schlamm verschwundenen Verwandten ist meist zweistellig. Im Garten des Hospitals von Mariquita stapeln sich die bunten Behelfssärge noch, für die sich keine Leichen mehr fanden. In den Schulen der Region hat lange Monate bald jede Kinderzeichnung zwanghaft auf den Vulkanausbruch zurückgeführt. In Guayabal, wenige Autominuten von Armero entfernt, zittern die Leute, wenn Wolkenbruch, Donner und Dunkelheit zusammenkommen – wie damals. Und selbst in Honda, 40 Kilometer weit weg am Treffpunkt von Río Magdalena und Río Guali, treibt ein Probealarm die Bewohner in neue Panik.

Armero – ein Jahr danach: Für die Mehrzahl der Damnificados gibt es dieses Danach noch gar nicht wirklich. Es hat schon lange gedauert, überhaupt nur das Ausmaß der Vernichtung zu bilanzieren. Nach Köpfen und Pesos und womöglich zunächst in der Erwartung, es sei hier etwas so total ausgelöscht worden, dass es nichts mehr zu tun gebe als Kreuze zu pflanzen. Tatsächlich hat die Flut in Armero die als Folge von Naturkatastrophen bekannte Relation von Toten und Lebendigen auf den Kopf gestellt. Östlich des Nevado del Ruiz, im Distrikt Tolima, starben 21 163 Menschen; an der Westflanke der Kordillere, im Distrikt Caldas und dort vor allem in Chinchiná, noch einmal 1917. Mehr als 23 000 Tote – und von den 21 000 Einwohnern Armeros, die 1985 bei der Volksbefragung registriert wurden, war nur jeder Zehnte übrig, als der Schlamm sich setzte.

Begraben: 5150 Häuser, darunter, bis auf einen Rest an Ruinen, sämtliche Gebäude von Armero. Alle Schulen, zwei Hospitäler. 58 Industrie- und 343 Handwerksbetriebe. 200 Kilometer Straße und 18 Kilometer Eisenbahnstrecke. 1350 Hektar Kulturland und 95 Fincas erstickten völlig. 24 500 Hektar sind seither verwüstet. Und zerstört auch die Trinkwasserversorgung für 50 000 Menschen.

So furchtbar wenig war von der wohlhabenden und in der Nachbarschaft als eitel geltenden „Ciudad Blanca“, der Baumwollhauptstadt Kolumbiens, ihren Bürgern und Banken, ihren Mais-, Reis- und Sorghofeldern übrig geblieben, dass noch unter dem im Juli 1986 von Virgilio Barco abgelösten Präsidenten Belisario Betancur die Idee geboren wurde, Armeros Leichnam zum Nationaldenkmal zu erklären, zum „Camposanto“.

Die regierungsamtliche Vereinnahmung der Katastrophenzone hätte aber bedeutet, die Überlebenden entschädigen zu müssen für Grundbesitz oder verlorene Häuser. Und dies ist bis heute genauso wenig geschehen, wie die Ränder des vertrockneten Schlachtfeldes schon die volle Wucht begrenzen, mit der die Natur hier die Sozialstruktur zerschmettert hat.

Mit Armero wurde einer gesamten Region das Herz aus dem Leibe gerissen. Seither wissen Tausende kleiner Bauern auf den Abhängen der Kordillere nicht mehr, wohin mit ihren Produkten. Und Ungezählte aus den ehemaligen „Vororten“ Lérida und Guayabal noch nicht wieder, was tun mit ihrer Arbeitskraft. Zudem: Nicht nur in Armero hat es Häuser weggerissen. Lastwagengroße Felsblöcke trieb die Lawine noch bis Mariquita den Río Guali hinunter, wo sie 20 Prostituierte fortschwemmte und Hilfsmannschaften nur noch den volltrunkenen Bordellwächter aus einer Baumkrone pflücken konnten. Selbst in Honda: Die Stützen mehrstöckiger Gebäude sind eingeknickt, die Bewohner evakuiert.

Der Untergang Armeros, so errechnete „Resurgir“, die staatliche Hilfsorganisation für die Damnificados, hat zwölf Gemeinden aus dem ökonomischen Lot geworfen, und rund 200 000 Menschen aus dem sozialen dazu. Aber nur für 28 000 von ihnen gilt der „Carnet“, der Ausweis, der ihnen bis zum Oktober, und ab Oktober nur noch den Kindern und den Alten, eine monatliche Hilfe von 4500 Pesos, rund 45 Mark, garantierte. In der

Im Krater des Benbow, auf dessen Grund zur Zeit des Besuchs ein Lavasee kochte, wurde das Lager auf einer mit Asche bedeckten Plattform oberhalb des Sees aufgeschlagen

Fußballarena von Honda, hinter Mauern am Rande Guayabals, hinter einem Hügel bei Lérida und in zwei Schulen des Ortes, an der Straße nach Cambao und in San Felipe müssen noch immer rund 3000 Damnificados in Lagern leben; als Restposten eines Naturereignisses, das immer mehr und deutlicher nun sich in menschlichem Versagen fortsetzt. Es sind die Ausgegrenzten, die Marginalisierten, die es in den Campamentos versammelt hat; Entwurzelte, die am Tropf des Roten Kreuzes und am Mund des „Resurgir"-Vertreters hängen.

Die Welle war gerecht, sagen die armen Leute von Armero. Sie hat nicht wieder die Reichen verschont, sie ist über alle Klassen hinweggespült, sie hat den Finca-Besitzer mitgenommen, den Arzt und den Polizisten. Und auch die braven Bürger, die schon im Bett waren, als das Unglück hereinbrach. Dieses eine Mal, sagen die armen Leute von Armero, sind ein paar von uns die Glücklichen gewesen, Tagelöhner, die ihre Bettstelle weit weg vom stolzen Stadtzentrum mit dem 42 Meter hohen Kirchturm hatten, einsame Kneipengänger und die Billardspieler und die Freudenmädchen und die kleinen Diebe, die nachts noch unterwegs waren und die es kommen hörten und noch fliehen konnten.

Doch jetzt sind es eben zuhauf die Besitz- und die Bindungslosen, für die sich in der Gesellschaft kein Platz außer dem Lagerplatz findet. Leute ohne ein Stück Land, auf dem sie neu beginnen könnten, ohne verwandtschaftliche Solidarität, viele ohne berufliche Qualifikation, auch Analphabeten darunter.

Das Lager in Guaduas, anderthalb Autostunden von Armero entfernt an der Überlandstraße nach Bogotá: Für die 256 Menschen hier, darunter 128 Kinder, sind die Zelte und Bambusbaracken in einer Senke am Ortsrand die Endstation Hoffnungslosigkeit, dritte – und wie sie fürchten: letzte – Etappe auf einem Treck, der sich einmal mehr im Schlamm festgefahren hat. Aus der Schule, in Sichtweite auf einem Hügel, mussten sie raus, als die Eltern in Guaduas die Klassenräume wiederhaben wollten für ihre Kinder. Dann der Zwischenaufenthalt in den Ställen einer Hühnerzucht und seit Mai 1986 dieses Lager: Stacheldraht, zehn Klos, zehn Duschen, Schotter über dem schwammigen Untergrund. Wolkenbrüche oder sengende Sonne von oben, Wasser von unten, die Zelte erst spröde geworden, jetzt klamm. Ein paar bunt angemalte Autoreifen: der Spielplatz; die Kleinkinder in Holzkisten aufgehoben. Hinter den Fliegengittern einer Bambushütte: die Lagerschule.

Vor dem Lagertor: eine feindlich gestimmte Bevölkerung von Guaduas. Angst vor der Konkurrenz um die ohnehin raren Arbeitsplätze verschließt die Herzen, Neid grassiert da draußen auf die Nichtsnutze aus der verlorenen Stadt jenseits der Berge, denen der Staat das tägliche Brot bezahlt – denn als „Damnificado de la Vida", als vom Leben gebeutelte Existenz, muss sich schließlich auch manch einer außerhalb des Campamentos empfinden.

Die Pesos von „Resurgir" aber gelangen schon längst nicht mehr ins Lager. Und genauso wenig hat die Organisation ihr vertraglich fixiertes Versprechen eingehalten, die bis zum September vom Roten Kreuz geleistete Hilfe fortzuführen. Deshalb ist die „Cruz Roja" erneut gezwungen, Guaduas auf die Versorgungsliste zu setzen. Alle ein, zwei Wochen fahren die Jeeps nun wieder ins Lager, mit einem Arzt, mit Kartoffeln, Mehl, Mais und Eiern an Bord. Dann stehen sie an, die Leute aus dem Lager, mit Blechnäpfen und Plastikeimern, einige haben sich rausgeputzt, manche tragen einen Rest zerknitterter Vornehmheit auf dem Gesicht – und niemand kann verhindern, dass ihnen da portionsweise das letzte bisschen Stolz verloren geht.

„Physisch haben wir Armero überwunden, aber moralisch sind wir kaputt", sagt Isidro Casalle. Als die Asche auf Armero zu regnen begann, hat Casalle seine Frau, seine drei Kinder, eins, drei und fünf Jahre alt, auf den Lastwagen gepackt und ist weggefahren. Einfach fort, acht Tage lang irgendwohin. Der Lkw gehörte ihm nicht, und als er sich wieder meldete, war er entlassen. Denn auch der Fuhrunternehmer hatte überlebt. 6000 Pesos in der Woche, früher; jetzt, „aber nur wenn es regnet", geben die Kollegen Isidro ab und zu eine Fahrt, was ihm dann 500 bringt. Gegen die Bitterkeit, die da schon keimen könnte, hat Casalle Blumen gepflanzt. 1200 Pesos hat er in den Kleingarten rings um sein Zelt investiert, den Eingang mit weiß getünchten Steinen verziert, „im Kolonialstil gehalten", wie er findet. Und da steht nun dieses Zelt mit akkurat geordnetem Innenleben, von Blumen umgeben, nicht von Tomaten, und strahlt in seiner schon skurrilen Idyllik ein bisschen ermunternd auch auf die Nachbarn ab. Da also hat es einer geschafft.

Die meisten aber suchen nicht mal die kleinen Fluchten. Agonie ist kein guter Dünger, um neues Leben zu pflanzen. Fixiert auf das eine Pfund Trockenmilch alle vierzehn Tage, das so wichtig ist und das doch niemals reichen kann einer Frau, die vier Kleinkinder zu versorgen hat, vergessen sie den Acker neben dem Lager, den sie bebauen dürften. Aber nur einige wenige tun das auch.

Als wir fragen, was sie sich denn zutrauten als erste Schritte raus aus der Misere, finden sie viele Worte für ihre Wünsche. Vor allem die Frauen. Nähmaschinen wollen sie und Scheren für eine Schneiderkooperative. Und Möbel würden sie bauen, die Männer, denn „Si, Señor, es gibt mehrere Tischler bei uns." Und die zahnlose Alte würde „Süßigkeiten backen", der Fischer, der sein Haus in Honda verloren hat, „Metallabfälle verarbeiten", eine Hühnerzucht würden sie gern aufbauen, gäbe es nicht jetzt schon „zu viele Eier in Guaduas".

Wie fragil selbst solche bescheidenen Lebenskonzepte sind, wie schnell die Hoffnungsfunken im Wasser, das schon in einigen Zelten steht, ertrinken, das wissen jene, die sich um Hilfe be-

Mit dem Seil gesichert, erfolgte der Abstieg in den Krater, wo der Lavasee zu näherer Inspektion lockte

Ein Vulkanologe blickt in den Krater des 4784 Meter hohen Guagua Pichincha in Ecuador. Zurzeit steigt nur mächtig Dampf von Fumarolen auf. Aber der Vulkan, an dessen Fuß die Hauptstadt Quito liegt, rumort seit Jahren und wird daher ständig überwacht

mühen. Die Befreiung der Damnificados aus ihrer kollektiven Krise, die bräuchte auch die Initiative von unten. Und sie anzustacheln, ist schwer. „Die Eigenverantwortung der Betroffenen", heißt es in einem Bericht des Roten Kreuzes, „ist in den von Paternalismus und Abhängigkeit geprägten Lebensverhältnissen ein geradezu systemfremdes Element."

„Die Leute verstehen das Auf- und Abtauchen der verschiedenen Projektgruppen nicht mehr", sagen die Mitarbeiter der Pastoral Social, einer kirchlichen Organisation, die in Guaduas Sozialarbeit gegen die Widersprüche versucht. Vollgepumpt mit Erwartungen, aber allein gelassen bei den ersten konkreten Gehversuchen nach dem Trauma Armero, sei das Gros der „Armeristas" mittlerweile nicht mehr in der Lage, die Klagemauer zu überwinden. Zu Zufallsgemeinschaften zusammengewürfelt, ungeübt in gemeinschaftlichem Denken – so komme es, dass in Guaduas nun zwei konkurrierende Frauen-Gruppen um die noch nicht mal vorhandenen Nähmaschinen kämpften.

„Armero – un año después de la tragedia": Das Selbstbewusstsein vieler Übriggebliebener ist verzehrt. In den Warteschlangen ist sich jeder selbst der Nächste. Die wenigen geretteten Fernseher stehen in den Zelten der Besitzer, nicht im Gemeinschaftsbau. Es muss schon zu dieser „tragedia" gerechnet werden, dass sie auf kein Ende zuläuft, obwohl doch gerade sie so viele Menschen auf den Plan rief, die nicht nur ihr Mitleid spenden wollten. Als Omaira Sanchez, zwölf Jahre alt, vom Mittwoch, dem 13. November 1985, bis zum Samstag, dem 16. November 1985, 60 Stunden lang vor den Augen aller Welt starb, da füllten sich die Konten der Hilfsorganisationen, die Lastwagen, die Transportflugzeuge.

Noch im November waren allein in Bogotá 2000 Tonnen Hilfsgüter gesammelt, waren aus 40 Ländern der Erde 140 Tonnen Medikamente, 225 Tonnen medizinisches Gerät, 670 Tonnen Lebensmittel und zehn Millionen US-Dollar zusammengekommen. Über 100 Millionen Pesos kündigte der kolumbianische Staat an, für Wohnungsbau und Infrastruktur. Geld kam von der deutschen Arbeiterwohlfahrt genauso wie von der Welthungerhilfe. Und das Rote Kreuz startete eine seiner größten Aktionen seit Bestehen: Bis zum 30. Juli 1986 waren allein aus der Bundesrepublik rund dreieinhalb Millionen US-Dollar zusammen, für den Ausbau von Hospitälern, für Schulen, Kindergärten und Zelte, für Hunderte neuer Häuser, für die Speisung Abertausender, für insgesamt 47 Projekte.

Und doch: Es war von Beginn an nicht dasselbe, über Hilfsmittel und Goodwill zu verfügen – und sie auch sinnvoll einzusetzen. Auf der Woge des Mitgefühls schwemmte da so manches nach Kolumbien, das besonnene Helfer vor Ort eher in Probleme stürzte, als sie voranzubringen. Bergeweise Lacroix-Suppen etwa, massenweise Alka Seltzer aus Japan, ein Harmonium vom britischen Rotary-Club. Oder den Botschafter des arabischen Landes, die Publicity-bewusste Sängerin, die bündelweise Pesos verteilten. Es war die Zeit, als Lastwagen ihre Kleiderfracht auf die nasse Wiese kippten, Kisten mit Chirurgenbesteck, weil gar nicht erst geöffnet, an die falsche Adresse gerieten.

In einem der provisorischen Lager in einer der Schulen Léridas begegnen wir einem Alten mit zerfetzter Hose, der zitternd vor Wut einen Kleiderkarton unter seiner Pritsche hervorzieht: „Frauenkleider", schreit er; „die haben mir Frauenkleider gegeben. Aber ich lasse mich nicht auf der Straße verspotten." Es ist Kinderkleidung, die uns der bebende Alte vors Gesicht hält, manches würde ihm sogar passen, anderes hätte er wohl tauschen können – aber längst hat auch ihn die Fähigkeit verlassen, das Naheliegende zu tun.

Und das Fernliegende, es kommt nicht näher: „Neu-Armero", die 5000 Häuser, die Schulen, Sportanlagen und Kulturbauten am Rande Léridas, die „Resurgir" schnell, zu schnell versprochen hatte – nehmen noch kaum Gestalt an. Obwohl die Organisation direkt dem Präsidenten unterstellt ist und also über den Ministerien steht, kursiert schon längst der Verdacht in Kolumbien, dass sich eben die Ministerien aus dem Hilfsfonds bedienen, um eigene Defizite zu stopfen. Als abzusehen war, dass aus Neu-Armero so bald nichts werden würde, verlängerte „Resurgir" seine monatlichen Geldzahlungen an die Damnificados. Schon das, so bemängelten Insider, sei der Weg des geringsten Widerstandes gewesen, und das Eingeständnis, dass die eigentliche Integration der Betroffenen nicht voranging, zumal nicht, wie das Rote Kreuz befand, mit einem „Wachstumsmodell, in welchem zu viel auf die Frage von Technik und Investitionen reduziert wird".

Seit nun aber auch noch die kleinen Direktüberweisungen storniert wurden, ist aus „Resurgir" endgültig „Resufrir" geworden, den Damnificados Synonym für anhaltendes Leiden, Adresse aller Korruptionsvorwürfe und Verwünschungen. Die Studenten haben ihre Kasperltheater wieder eingepackt, mit denen sie in den Lagern für ein bisschen gute Laune sorgen wollten. Das Heer der Sozialarbeiter, Anthropologen und technischen Experten hat sich ausgedünnt. Die mäzenatischen Blitzbesuche, die so viel Erwartung erzeugt haben und manchen armen Mann gar an plötzlichen Reichtum glauben ließen, sie gibt es nicht mehr. Zu den Trümmern von Armero haben sich im Verlaufe eines Jahres Planungsruinen gesellt, die Reste konkurrierender Konzepte, unkoordinierter Projekte und wahllos gestreuter milder Gaben.

Eine Hinterlassenschaft, die auch jenen Kompromisse abverlangt, die den langen Atem haben und an strukturellen Lösungen arbeiten. „Eigentlich wollen wir jede Tendenz, das Provisorium dauerhaft zu machen, vermeiden", sagt Torsten Wegner, nickt dann aber doch aufmunternd und verspricht ein bisschen Geld, als ihm einige Damnificados stolz erzählen, wie sie ihre Zelte mit festen Bretterkonstruktionen gegen die Feuchtigkeit im Boden schützen wollen. Wie in keiner zweiten Person brechen über den Chefdelegierten der internationalen Liga der Rotkreuz-Gesellschaften die Nöte und die Träume Tausender herein, die sich von Gott und der Welt der „Resurgir"-Planer allemal verlassen wähnen. Wie kein anderer steht Wegner im Schnittpunkt der Erwartungen der Geldgeber in Genf und der Empfänger in den Campamentos, mal gefangen in bürokratischem Procedere, mal zu Flickschusterei und Ad-hoc-Aktionen genötigt.

Wenige Stunden nach der Welle aus den Bergen ist Wegner in Armero angekommen und seitdem ohne Unterbrechung damit beschäftigt, sie vergessen zu machen. Doch noch ein Jahr danach genügen ein paar Stunden an seiner Seite für die Erkenntnis, dass es keine einfachen Antworten gibt auf das, was hier geschehen ist. Und eben auch nicht für ihn. Nicht einmal für einen, der ein gut Teil seiner 42 Lebensjahre mit Katastrophenmanagement verbracht hat, beim Erdbeben in Algerien und anderswo, und der lange genug fort ist aus Deutschland, um noch gefangen zu sein in Denkmodellen, die nicht passen zu Problemlagen in der Dritten Welt. So ist er denn unterwegs, mal Macher, mal Zweifler, als Hasardeur auf den gefährlichen Gebirgsstrecken zwischen den Lagern und Bogotá, und weiß doch, dass auch eine Fahrt am Rande der Selbstverachtung die Damnificados nicht vom Neid befreit auf den nagelneuen 80 000-Mark-Jeep, von dem sie meinen, auch er gehöre ja eigentlich ihnen. So sagt er in Lérida: „Wissen Sie, ohne die vielen Freiwilligen vom kolumbianischen Roten Kreuz könnte ich hier mit einem Sack voller Geld auf dem Platz stehen und wäre nur ein Nichts." Und dann ist er eben doch der Halbgott, der Millionen-Mann, der nach kurzer Diskussion im Neubaugebiet von Cambao sein beifallumrauschtes Okay gibt, als es darum geht, ob das Rote Krenz die 61-mal 5000 Pesos übernimmt, die es kostet, die schon vorhandenen Stromzähler nun auch ans Netz anzuschließen. Nur zwei Stunden später, in einem Lager in Lérida, verschreckt es ihn wiederum, wenn sie ihm ihre kaputten Brillengestelle, all die kleinen Begehren und großen Hoffnungen hinterhertragen, und dann hätte er Lust, sich rar zu machen, „wenn so alles an Wünschen auf dich abgeladen wird, und du weißt, du kannst sie nicht erfüllen".

Das Ganze im Kopf zu haben und sich auf lauter Halbheiten einlassen zu müssen, es gehört zur Zwangslage aller Entwicklungshelfer von Armero. Und Wegner ist da keine Ausnahme. Zwar weiß einer, der Politik und Soziologie studiert hat, dass der Hausbau allein nicht das Allheilmittel zur Lösung der sozialen Probleme nach Armero ist, dennoch muss er ihn nach Kräften befördern; wenigstens das. 230 Familien hat das Rote Kreuz mittlerweile eine neue Heimat beschafft. Könnte Wegner autonom entscheiden, würde er mit dem Bau weiterer Häuser nun warten, um „Resurgir" zu zwingen, zuerst die Straßen anzulegen, für Strom und Trinkwasser zu sorgen. Denn wo die Häuser erst mal stehen, lässt der kolumbianische Staat auf sich warten – mit dem Effekt, dass am Rande von Lérida die Neubausiedlungen von heute schon absehbar zu den Slums von morgen heranwachsen. Doch das Druckmittel hat der Rotkreuz-Mann nicht, spürt er doch im Rücken die Vollzugserwartungen der Geldgeber, deren Delegationen vollendete Tatsachen inspizieren wollen.

Mit Gasmaske fährt ein Polizist Patrouille durch den Ort Lloa direkt unter dem Krater des Guagua Pichincha. Lloa wurde nach einem kleineren Ausbruch binnen weniger als einer Stunde evakuiert. Seit der Katastrophe, bei der 1985 am Nevado del Ruiz in Kolumbien 23 000 Menschen ums Leben kamen, haben Evakuierungen bei drohender Gefahr weltweit zugenommen. Damals wurden Warnungen der Vulkanologen in den Wind geschlagen

Das macht es, dass auch Wegner unter „dieser verfluchten Ungeduld in der Entwicklungshilfe" sichtbar leiden kann, andererseits aber selbst der Faszination von Worten wie „fix und fertig", „schlüsselfertig" und „termingerecht" erliegt. Als beim Rundgang über ein Baugelände Padre Jimenez, Chef der gemeinnützigen Wohnungsbaugesellschaft „Servivienda", seine Gedanken über das Modell der „Autoconstruccion" entwickelt, den Hausbau unter Mithilfe der Damnificados, hört Torsten Wegner weg.

Dabei erscheint die Idee bestechend, die „Armeristas" solchermaßen von ihrem Bettlerstatus zu befreien, sie an der eigenen Zukunft mitarbeiten zu lassen, sie für die Bauzeit zu entlohnen, um sie irgendwann einmal einen Teil der Kosten in einen Gemeinschaftsfonds zurückzahlen zu lassen. „Wovon sollten die das tun", fragt Wegner, den mehr noch stört an der „Autoconstruccion", dass „Servivienda" immer mehr Pesos braucht und langsamer wird. Wegner will die Lager leer bekommen; jede Verteuerung aber bedeutet, dass aus dem Rotkreuz-Budget ein paar Häuser weniger gebaut werden können.

Die Lösung? Die Hoffnungsschimmer rings um die Wüste von Armero kommen bis heute aus kleinen, kompakten und kontinuierlich betreuten Projekten, in denen über technokratischer Konfliktbewältigung nicht die Menschen vergessen werden und in denen sich im Dickicht individueller Nöte nicht das Ziel verliert. Am Ortsrand von Guayabal steht seit Dezember 1985 eine Ziegelfabrik, die „Ladrillos por Colombia". Eine kleine Gruppe von Israelis, auf Genossenschaftsprojekte spezialisiert, stampfte sie aus dem Boden, seit Mai 1986 führen Mitarbeiter von „Minuto de Dios" die Aufsicht über den Betrieb, der 84 Damnificados einen Lohn über dem Salario Mínimo garantiert und das Bewusstsein, ihr Schicksal in Selbstverwaltung bewältigen zu können. Mit billiger, „angepasster" Technologie statt mit aufwendigen, Arbeitsplätze sparenden Verfahren sind hier mittlerweile weit über eine Million Ziegelsteine produziert worden, die lange umsonst, jetzt immer noch günstig an Wiederaufbau-Organisationen gehen.

Nicht weit von den „Ziegeln für Kolumbien", auf einem Gelände an der Straße nach Mariquita, gibt das Projekt „Nuevo Horizonte" eines US-amerikanischen Teams von „Save the Children" 60 Familien aus Armero eine neue Perspektive. Mit einem ganzheitlichen, auf kooperatives Arbeiten gerichteten Konzept wird nicht nur an Häusern gebaut oder die Küche betrieben, sondern werden Arbeitsplätze gleich mitgeschaffen. Auf den umliegenden Feldern. In einer Tischlerei, in einer Bäckerei. Mit jedem fertig gestellten Fundament wächst hier der Stolz der Leute aus dem Schlamm, mit jeder Ernte die Zuversicht. Und es sind die winzig scheinenden, andernorts nicht zu findenen Details, etwa dass die zukünftigen Hauseigentümer ihren Familiennamen schon auf einer Tafel an der jeweiligen Baustelle vorfinden, welche die sonst oft vermisste Identifikation der Betreuten mit dem Leben nach der tödlichen Nacht von Armero zu erzeugen vermögen.

„Ich arbeite, um zu vergessen", sagt Cecilia Gallano. Sie hat nicht nur das Glück, dass sie arbeiten darf, es ist ihr auch der Mut eingepflanzt, die Chance zu nutzen und auszubauen. Sie macht Puppen, schneidert Kleider, schneidert an ihrer Flucht aus dem Zeltlager Guayabal. Die Nähmaschine, einen Kleinkredit für den Start verdankt sie dem Programm „Micro Empresas", mit dem das Rote Kreuz langfristig rund 700 Handwerkern, Händlern, Näherinnen auf die Beine helfen will. Aber es sind nicht bloß die Peso-Kredite, die manchem dereinst wohl wieder eine Basis verschaffen werden, anderen nicht. Es ist der Vertrauensvorschuss, den Menschen wie Cecilia Gallano empfinden – und den sie zurückzahlen können, weil sich in ihrer Nach-Armero-Biografie eben schon wieder ein paar kleine Erfolgserlebnisse angesammelt haben.

Eine Tagesreise von Armero entfernt, am Rande der Amazonasebene bei Villavicencio, ist eine weitere ausgesuchte Minderheit von Damnificados auf dem richtigen Weg. Auf den 354 verwilderten Hektar der vom einstigen Besitzer aufgegebenen Hacienda „Varsovia" starten zunächst 15 Familien mit Betreuung und Geld des Roten Kreuzes ein Leben bei Null. Aber mit Fortschritten, die sie sich selbst zurechnen dürfen, die Köpfe frei von der lähmenden Lagermentalität, die Hände frei für die Realisierung aller Ideen, die Campesinos in einem fruchtbaren Land wieder kommen können, wenn das Trauma des Vergangenheitsverlustes überwunden ist.

Die Ziegelfabrik in Guayabal, der „Neue Horizont", die Bauernkooperative im Llano – noch sind dies nur Ansätze zur Bewältigung des 13. November 1985. Ansätze, die jeder, der mit der komplizierten Wiedergeburt der Region befasst ist, wohl gern kopieren, verbreitern würde. Die Ziele aller Hilfsorganisationen zusammengenommen, ihre Verwirklichung vorausgesetzt, würde um Armero herum nicht mehr und nicht weniger geschaffen werden als ein Musterstaat im Staate.

Eine Utopie. Denn was immer Armero den direkt Betroffenen einerseits, der vielleicht noch zuschauenden Welt andererseits bedeutet – dem Land Kolumbien mit seinen über 13 Milliarden Dollar Schulden ist Armero, vier Jahre nach dem Erdbeben von Popayán, eine Katastrophe zu viel.

„Was wollen Sie?", fragt Carlos Alberto Rocha Jaramillo, der uns noch als „Resurgir"-Chef gegenübersitzt, „wollen Sie, dass wir Armero, das 140 Jahre gebraucht hat, um zu werden, was es war, in zwei Jahren wieder hinstellen können?" Rocha verweist auf die 260 000 Arbeitslosen allein in Bogotá, auf intakte Städte, die bis heute ohne Kanalisation sind, auf die 30 Prozent Schulen in der Region Armero, die auch vor der Katastrophe schon geschlossen waren.

„Dieses Land ist nicht für Katastrophen gemacht", sagt Rocha noch, bevor er sich einige Architektenmodelle für einen Gemeinschaftsbau in Neu-Armero anschauen geht; er bitte die Menschen aus Europa noch um ein bisschen Geduld.

Einige Tage nach unserem Interview melden die Zeitungen Rochas Kapitulation, seinen Abschied von „Resurgir".

Die Einwohner von Baños zu Füßen des unruhigen Vulkans Tungurahua in Ecuador üben die Evakuierung. Für ein Gelingen bei tatsächlich drohender Gefahr ist entscheidend, dass die Menschen auf den Ernstfall eingestellt sind. In der vom Nevado del Ruiz bedrohten Stadt Armero wurde die Bevölkerung bis zur Katastrophe in Sicherheit gewiegt

Seite 337 – Beim Ausbruch des Pinatubo auf den Philippinen regneten Unmengen von Asche in weitem Umkreis vom Himmel. Mit den Menschen litt das Vieh in der nun überall mit grauem Staub bedeckten Welt. Viele Rinder starben, nachdem sie mit dem gewohnten Grün Asche gefressen hatten. Das führte bei den Wiederkäuern zu Magendurchbrüchen

Seite 338/339 – Als sich der Pinatubo im April 1991 zu regen begann, hatte niemand damit gerechnet: Über 600 Jahre hatte sich der Vulkan nicht gerührt. Serien von Erdbeben sowie kleinere Dampfexplosionen und Ascheneruptionen zeigten das Erwachen an. Die Flanken des Vulkans schwollen durch aufsteigendes Magma. Die Situation spitzte sich schnell zu, bis am 12. Juni mit einem ersten größeren explosiven Ausbruch (Foto) die akute Phase eingeleitet wurde. Am 15. Juni kam es zur stärksten Eruption weltweit seit dem Ausbruch des Novarupta-Vulkans in Alaska im Jahr 1912

Seite 340/341 – Nach den Warnungen von Experten wurden in einem weiten Gebiet um den Pinatubo mehr als eine halbe Million Menschen evakuiert. So blieb die Zahl der Toten relativ gering: Etwa 350 Menschen kamen ums Leben

Seite 342/343 – In der Hoffnung, in dem grauen Inferno ihr Vieh retten zu können, trieben die Bauern es über weite Strecken. Viele suchten vergebens Futter, das nicht durch Asche ungenießbar geworden war

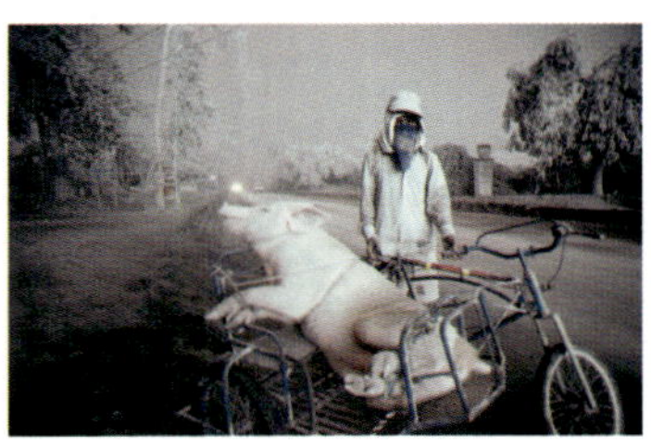

Seite 344/345 – Bei der Evakuierung aus der Gefahrenzone konnte nur das Wichtigste mitgenommen werden. Die behördlich angeordnete Flucht rettete Zehntausenden das Leben

Seite 346/347 – Noch Dutzende von Kilometern vom Pinatubo entfernt, überzog Asche wie schwerer Schnee das tropisch-grüne Land. Im Hintergrund ein durch die Eruption ergrautes Reisfeld

Seite 348/349 – In einem aschebedeckten Zuckerrohrfeld versuchte eine Bäuerin zu retten, was kaum noch zu retten war. Die erhoffte Ernte war vernichtet

Seite 350/351 – Durch Aschenregen, Glutwolken und Schlammströme wurden beim Ausbruch des Pinatubo weite Gebiete verheert. Doch schon bald wird es hier wieder grünen. Das Land wird wieder dicht besiedelt sein, denn aus den vulkanischen Ablagerungen entstehen fruchtbare Böden

Seite 352/353 – In diesem über 20 Kilometer vom Pinatubo entfernten Dorf nutzten die Bewohner ein Nachlassen des Aschenregens, um den Schaden zu besehen und die Situation zu besprechen. Die Aufnahme unter nachtdunklem Himmel wurde mitten am Tage gemacht

Seite 354/355 – Durch das Dorf Masquisquis am Fuß des Pinatubo raste eine Glutwolke. Glücklicherweise waren alle Bewohner rechtzeitig evakuiert worden, denn die ungeheure Hitze hätte niemand überlebt

Seite 356/357 – Bei allem Leid, das der Pinatubo brachte, bleibt tröstlich, dass Vulkanologen die drohende Katastrophe frühzeitig erkannten und Politiker reagierten

Seite 358/359 – Schwefliger Dampf strömt im Krater des Kawah Ijen im Osten Javas aus und überzieht das Gestein mit einer grellgelben Kruste. Auf zehn Tonnen werden die Mengen an elementarem Schwefel geschätzt, die sich jeden Tag im Krater absetzen. Der ständig nachgelieferte Rohstoff im Vulkankrater wird von einem kleinen Bergbaubetrieb unter extremen Bedingungen abgebaut

Seite 360/361 – Tag für Tag arbeitet eine Handvoll Schürfer im Krater des Kawah Ijen. Vor den stechenden Dämpfen nur durch ein feuchtes Tuch vor dem Gesicht geschützt, brechen die Männer mit Eisenstangen und Spitzhacken Schwefelbrocken vom Gestein. Um die Ausbeute zu steigern, werden auch entferntere Fumarolen angezapft und deren schwefelgesättigte Dämpfe durch Rohre zum Abbauplatz geleitet. Dort kondensiert der Dampf zu rötlich-braunem flüssigen Schwefel, der bei weiterer Abkühlung gelb erstarrt. Der größte Teil der Produktion geht an Zuckerfabriken, die den Schwefel zum Bleichen von Rohzucker verwenden

Seite 362/363 – Speziell als Träger eingestellte Arbeiter sammeln die gelben Brocken in Weidenkörbe. Jeweils zwei Körbe werden mit Sorgfalt gleichmäßig schwer beladen und dann an einer Tragestange befestigt. Nur bei einem Gleichgewicht der Körbe ist die enorme Last von 60 bis 120 Kilogramm auf den Schultern zu bewältigen

Seite 364/365 – 280 Meter hoch ist die Kraterwand, die von den Trägern als Erstes zu bewältigen ist. Steilhänge und Stufen wechseln einander ab auf einem Saumpfad, der durch ein Labyrinth gewaltiger Steinbrocken führt

Seite 366/367 – Die Träger haben den Kraterrand erreicht und den Schwefeldunst hinter sich gelassen. Eine lange Strecke liegt noch vor ihnen, und der Abstieg ist nicht leichter als der Aufstieg. Für die Schufterei gibt es mehr Geld, als in der Landwirtschaft oder im Büro zu verdienen wäre

HIMMELWÄRTS

Mit Urgewalt wuchsen die kanarischen Inseln aus dem Atlantik empor: junge Tiefseevulkane, schlampig gebaute Gebilde, die der Erosion anheim fielen, kaum dass sie den Kopf aus dem Wasser gestreckt hatten

Von Günther Mack

Die heiße Platte unter den Kanaren wurde vor rund 40 Millionen Jahren angeknipst. Magma stieg dicht vor dem afrikanischen Kontinent aus dem Erdmantel auf, durchbrach die ozeanische Kruste, und die flüssige Glut quoll nach oben. Als erste der Inseln kochte nach neuesten Erkenntnissen alsbald Fuerteventura hoch, 15 Millionen Jahre später folgten ihre Nachbarin Lanzarote und Gran Canaria, 7,5 Millionen Jahre später tauchte Teneriffa auf. Ganz im Westen liegen die beiden jüngsten Kreationen des Magmaherds, La Palma und El Hierro. Etwa zwei Millionen Jahre alt sind die beiden, hoch aufragend, kantig, unverbraucht. Den ältesten Schwestern nahe der afrikanischen Küste hat die Zeit dagegen Höhen und Kanten schon kräftig abgehobelt. Unter der Wasseroberfläche wachsen derweil 50 bis 60 Kilometer südwestlich von El Hierro die nächsten Kanareninseln empor, auf dem Tiefenmesser klar als „Seamounts" erkennbar. Sie werden aus den Wellen ans Licht stoßen, noch ehe Fuerteventura seine Zeit als flaches Atoll beschließt.

Das Dasein beginnt für Kanareninseln 4000 Meter unter dem Meeresspiegel. Aber nicht nur ihre Geburt in mythischem Dunkel macht Inselvulkane selbst in der Welt der Feuerberge einzigartig. Schon der schiere Vergleich ihrer Körperfülle verbietet es, Land- und Inselvulkane in einem Atemzug zu nennen: Japans Bilderbuchberg Fujiyama zum Beispiel hat ein Gesamtvolumen von rund 800 Kubikkilometern. Gran Canaria misst zwar nur wenig mehr – 850 Kubikkilometer –, aber wie alle Kanaren ist auch Gran Canaria in Wahrheit nur die winzige Spitze eines aus der Tiefsee gewachsenen Lava- und Schlackekegels. Neben solchen Giganten nimmt sich der Fuji aus wie ein Pickel: Ähnlich Eisbergen tragen Inselvulkane kaum fünf Prozent ihres Volumens über Wasser. Von der Spitze bis zur Wurzel ist der Vulkan Gran Canaria gut 60-mal größer als der Fuji und bringt rund 50 000 Kubikkilometer auf die Waage. Andernorts machen solche Kaliber selbst der Erde Dellen. Vom „Big Island" im Hawaii-Archipel wissen amerikanische Vulkanologen inzwischen, dass die Insel die Pazifische Platte rund 5000 Meter tief einbeult – unter den Kanaren ist die Ozeanplatte älter und härter und gibt deshalb kaum nach, unter Gran Canaria nur rund einen Kilometer.

Die Geburt eines Inselvulkans beginnt unspektakulär. Aus einem Tiefenreservoir dringt Magma durch Bruchzonen im äußeren Erdmantel und in der darüber liegenden atlantischen Kruste bis zum Meeresboden. Es ist gut 1200 Grad heiß, arm an Kieselsäure, darum sehr dünnflüssig. Im kalten Tiefenwasser türmt sich die rasch zu Basaltschläuchen erstarrende Lava in immer mächtigeren Schichten. Dabei geschieht Unvorstellbares – Feuer und Wasser lagern wie Löwe und Lamm im Paradies friedlich beieinander. Der gewaltige Wasserdruck verhindert, dass sich das Meer über dem rotglühenden Ausfluss in sprudelnden Wasserdampf verwandelt. Doch je näher der Feuer speiende Berg dem Meeresspiegel kommt, desto heftiger das Chaos auf dem unterseeischen Gipfel. Wasser dringt in die erstarrenden Gänge und verdampft abrupt, reißt die Lava in Fetzen – sie zerspratzen, sagen Vulkanologen lautmalerisch. Ein nicht endender Hagel von explodierenden Lavatrümmern poltert noch unter Wasser an den steilen Bergflanken in die Tiefe und ummantelt den Vulkanfuß mit einem weiten Pediment aus Lavamüll – irgendwoher muss die Masse der Inselvulkane schließlich kommen.

So imposant, so schön die aus Wasser und Feuer geborenen Inselberge auch sind – es sind schlampig gebaute Gebilde, nicht zu vergleichen mit Gebirgen aus Sandstein, bei denen sich die Natur mit einem Meter Sediment zehn- bis zwanzigtausend Jahre Zeit lässt. Meeresvulkane dagegen wachsen hastig: zehntausend Meter in rund einer Million Jahren. Zahllose Spalten, Risse und Höhlen durchziehen die locker geschütteten Kegel. Für die Erosion bedeutet manche Lava leichte Arbeit. Auf der Erdoberfläche ausgeflossenes Magma sieht zwar grimmig, schwarz und wehrhaft aus, aber es hat wenig Kraft zum Widerstand: Der Temperaturschock beim Verlassen der Schmelze, dazu die jähe Entlastung von vielen tausend Atü im Schlot, schließlich der Aufprall neben dem Krater und der Aufenthalt im schiebenden, scherenden, mahlenden Lavastrom – Vulkangestein kommt mit der Hölle zurecht, aber seine Erdengeburt übersteht es nur reichlich zermürbt. Der Regen – zeitweise hatten die Inseln davon mehr als genug – macht sich das zunutze. Schneller und tiefer als im normal gewachsenen Gebirge gräbt er sternförmig vom Zentrum zur Küste schroffe Barrancos und schafft darin den Vulkanmüll ins Meer. La Gomera mit seinen besonders tief eingefrästen Tälern ausgenommen, haben spätere Eruptionen die Barrancos der Kanaren immer wieder aufgefüllt und als Ablauf genutzt – und der Erosion neue Arbeit beschafft. Bis 50 Kilometer vor den Küsten setzen sich die Barrancos unter dem Meeresspiegel als tief eingeschnittene Erosionsrinnen in den ausfächernden Inselfundamenten fort.

Auch davon weiß die Wissenschaft erst seit einigen Jahren, vor allem durch die Forschungsarbeit des Kieler Geomar-Instituts unter Leitung von Hans-Ulrich Schmincke. Nach Bohrungen, zahlreichen geophysikalischen und vulkanologischen Untersuchungen sind die klassischen Fragen zur Entstehung der Kanaren beantwortet: Sie sind weder abgetrennte Randzonen Afrikas noch Überreste eines versunkenen Kontinents („Atlantis"), sondern junge atlantische Tiefseevulkane wie auch Madeira, die Azoren und Kapverden. Vor allem die Bohrungen („Glomar Challenger", 1976; „Joides Resolution", 1994) im Inselschelf weit vor den Küsten haben anschaulich gemacht, welch Mordsspektakel sich immer wieder auf den Kanaren abgespielt hat.

In den submarinen Sedimenten finden sich viele Aschen, die sich auf den steilen Flanken nicht halten konnten – aus den Ablagerungen wird deutlich, dass gewaltige Glutlawinen über Millionen Jahre von den Vulkanhängen donnerten; dass Glutaschewellen mit 100 Stundenkilometern ins Meer zischten, immense Flutwellen an die Küsten der Nachbarinseln warfen und Unterwasserwirbel auslösten, die die Ablagerungen im ganzen Archipel aufquirlten. Aufbau und katastrophenträchtiger Abriss, in diesem Wechsel leben die Kanaren, seit sie den Kopf über Wasser halten.

Links: **Am Piton de la Fournaise auf Réunion fließen Lavaströme den aktiven Kegel hinunter, der sich aus einer weiten Caldera am Gipfel des Vulkans erhebt. Die feurigen Bäche entspringen einer ringförmigen Spalte unterhalb des Kraters**

AUFBAU DER ERDE
Das Innere der Erde ist schalenförmig gebaut wie eine Zwiebel. Unter der dünnen Kruste liegt der Erdmantel aus schweren Silikaten – er besteht aus »Stein« wie die Kruste. Der Kern unseres Planeten enthält hingegen überwiegend Eisen. Den festen Inneren Kern umgibt der flüssige Äußere Kern. Wärme aus dem heißen Zentrum löst im Erdmantel Konvektionsströme aus – hier nur für den Unteren Mantel angedeutet –, die für ständige Unruhe an der Erdoberfläche sorgen

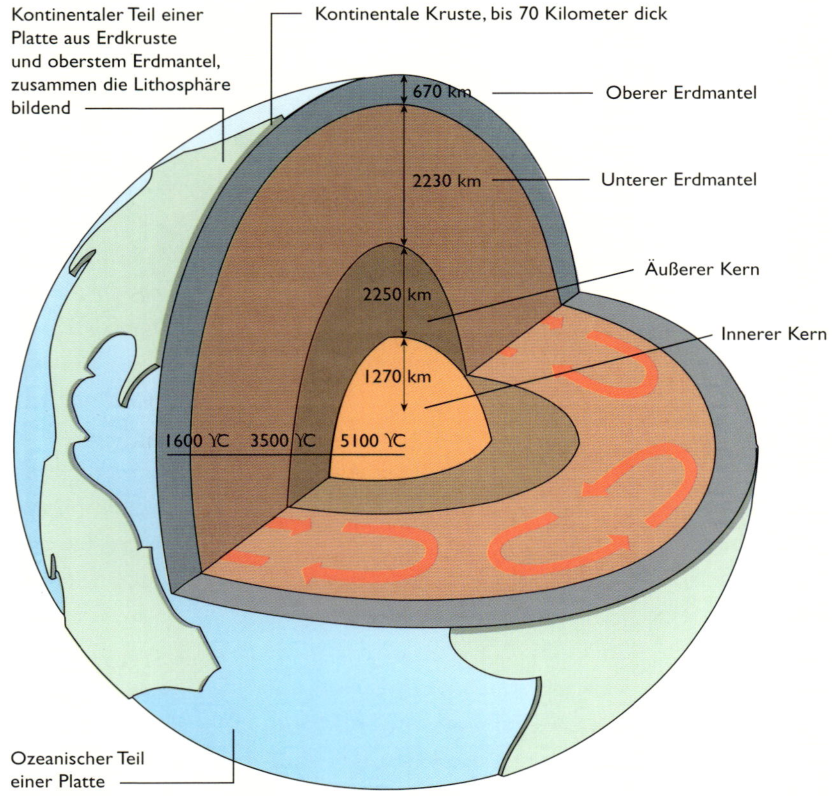

Dass die Inseln, die ihre Existenz so friedlich am Atlantikboden beginnen, mit zunehmender Größe zu spektakulären Eskapaden neigen, liegt an den Eigenheiten ihres im Gipfelbereich ausfließenden Magmas: In der Spätphase der kanarischen Vulkane enthält das Magma – im Vergleich zu den Vulkanen Hawaiis – viel Kieselsäure und ist zäh. Es entlädt sich entweder explosiv, oder es bleibt stecken, versteinert und bildet Dome, wie man sie noch heute etwa auf La Gomera oder im Süden Teneriffas sieht. Die Gase, die wie aus einer Mineralwasserflasche drängen, können immer schwerer aus der Schmelze entweichen. Mit einem Satz: Dramatische Verstopfungsprobleme zeichnen sich ab.

Am Teide auf Teneriffa ist gut zu beobachten, was als Nächstes geschehen kann: Der Hauptschlot versucht, Bypässe zu legen und sich durch Bildung Dutzender Nebenkrater zu erleichtern. Während nahezu fließunfähige Laven wie geborstene Gletscher hoch am Hang erstarren, strömt am Fuß noch flüssigere Lava aus, die sich zu glatten Flächen verfestigt. – nach internationaler Usance wird sie mit einem Wort aus Hawaii bezeichnet: „Pahoehoe“: Worauf man barfuß laufen kann. Unmittelbar daneben liegen Ergüsse scharfkantig aufgefetzter, zäher Lava, die Fußsohlen zerreißen – „Aa“ heißt diese Schlacke.

Immer häufiger befreit sich Gas gewaltsam aus dem Schlot, zerstäubt die Lava zu Bimsstein und Lapilli und Asche und feinen Gluttropfen und bedeckt mit dem Auswurf in wenigen Tagen Hunderte von Quadratkilometern – der gesamte Süden Teneriffas mit seinen dicken Bimssteinschichten verdankt seine Existenz solchen Ausbrüchen. Doch alle Versuche, sich vom Überdruck zu befreien, blieben am Teidemassiv vergeblich. Und als Verbündeten seiner Zerstörungskraft erwählte das Magma im Zentralvulkan von Teneriffa ausgerechnet das Wasser. So kann es gewesen sein: Je mehr die Haupt- und Nebenkrater durch zähe Laven verstopften, desto mehr drängte das Magma in die labilen Asche- und Schlackehänge. Aufgeweicht von Magma, kollabierte die Nordflanke des Vulkans, Grundwasser und Lava kamen in Berührung, und der explosionsartig entweichende Wasserdampf riss schließlich den mächtigen Gipfel ins Meer; zurück blieb die vor etwa 170 000 Jahren entstandene riesige Cañadas-Caldera. Die tiefe Scharte der Caldera von La Palma zeugt von einem ähnlich spektakulären Hangkollaps.

Auch Gran Canaria entging nicht der Verstopfungs-Katastrophe. Der Zentralvulkan blähte seine Kappe zum furiosen Finale auf und stürzte in einer Kette von Implosionen und Explosionen unbegreifbarer Heftigkeit in sich zusammen. Dann konnte er wieder atmen und ließ zwischen 14 und 8,5 Millionen Jahre vor unserer Zeit mehr als 50 Glutwolken-Orkane niedergehen. Seltener endet eine Insel-Biographie glücklich und ohne Katastrophe. Unter La Gomera beispielsweise ließen Gas- und Magmadruck rechtzeitig nach, das noch in den Schloten stehende Magma kühlte und härtete in Ruhe aus – und die Vulkandome überragen seither die Insel als markante Wahrzeichen.

Die komplizierte Entstehungsgeschichte der Kanaren ist nicht mit der „Hot-spot“-Theorie zu vereinbaren. Die lässt sich am besten in einer Küche demonstrieren. Sie haben einen großen Bräter, aber nur eine kleine Herdplatte, ihren Hot spot. Also schieben Sie den Bräter langsam von links nach rechts über die Platte; während es auf der linken Seite zu brutzeln beginnt, beruhigt es sich in der rechten Bräterhälfte. Dieser Vorgang ist prima, um die Entstehung der Inselvulkane Hawaiis oder der Alëuten zu verstehen. Aber für die Kanaren taugt das Modell nur mit Einschränkungen. Denn erstens sind die Inseln nicht sauber hintereinander in einer Reihe entstanden. Zweitens müsste der Vulkanismus auf den ältesten Inseln längst erloschen sein, tatsächlich ist er – nach geologischem Zeitmaß – auf allen Inseln mit Ausnahme von La Gomera sehr gegenwärtig. Dass drittens dicht neben dem jungen Hierro das zehnmal so alte Gomera liegt, verträgt sich ebenfalls nicht mit der Hot-spot-Theorie.

Das jüngste Erklärungsmodell ließe sich besser auf Großmutters altem Küchenofen demonstrieren: Das Magma unter den Kanaren heizt offenkundig nicht punktgenau wie eine Elektroplatte, sondern züngelt wie die Flamme auf einem glühenden Holzscheit, leckt mal hier, flackert mal dort. Dann ist noch lange Feuer unter der Asche, unter allen Kanareninseln.

LEBENSLAUF EINES VULKANS

Geboren bei Hawaii, aus dem Meer erwachsen, ewig spuckend groß geworden und wieder versunken. Eingeschmolzen unter den Feuerbergen Kamtschatkas und erneut ausgespien als Lava und Asche

Von Uwe George

Das Begräbnis Hawaiis wird dereinst furios sein. Auf der menschenabweisenden Halbinsel Kamtschatka, mehr als 5000 Kilometer von Honolulu entfernt, wird der Archipel unter gewaltigen Vulkanen feuerbestattet werden. Nicht anders als unzählige pazifische Inseln zuvor, die dort seit Jahrmillionen ins glühende Grab sanken. Für Millionen Besucher ist Hawaii der Inbegriff paradiesischer Pazifikinseln. Für Geowissenschaftler dagegen Teil einer gigantischen Weltmaschine, die ihre Kraft in endlosen Kreisläufen aus sich selbst bezieht, Kontinente wandern lässt, Gebirge und Ozeane erschafft, Inseln gebiert und begräbt.

Dem Innern unseres Planeten wandten sich Erdwissenschaftler erst in den sechziger Jahren eingehender zu. Sie ergänzten Alfred Wegeners Modell der wandernden Krustenplatten und stießen bei ihren Studien auf einen genialen Vordenker: den Briten Osmond Fisher. Der Pfarrer und Hobby-Geologe hatte bereits 1891 in seinem Werk „Physik der Erdkruste" die gültige Lehrmeinung revolutioniert. Das wohl Erstaunlichste an Fishers Darstellung ist, dass er niemals einen lebenden Vulkan sah. Dennoch verdankte er seine Einsichten der Aktivität eines hawaiischen Feuerbergs, des Kilauea. Fisher sah mit den Augen eines anderen, erfuhr von Mark Twain, wie es aussieht, wenn „in der dunklen Kruste 30 Meter große Löcher aufreißen und die weißglühende Lava wild darin kocht und strudelt." Mark Twains Beschreibungen seiner Hawaii-Reise im Jahr 1866 befeuerten Fishers Vorstellung: Unter dem Ozeanboden fließen, so lehrte er, zirkulierende Zellen flüssigen Magmas. Sie türmen im Meer vulkanische Inseln auf und drücken die Erdkruste gegen die Küsten, wo sie sich zu Bergketten auffaltet. Außerdem vermutete Fisher richtig, dass die Erdkruste sich abkühlt und verdichtet, wenn sie beim Zusammenstoß mit einem Kontinent in die Tiefe des Ozeans absinkt.

Solche Theorien im Innern der Erde zu überprüfen, ist schwieriger, als die Oberfläche benachbarter Planeten zu erkunden. Die bislang tiefste Forschungsbohrung stieß gerade einmal zwölf Kilometer in die Erdkruste vor. Und doch vermögen die Wissenschaftler ins Erdinnere zu schauen. Ihre Fenster sind die Vulkane, allen voran jene auf Hawaii. Der große alte Mann der Vulkanologie auf Hawaii war Thomas Augustus Jaggar, Geologieprofessor am Massachusetts Institute of Technology (M.I.T.). 1912 gründete er am Krater des Kilauea das erste Observatorium zur Erforschung der feurigen Ausflüsse der Erde. Bis dahin hatten sich die Geologen von aktiven Feuerbergen fern gehalten. Jaggar hielt die Mitarbeiter an, „seinen" aktiven Vulkan ständig zu beobachten und zu vermessen. Nur so, das war seine These, ließen sich Eigenschaften und künftige Verhaltensweisen von Feuerbergen ergründen. Jaggar erfand Sonden, um die Lava-Temperatur zu messen, Geräte zur Analyse vulkanischer Gase, teufte Bohrungen in erstarrte Lavaströme hinab, installierte Seismometer, um den Puls im Erdinnern abzuhorchen. Vor allem ließ er den Körper des Vulkankegels ständig vermessen. Seitdem wissen die Forscher, dass ein Vulkan sich aufbläht, bevor er ausbricht. Magma steigt nicht einfach durch einen Schlot auf, sondern passiert kilometertief liegende Kammern, die sich rhythmisch aufladen und entleeren. Das sie umgebende Lavagestein zerbirst unter dem enormen Druck und sendet Schauer von Erdbebenwellen aus.

Jaggar und seine Crew drangen in die kilometerlangen Lavatunnel vor. Sie entstehen, wenn die Oberfläche der fließenden Ströme erstarrt, die eingeengte Lava darunter aber mit höherem Tempo weiterfließt. Die bis heute fortdauernde Kartierung und Datierung der Tunnelsysteme erlaubt Rückschlüsse auf die Entstehungsgeschichte der hawaiischen Inseln. Die Vulkane der Kette, mit 4205 Metern über und rund 6000 Metern unter Wasser die mächtigsten der Erde, gelten als sanftmütige Riesen. Denn

DIE DYNAMISCHE ERDE
Konvektionsströme im Erdmantel halten die Lithosphären-Platten, welche die äußere Hülle der Erde bilden, in Bewegung. In den Mittelozeanischen Rücken bildet sich neues Plattenmaterial, in Tiefseegräben tauchen Platten ins Innere der Erde ab. Wo Platten in die Erde zurückkehren, liegen besonders explosive Vulkane. Auch mitten auf den Platten gibt es Vulkane, gespeist durch Hot spots, „heiße Stellen" im Erdmantel

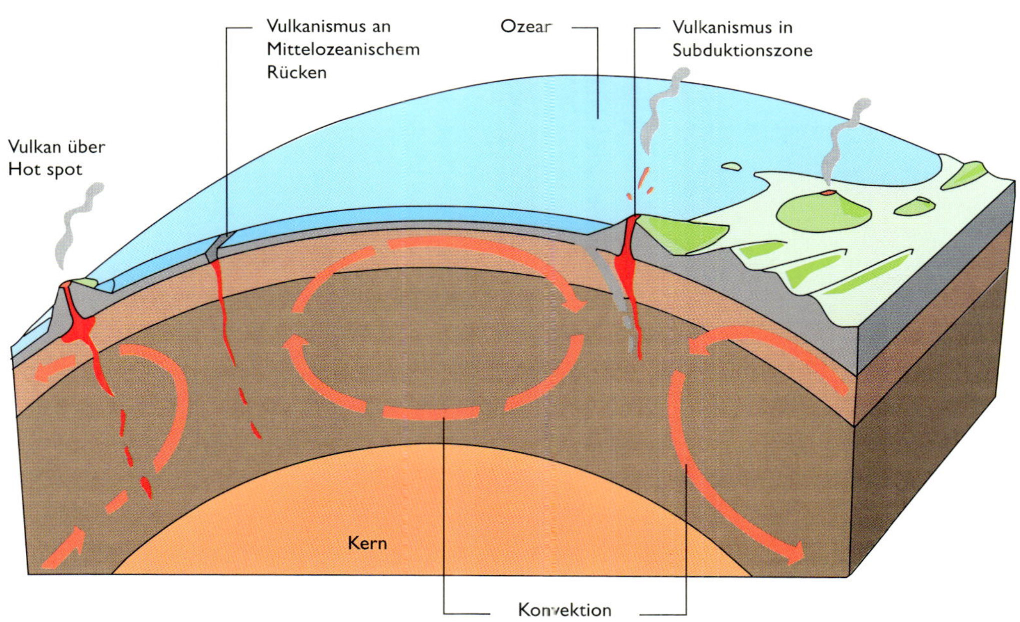

WO DIE PLATTEN WACHSEN
Das gewaltigste Gebirge der Erde liegt unter Wasser und besteht völlig aus vulkanischem Gestein. 70 000 Kilometer weit und im Durchschnitt zwei bis drei Kilometer hoch ziehen sich die Mittelozeanischen Rücken, die Wachstumszonen der Lithosphären-Platten, durch die Ozeane. In ihnen dringen rund zwei Drittel aller weltweit ausgestoßenen Lavamassen aus der Tiefe

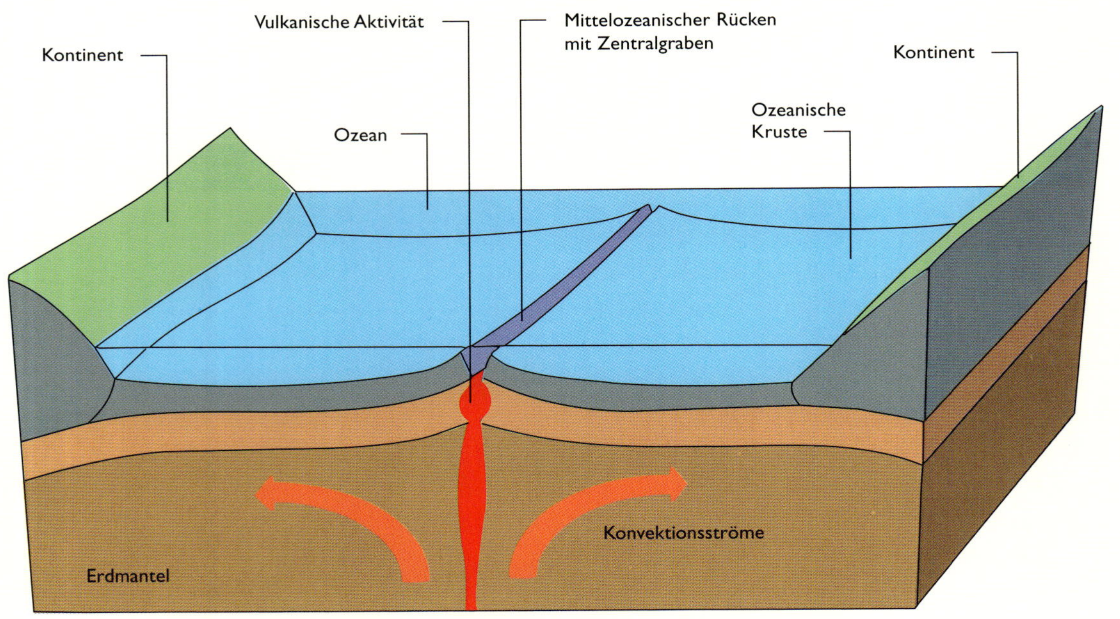

die chemische Zusammensetzung ihrer Lava lässt die virulenten Gase darin leicht und gleichmäßig entweichen. So können Vulkanologen auf Big Island, der einzigen Insel des Archipels, deren Vulkan tätig ist, die Mechanik der Weltmaschine vergleichsweise ungefährdet ergründen.

Vor ungefähr 70 Millionen Jahren gebar die Erde das Ur-Hawaii. Und seither entsteht – modernen Theorien zufolge – die hawaiische Inselkette durch zwei erdumspannende Bewegungen immer wieder neu: Zum einen zieht die Krustenplatte, die den Boden des Pazifik bildet, seit Jahrmillionen von Südost nach Nordwest; außerdem zirkulieren unterhalb der Erdkruste, im „Erdmantel", Konvektionsströme aus heißem zähplastischen Gestein. Sie treiben die Krustenplatte an. Unter Big Island orteten Geophysiker eine Stelle, wo glutflüssiges Magma aus dem äußeren Erdkern emporsteigt und sich einen Weg durch die pazifische Platte brennt. Über einem solchen „Hot spot" unseres Planeten wachsen aus dem Auswurf des Erdinnern ungeheure Tiefseevulkane empor, die eines Tages die Wasseroberfläche durchstoßen und Inseln bilden. Während der Hot spot lange Zeit stationär bleibt, wandert die Platte unaufhörlich über ihn hinweg. So entsteht, wie auf einem riesigen Transportband, ein Vulkan nach dem anderen, wandert aus dem Bereich des Hot spot fort, erlischt und zerfällt.

Der Zerfall einer Vulkaninsel beginnt schon, während sie noch wächst: Der Meeresgrund um die Hawaii-Kette ist bedeckt mit dem Abraum gigantischer Gesteinslawinen. Denn immer wieder brachen Flanken der Inseln ab und rasten in die Tiefe. Misstrauisch beobachten Wissenschaftler vom Hawaiian Volcano Observatory die erstarrten Lavamassen an der Südflanke des Kilauea: Sie bilden einen Überhang, der jederzeit ins Meer rutschen kann. Ein kilometerlanger Spalt markiert die mögliche Abbruchkante. Die Vulkanologen befürchten, dass der gigantische Erdrutsch womöglich eine Magma-Kammer freilegt und ein Inferno entfacht. Doch damit nicht genug: Stürzt so viel Landmasse ins Meer, löst sie eine Flutwelle aus, die minutenschnell Big Island und die Nachbarinseln heimsuchen würde – und Stunden später die Küsten der gesamten pazifischen Region. Welche Höhe derartige Wellen erreichen können, ahnen Forscher, seit sie in den Bergen der Insel Lanai, 365 Meter über dem Meeresspiegel, loses Korallengestein entdeckten. Die einzige Erklärung: Eine monströse Flutwelle hat einst ein Riff aus dem Meer gerissen und hinaufgespült. Doch auch ohne kollabierende Flanken taucht ein Vulkan unter dem wachsenden Gewicht der eigenen Masse langsam in den Ozeanboden ein – etwa halb so schnell, wie er gewachsen ist. Je weiter eine Insel von der Zufuhr des Hot spot wegdriftet, umso rascher geht sie unter, denn die pazifische Krustenplatte wird auf ihrem langen Weg nach Nordwesten kühler, schwerer und sinkt allmählich ab. Dies darf man sich nicht als kontinuierlichen Prozess vorstellen. Es gab „hawaiilose" Perioden, ehe durch neue Magmazufuhr wieder eine Kette aus dem Meer auftauchte. Doch auch ihr geologischer Untergang ist bereits vorgezeichnet. Jenseits von Kauai, der ältesten der großen hawaiischen Inseln, ist eine Kette erkalteter Vulkane bereits im Meer versunken und hat dabei eine wundersame Verwandlung durchgemacht: Auf ihren unter Wasser liegenden, erodierten Stümpfen siedelten sich Korallen an und bauten ein Saumriff auf. In dem Maße, wie das Land versinkt, türmen die Korallenpolypen ihr Riff höher auf, um den Platz an der Sonne zu behalten. Wenn nach Millionen von Jahren die Insel verschwunden ist, bleibt das Atoll, als Abbild der einstigen Küstenkontur.

So zeigt jeder Teil des Hawaii-Archipels seine geologische Altersphase: Sie liegt bei Null in den Lavafluten des Kilauea. Kauai existiert seit 5,6 Millionen, das 2500 Kilometer entfernte Midway-Atoll bereits seit 28 Millionen Jahren. Dort, wo die Vulkanfundamente weitere 14 Millionen Jahre älter sind, hat die Kette einen Knick. Sie weist nach Norden. Vermutlich weil die Pazifische Platte vor Urzeiten einem anderen Kurs folgte. Die ältesten Vulkanruinen werden mitsamt ihrer Transportplatte demnächst unter Kamtschatka hinabgleiten, eingeschmolzen und im mächtigsten Feuerspeier Eurasiens wieder geboren. Der zur Zeit 4835 Meter hohe Kljutschewskoj ist der Schornstein des Krematoriums, in dem Hawaii sein feuriges Ende findet. Russische Vulkanologen rechnen fest damit, dass der Kljutschewskoj auf 6000 oder gar 7000 Meter anwachsen wird.

Wenn die Weltmaschine ihre Laufrichtung nicht abermals ändert, wird eines Jahrmillionen fernen Tages auch das heutige Hawaii im ostasiatischen Schmelztiegel untergehen. Doch bevor das Ende kommt, steht die Geburt einer Insel bevor. Forscher entdeckten das „freudige Ereignis" vor 21 Jahren, als sie bei der Kartierung des Meeresbodens erkannten, dass es sich bei den immer wieder registrierten Erdbebenwellen um Wehen der Erde handelte. 30 Kilometer vor der Südostküste von Big Island ist die Erde mit einem neuen Vulkan hochschwanger. „Loihi", wie das Ungeborene heißt, ragt bereits 4000 Meter über den Grund des Ozeans empor und wühlt die See mit seinem Temperament auf.

Die Hebammen der Inselgeburt, Alexander Malahoff, Direktor des Hawaii-Unterwasser-Forschungslaboratoriums, und Fred Duennebier, Chef der Abteilung für Geophysik an der Universität von Hawaii, überwachen Loihis Entwicklung von einem Forschungs-U-Boot aus. Der Nachwuchs liefert den Geologen unerwartete Erkenntnisse – sowohl über die „Schwangere" wie über deren „Gebärmutter", den Hot spot tief im Inneren der Erde. Seit langem wissen Geologen, dass Big Islands junge Vulkane tholeiitische Lava produzieren. Sie enthält große Mengen Silicium, aber wenig alkalische Elemente und erreicht Hitzegrade, wie sie nur tief im Erdmantel herrschen. Bei älteren Vulkanen wie dem Mauna Kea dagegen überwiegt die kühlere, alkalische Lava. Der Wechsel des Lavatyps eines Vulkans zeigt den Forschern an, wann er aus dem zentralen Bereich des Hot spot wandert.

Als die Geologen Lavabrocken von Loihi analysierten, erlebten sie eine Überraschung: Beide Lavatypen waren vertreten: Vermutlich ist ein Hot spot aus unterschiedlich temperierten Zonen aufgebaut, die sich konzentrisch überlagern. Als Loihi entstand, driftete die Erdkruste über den relativ kühlen äußeren Bereich, zum Zeitpunkt der Messungen aber schob sie sich bereits über das heiße Zentrum. Es gab noch eine weitere – erschreckende – Erkenntnis: Lavaproben und Unterwasseraufnahmen zeigten, dass Loihi eher einer Schlackenhalde als einem Berg gleicht. Unter Wasser verfestigt sich Lava nämlich nicht wie an Land, sondern zerbricht in Fragmente. Demnach ist der Unterbau aller Hawaii-Inseln extrem instabil.

Loihis Beben haben dramatisch zugenommen. Besorgt begaben sich die Wissenschaftler an Bord eines Forschungsschiffes. Als es das Seegebiet über dem Vulkan erreichte, vibrierte der Schiffsrumpf vom Aufruhr in der Tiefe. Die Forscher werteten Sonarbilder aus und verglichen sie mit früheren: Ein Gipfelabschnitt von 260 Meter Durchmesser war Hunderte von Metern tief in den Krater gerutscht. Noch mehr staunten sie, als Sonden im Wasser um den ausgebrochenen Vulkan kaum noch Salz registrierten. Offenbar hatte Loihis heftige Eruption gleich einem Tauchsieder Kubikkilometer von Meereswasser zum Kochen gebracht und destilliert.

SCHWARZE RAUCHER

Tausende Meter unter dem Meeresspiegel spuckt die Erde einen schwarzen Sud. Er kocht, ist mineralienbeladen und nährt eine Vielzahl von Kreaturen. An den Schloten könnte der Ursprung allen Lebens zu finden sein

Von Kathy Saywer

Zu dritt in eine enge Titan-Kugel gezwängt, schweben wir am Heckgalgen der schwankenden „Atlantis" ins Meer. Nachdem die Trossen gelöst sind, schaukeln wir sanft auf den in der Morgensonne glitzernden Wellen. Dann gurgeln die Ballasttanks, und wie ein Stein sinkt unser Gefährt hinab in die kilometerdicke Wasserhülle des Planeten. Bald schwindet das Auf und Ab der Wogen. 100 Meter unter der Oberfläche wechselt das Tiefblau des Ozeans in Schwarz. In samtener Finsternis nähern sich gelegentlich Leuchtquallen, die unvermittelt wie Feuerwerkskörper zu explodieren scheinen.

Mit dem 17-Tonnen-Tauchschiff „Alvin" der amerikanischen Woods Hole Oceanographic Institution begeben der Geophysiker Paul Johnson von der University of Washington, der Pilot Dudley Foster und ich uns auf eine Art Safari zum Grund des Ostpazifik. In einem der unwirtlichsten Lebensräume der Erde wollen wir die kleinste und am schwersten fassbare Beute jagen, die man sich vorstellen kann: Mikroorganismen. Sie sollen die Theorie belegen, dass in der Erdkruste tief unter dem Meeresgrund Myriaden von Bakterien ein Dasein führen, dass der Ozeanboden quasi ein gigantischer Brutkasten des Lebens ist.

Während unserer 19-tägigen Expedition im Sommer 1998 schickt das Forschungsschiff „Atlantis" die „Alvin" 15-mal nach unten zum Juan-de-Fuca-Rücken vor der amerikanischen Nordwestküste, in eine Landschaft, deren markante Punkte Namen tragen wie „Hell", „Ashes" und „Inferno". Der unterseeische Gebirgszug ist Teil des 75 000 Kilometer langen Saums, der die Erde umzieht wie die Naht einen Baseball. Hier stoßen die gewaltigen Platten der Erdkruste aneinander, und hier ist der Pulsschlag des Planeten unmittelbar zu spüren – in Form schwefelhaltiger, kochend heißer Quellen, glühender Lavaströme und gigantischer Seebeben. Diese planetaren Feuerstellen haben mehr und mehr Forscher in die Tiefsee gelockt. Seit etwa 20 Jahren wissen wir

WO DIE PLATTEN ABTAUCHEN
Tiefseegräben markieren Subduktionszonen, in denen Platten mit ozeanischer Kruste unter eine andere Platte gleiten. In etwa 100 Kilometer Tiefe werden Schmelzprozesse ausgelöst, die zur Vulkan-Bildung führen. So entstehen parallel zu den Tiefseegräben Vulkanketten.

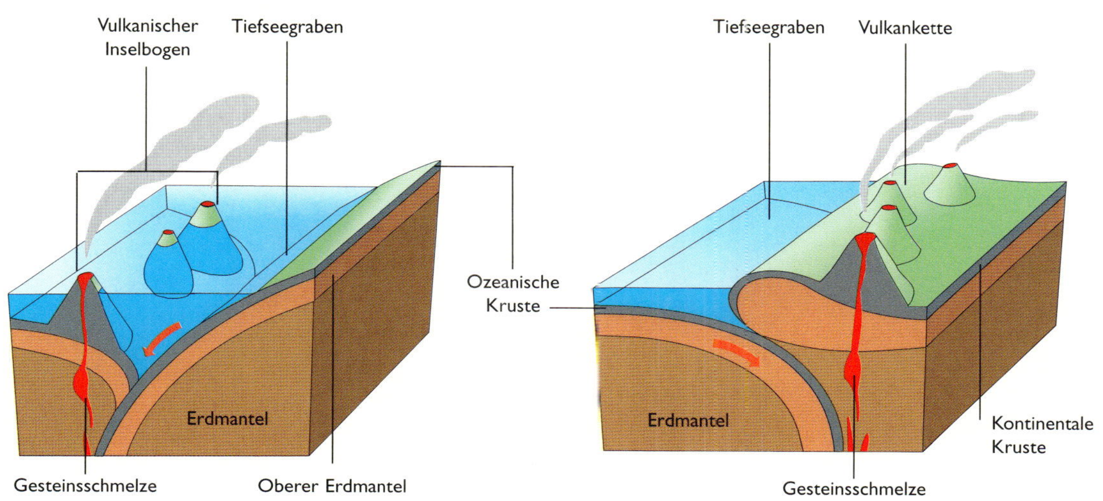

Treffen zwei ozeanische Platten aufeinander, wächst ein Inselbogen aus dem Meer

Schiebt sich ozeanische Kruste unter kontinentale, bildet sich eine Vulkankette am Rand eines Kontinents

deshalb, dass Organismen auch in enormer Hitze, in extremen chemischen Milieus und unter gewaltigem Druck gedeihen können, unter Bedingungen also, unter denen eine biologische Existenz bis vor kurzem noch für undenkbar gehalten wurde.

Mit dem Mutterschiff verbindet uns nur noch das Unterwasser-Telefon, dessen Signale per Schallwellen reisen. Unseren Atemvorrat haben wir mitgebracht. Sauerstoff strömt kontinuierlich aus Gasflaschen. Das Kohlendioxid, das wir ausatmen, wird von Chemikalien aus der Luft eliminiert. Im Notfall können wir 72 Stunden unter Wasser bleiben. Für meine Begleiter ist die Expedition in die Finsternis fast Routine. Paul Johnson, 58, ein drahtiger Geophysiker, hat Dutzende von Tauchfahrten hinter sich. Dudley Foster, ein besonnener 52-Jähriger, ist mit mehr als 500 Tiefengängen bereits zur Legende geworden. Er sitzt auf einer Schaumstoffmatte vor der untertassengroßen Luke. Johnson und ich knien auf dünnen Decken beiderseits des Piloten vor den Mini-Fenstern, die im unteren Teil der Kugel ins Metall geschnitten sind.

Um 9.39 Uhr erreichen wir den Ozeangrund, 2194 Meter unter dem Meeresspiegel. Nur die fünf Zentimeter dicke Titanhülle schützt uns vor dem vernichtenden Druck von 228 Kilopond pro Quadratzentimeter. Durch meine Steuerbord-Luke sehe ich in den Lichtstummeln des Tauchboots eine staubig erscheinende, grauschwarze Fläche – den Abyssus, den Boden des in der Antike für bodenlos gehaltenen Meeres. Als „Alvin“ nach Backbord dreht, taucht eine irrwitzige Szene voller Farben aus dem Dunkel auf, mit gesprenkeltem Orange, Braun, Rot, Weiß, Rosa. „Röhrenwürmer!“, ruft Johnson. „Mein Gott, was für ein Ort.“ Wir sind exakt an der von ihm geplanten Stelle gelandet – in einem Feld warmer Quellen auf etwa 48 Grad nördlicher Breite an der Westwand des Längstals, das den Juan-de-Fuca-Rücken durchzieht. Eine blassrosafarbene Seespinne, groß wie ein Kanaldeckel, wechselt ihren Platz, wobei sie uns mit ihrem alten, hutzeligen Gesicht zu beobachten scheint. In der Strömung wiegt sich eine Kolonie meterlanger Riesenbartwürmer mit dunkelroten Kiemenbüscheln; kürzere, rotbraune Röhrenwürmer, geformt wie kleine Hände, wedeln, als ob sie uns zuwinkten. Um sie herum und zwischen ihnen wimmeln und winden sich kleinere Kreaturen.

Als ein „Alvin“-Team, darunter Dudley Foster, 1977 nahe den Galápagos-Inseln auf die ersten üppigen Tiefsee-Oasen an bis zu 23 Grad Celsius warmen Quellen stieß, hatten sie eine Sensation entdeckt. 1979 fanden Forscher verwandte und ähnlich reiche Lebensgemeinschaften an „Schwarzen Rauchern“ – mehrere Meter hohen Schloten, aus denen 350 Grad Celsius heißes, mit dunklen Mineralpartikeln beladenes Wasser schießt. Mittlerweile haben Biologen in diesen Biotopen mehr als 350 Arten identifiziert – 95 Prozent bis dahin unbekannt. Bis zu den spektakulären Funden hatten Biologen geglaubt, alle Tiere am Meeresboden nährten sich lediglich von dem, was von der lichtdurchfluteten Oberfläche herabregne, lebten letztlich also auch dank der Sonnenenergie. Diese Lehrmeinung musste angesichts der neu entdeckten Tiefsee-Quellen sozusagen auf den Kopf gestellt werden: Die Anti-Welt am Ozeangrund bezieht ihren Treibstoff aus dem Inneren der Erde – vor allem aus dem herausbrodelnden, nach faulen Eiern stinkenden, für die meisten Organismen giftigen Schwefelwasserstoff. Mit dessen Hilfe bauen Bakterien auf eigenwilligen Stoffwechselwegen aus Kohlendioxid Biomasse auf, von der sich dann wiederum höhere Tiere ernähren: Schnecken und Garnelen weiden Bakterienrasen ab. Muscheln und Würmer filtern schwebende Mikroben aus dem Wasser.

Manche Kreaturen pflegen besonders intime Beziehungen zu Mikroorganismen. Der Riesenbartwurm *Riftia pachyptila* etwa hat keinen Verdauungstrakt. Als Untermieter hausen Schwefelbakterien in den Zellen seines langgestreckten Körpers, die ihm Biomoleküle wie Zucker und Aminosäuren zur Verfügung stellen. Im Gegenzug versorgt der Wurm seine Helfer via Kiemen und Kreislauf mit den nötigen Rohstoffen. Die bis zu 26 Zentimeter große Muschel *Calyptogena magnifica* beherbergt Unmengen von Bakterien in ihren Kiemenzellen. Diese Symbionten produzieren so viele Nährstoffe, dass die Tiere erstaunlich rasch wachsen – *Riftia* etwa kann binnen 20 Monaten eineinhalb Meter hohe Röhren bauen.

Foster steuert das Tauchboot mit Vorsicht. Trotz der fremdartigen Schönheit sind wir uns bewusst, in ein Furcht erregendes Reich eingedrungen zu sein, geprägt von giftigen Gasen, toxischen Schwermetallen, Säuren und Temperaturen, die stellenweise hoch genug wären, „Alvins“ neun Zentimeter dicke Acrylglas-Scheiben zu schmelzen. Wir sammeln Bartwürmer für die Biologen an Bord der „Atlantis“, fotografieren, drehen Videos, und installieren ein neuartiges „Kunst-Sediment“ aus Stoff und Schaum im Format einer aufgeschlagenen Zeitung. Es ist mit Temperaturfühlern versehen, um Ströme warmen Wassers aus dem Untergrund zu erfassen. Wir ebnen eine Fläche ein, damit bei einem weiteren Tauchgang ein Zementquader hier abgesetzt werden kann. Dieser wird mit Filtern bestückt sein, die aus dem Bodenwasser Bruchstücke der im Untergrund hausenden Bakterien auffangen sollen.

Hydrothermal-Felder sind flüchtige Erscheinungen. Sie überdauern schätzungsweise zehn, höchstens 100 Jahre. Quellen erkalten, Strömungskamine verstopfen, Vulkanausbrüche begraben Oasen unter Lavamassen. Aber so schnell die Lebensgemeinschaften vergehen, so rasch bilden sich neue. Binnen kürzester Zeit überziehen Bakterien den Grund, eingewandert wahrscheinlich aus den Reservoirs unter dem Meeresboden. Wochen später tauchen Krebse auf, dann Röhrenwürmer, schließlich Muscheln und Fische. Darüber, wie die höheren Organismen, vor allem die festsitzenden, neue Nahrungsgründe erschließen, wie sie „tote“ Strecken zwischen zwei Quellenfeldern überwinden, ist kaum etwas bekannt.

Wir schwimmen nordwärts an einer Mauer aus schwarzem Stein entlang, passieren Felsen, die riesigen Köpfen mit seltsamen Perücken ähneln. Die „Haare“ sind bis zu einem Meter lange Röhrenwürmer. Wir segeln vorbei an ausgedehnten Lavaflächen: Scheinbar mitten im Fließen schockgefroren, hat die zähflüssige Masse Formationen gebildet, in denen wir wie in Schäfchenwolken am Sommerhimmel Figuren zu sehen glauben – einen schlafenden Menschen, einen Bären. Bald darauf erreichen wir das so genannte Endeavour-Segment des Zentralgrabenbruchs, bekannt für dessen Schwarze Raucher. Ein rostiger Schlot ragt sechs Stockwerke hoch auf, mit Flanken wie Flügel, offenbar erloschen. Daneben pafft ein kleinerer Kamin dicke schwarze Brühe. Wenn ein Ort das Attribut höllisch verdient, dann dieser: Das superheiße Wasser, das mit Geschwindigkeiten von bis zu drei Metern pro Sekunde aus engen Löchern schießt, verdampft nur deswegen nicht sofort, weil es unter hohem Druck steht. Der Ausstoß ist so sauer wie Essig und enthält eine scheußliche Mischung aus giftigen Gasen und Schwermetallen wie Eisen, Mangan, Kupfer und Blei.

Der „Atem" der Raucher ist ein Mitbringsel aus dem Erdinneren. Wenn frische Erdkruste abkühlt, bilden sich Risse und Spalten. In diese sickert Seewasser – oft kilometertief. Je näher es der 1200 Grad heißen Magmablase unter dem Grabenbruch kommt, desto stärker erwärmt es sich. Es reagiert mit dem Gestein, belädt sich mit Metallen, Wasserstoff und Schwefelwasserstoff und steigt wieder auf. Vermischt es sich in den oberen Bodenschichten mit eingedrungenem kalten Meerwasser, werden die Metalle bereits unterirdisch ausgefällt, und das Wasser sprudelt klar hervor, erkennbar allein, weil es wie Luft über heißem Asphalt flimmert. Findet der Strom einen direkten Kanal nach oben, bilden sich beim Kontakt mit dem eisigen Seewasser feine Mineralpartikel, sogenannte Sulfide. Zum Teil lagern sie sich zu mehrstöckigen Schloten ab oder schießen wie schwarzer Rauch aus deren Öffnungen.

Trotz des Höllenmilieus hausen Überlebenskünstler ganz nah an den Schloten. Einige Bakterien gedeihen am besten bei 90 Grad Celsius; andere vermehren sich noch bei 113 Grad, während sie bei weniger als 90 Grad ihr Wachstum einstellen. Dass aber selbst höhere Lebewesen solche Hitze aushalten, versetzt Biologen nach wie vor in Staunen: Der rund 15 Zentimeter lange Pompejiwurm *Alvinella pompejana* baut seine Röhren so, dass er immer im heißen Bereich bleibt. An der Öffnung der Behausung herrschen dabei etwa 22 Grad, tief im Inneren bis zu 81 Grad – ein kolossaler Temperaturunterschied zwischen Kopf und Leibesende. Kurzzeitig kann das Tier sogar Hitze von 105 Grad überleben. Wie *Alvinella pompejana* Derartiges übersteht, ist ein Rätsel. Vermutlich helfen dem Wurm wärmeliebende Bakterien, die einen dichten Pelz auf seinem Hinterleib bilden und ihm hitzetolerante Enzyme zur Verfügung stellen.

Während unserer Fahrt bestimmt Paul Johnson mit einem von der US-Marine geborgten Gravimeter vielerorts die Anziehungskraft der Erde und damit indirekt die Dichte des Meeresbodens. Die Messungen sollen enthüllen, wo der Untergrund besonders porös ist und damit Mikroorganismen den besten Lebensraum bietet. „Wenn es stimmt", erläutert der Geophysiker bei seiner Arbeit, „dass Mikroben die Poren eines gigantischen Labyrinths unter dem Ozean besiedeln, dann könnte ihre Masse größer sein als die aller anderen Lebewesen auf diesem Planeten zusammen." Forscher haben bereits einige Indizien für diese provokante These zusammengetragen. So sammeln Biologen bei einem anderen Tauchgang während der Expedition Wasser aus den diffusen warmen Quellen. Und tatsächlich werden die Forscher nach Rückkehr der „Atlantis" in einigen der Proben das Erbmolekül DNS nachweisen – vermutlich von Untergrund-Bewohnern. Bereits früher haben Wissenschaftler bestimmte Stoffwechselprodukte von Mikroorganismen in Flüssigkeiten aus dem Erdinneren ermittelt – zum Beispiel organische Substanzen wie Essig- und Propionsäure, zudem Schwefelfäden, die bei der biochemischen Verarbeitung von Schwefelwasserstoff anfallen. Den eindrücklichsten Beleg für die potenzielle Biosphäre im Untergrund liefern jedoch „Schneebläser" – Quellen, die bis zu 200 Meter hohe Fontänen mit weißlichen Bakterientrümmern ausspucken.

Immer mehr Wissenschaftler beschäftigen sich deshalb mit dem Gedanken, dass das Biotop der „Raucher" und des Bodens darunter womöglich jener „Garten Eden" ist, in dem vor etwa vier Milliarden Jahren das Leben auf der Erde entstanden ist. Damals sprudelten auf dem tektonisch überaus unruhigen Planeten viel mehr heiße Quellen, argumentiert John Baross, Biologe von der University of Washington. Zugleich schlugen unzählige Asteroiden ein, was jegliches Leben auf der Oberfläche ausgelöscht haben könnte. „Der einzig sichere Platz, an dem auch das lebensnotwendige Wasser vorhanden war", sagt Baross, „war vielleicht in der Nähe der hydrothermalen Systeme" – im zerklüfteten Meeresboden.

Experimente zeigten auch, dass die harschen Umstände ideal sind für die Bildung molekularer Bausteine des Lebens. Wissenschaftler der Carnegie Institution of Washington haben Nitrat mit Wasser und Eisensulfid bei 500 Grad Celsius und 500fachem Atmosphärendruck zusammengebacken. Die Mixtur bildete bereits nach 15 Minuten in einer erstaunlichen Rate Ammoniak. Diese Substanz ist ein notwendiges Ingredienz für den Aufbau stickstoffhaltiger Biomoleküle, etwa der Aminosäuren. Im nächsten Schritt gelang es sogar, Ammoniak mit Brenztraubensäure, einem Molekül aus drei Kohlenstoff-, drei Sauerstoff- und vier Wasserstoffatomen, zur Aminosäure Alanin zu verschweißen. Der Chemiker Günter Wächtershäuser, Patentanwalt in München, und Claudia Huber von der TU München haben die Kaskade noch eine Stufe weitergetrieben: Sie koppelten Aminosäuren bei 100 Grad Celsius zu Ketten, zu Peptiden – und vollzogen damit einen Schlüsselschritt der Ur-Evolution nach. Dafür, dass das Leben nicht in einer sonnendurchfluteten Lache der Ursuppe geboren worden ist, sondern in finsterer Hitze am Meeresgrund, sprechen auch genetische Untersuchungen. Als der Mikrobiologe Carl Woese von der University of Illinois das Erbgut zahlreicher Organismen verglich, stellte er fest, dass die winzigen Tiefsee-Bewohner einen komplett neuen Ast am Stammbaum des Lebens bilden. Seit dieser spektakulären Analyse teilen Biologen Kreaturen in drei Reiche ein: das der hitzeliebenden Bakterien (Archaea), das der Lebewesen ohne echten Zellkern, darunter „normale" Bakterien und Blaualgen (Bacteria), und jenes der Organismen mit Zellkern, die höhere Einzeller und sämtliche Vielzeller inklusive Tiere und Pflanzen umfassen (Eukarya). Die Archaebakterien sind dabei am urtümlichsten.

Gegen 14.00 Uhr steuert Foster „Alvin" die nahezu senkrechte Westwand des Tales hinauf. Per Zufall sind wir, wie Johnson begeistert erkennt, auf ein neues Feld warmer Quellen gestoßen. Neben Röhrenwürmern wachsen verstreut bleiche Schwämme; Seegurken und Krebse kriechen umher. Die Zeit vergeht schnell, während Johnson die Dichte einer Reihe von Felsformationen misst. Eine Stunde später erklimmen wir den Rücken, um ostwärts zu drehen und ein letztes Mal über den Talboden zu fliegen. Plötzlich ruft Johnson: „Ich sehe Boden!" Foster flucht, als ein rostfarbener Wall vor uns auftaucht. „Alvin" kracht hinein. Im Scheinwerferlicht wirbeln Wolken rotorangefarbener Trümmer. „Das war ein unkartierter Rücken", sagt Johnson trocken. Die Kollision hätte vielleicht vermieden werden können, wenn nicht Techniker Teile des Sonars ausgebaut hätten, um dem schweren Gravimeter Platz zu machen. „Alvin" ist glücklicherweise unversehrt geblieben. Unerschüttert befreit der erfahrene Pilot das Tauchschiff. Um 15.40 Uhr steigen wir Tiefsee-Fremdlinge zurück in unsere lichtdurchflutete und angenehm temperierte Welt.

Seite 377 – Noch heute beeindruckt Lakagigar, eine 25 Kilometer lange Vulkanspalte mit über 100 Kratern, die sich 1783 auf Island öffnete. Hier flossen die größten in historischer Zeit beobachteten Lavamassen aus, etwa 12,5 Kubikkilometer. Die bei der Eruption ausgestoßenen Gase ließen die Temperaturen auf der Nordhalbkugel sinken

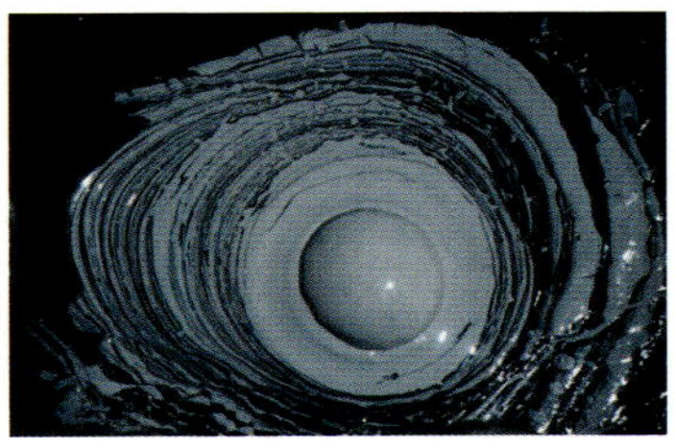

Seite 378/379 – Ein Schlammtopf von vielen im Geothermalgebiet Namaskard im Nordosten Islands. Knapp 100 Grad heiße Gase, die intensiv nach Schwefelwasserstoff riechen, halten den zähen Schlamm am Blubbern

Seite 380/381 – Heiße ätzende Gase haben den alten Vulkankegel in Bolivien zerfressen und anfälliger für Erosion gemacht. Die rote Färbung stammt von Eisenoxiden

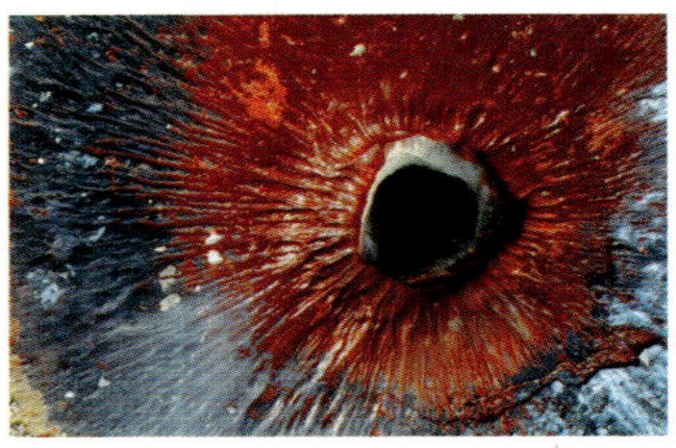

Seite 382/383 – Von Eisenoxiden gefärbt ist auch die Austrittsöffnung dieser heißen Quelle auf Island

Seite 384/385 – Durch die Wolken stößt der Gipfel des über 5000 Meter hohen Sangay in Ecuador. Er zählt zu den aktivsten Vulkanen der Erde – seit 1934 gab es keine längere Ruhepause mehr. Unter den Wolken verborgen liegen rund um den Vulkan Ascheplateaus, in die ablaufendes Wasser bis über 600 Meter tiefe Canyons eingeschnitten hat

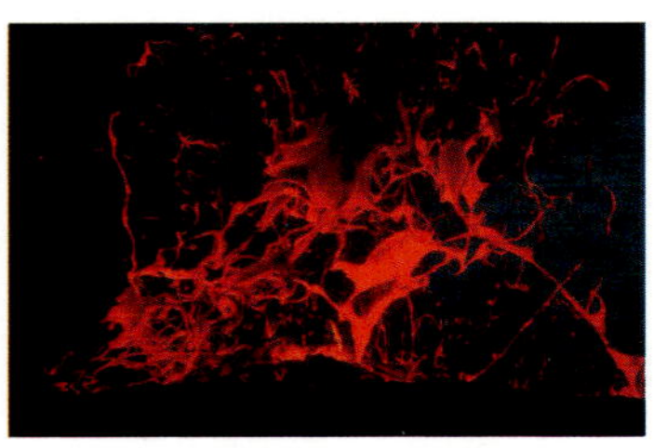

Seite 386/387 – Der Tanz der aufspritzenden Glut, hier am Kilauea auf der Insel Hawaii, bezaubert immer aufs Neue

Seite 388/389 – Eine Attraktion im Geothermalgebiet Hveravellir auf Island ist Blahver, eine kochend heiße Quelle, deren Wasser tiefblau leuchtet. Die intensive Farbe entsteht durch Streuung des Lichts an winzigen im Wasser fein verteilten Kieselsäure-Partikeln. Andere Farben heißer Quellen kommen durch weitere Minerale sowie – bei niedrigeren Temparaturen – durch Algen und Bakterien zustande

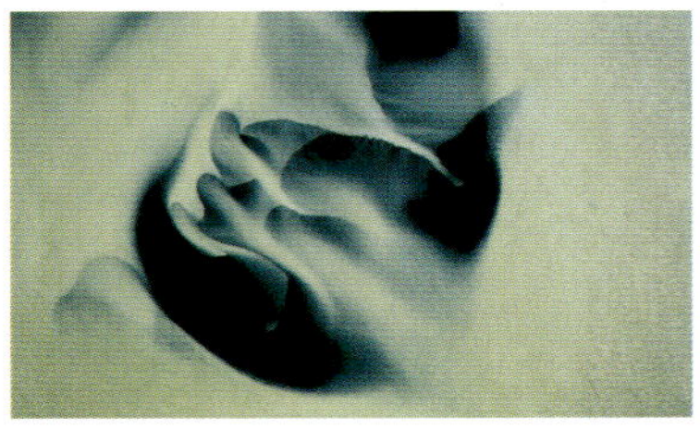

Seite 390/391 – Abstrakte Kunst in der Natur: Strömungsmuster eines Flusses auf der Vulkan-Insel Island

Seite 392/393 – Am Hang des Ätna bilden Ascheablagerungen und Schneereste im Wechsel ein überraschendes Muster

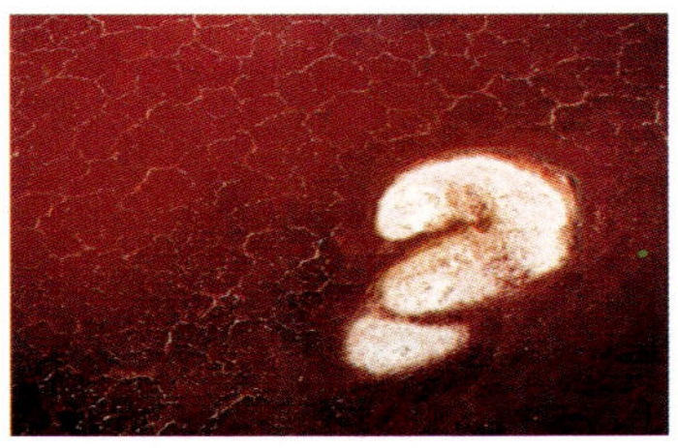

Seite 394/395 – Das auffällige Fragezeichen auf der Luftaufnahme vom Natronsee in Tansania wird durch Ausblühungen von Soda in der von Algen und Purpurbakterien rot gefärbten Lauge gebildet. Solche Flecken kennzeichnen Stellen, an denen sodahaltiges Wasser aus dem Untergrund dringt

Seite 396/397 – Um bei der Prozession zum Vulkan Bromo in Ostjava dabei zu sein, nehmen manche Teilnehmer mehrtägige Fußmärsche in Kauf. Sie müssen die weite Caldera durchqueren, bevor sie auf dem Pilgerzug zum Kraterrand die Opfergaben ihrer Bestimmung übergeben können – dem Gott Gusti

Seite 398/399 – Bei der Inspektion dieses Kegels im Krater des Ol Doinyo Lengai in Tansania wurden zwei Mini-Lavaseen entdeckt, die in tiefen Schächten brodelten

Seite 400/401 – Schwefel kondensiert aus heißen Dämpfen am Vulkan Fossa auf der liparischen Insel Vulcano

Seite 402/403 – Ein breites Spektrum von Farben bietet Grand Prismatic Spring im Yellowstone National Park, mit 112 Meter Durchmesser eines der größten Heißwasserbecken der Erde. Seine Farben außerhalb des tiefen Blaus werden von Algen bestimmt, die unterschiedliche Temperaturen lieben

Seite 404/405 – Durch den Vulkanismus auf Island gedeihen grüne Algen in diesem Fluss bei Landmannalaugar ungewöhnlich gut im rauen Klima. Dank heißer Quellen ist das Wasser warm, und für optimales Wachstum benötigte Mineralstoffe werden aus zersetztem Gestein reichlich angeliefert

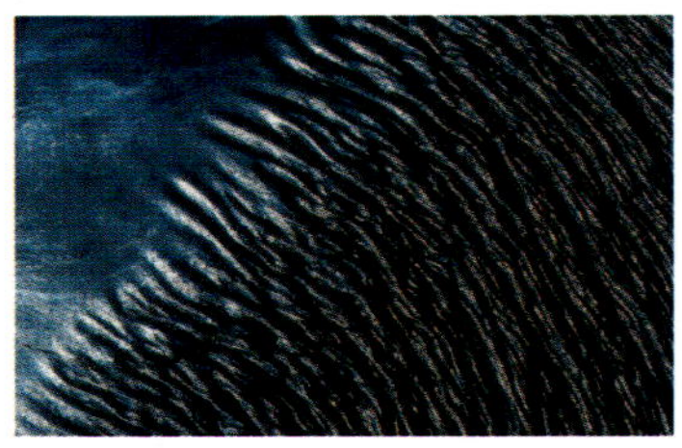

Seite 406/407 – In Anmut erstarrt: Auf dünnflüssigen Lavaströmen wie auf Hawaii bildet sich häufig Stricklava

Seite 408 – Wie Hohn wirkt das Stoppschild, das auf Hawaii von einem Lavastrom des Kilauea überrannt wurde. Die Energien, die aus dem Innern der Erde bei Eruptionen freigesetzt werden, sind nicht zu zähmen. Wohl aber gelingt es immer häufiger, ihnen aus dem Weg zu gehen

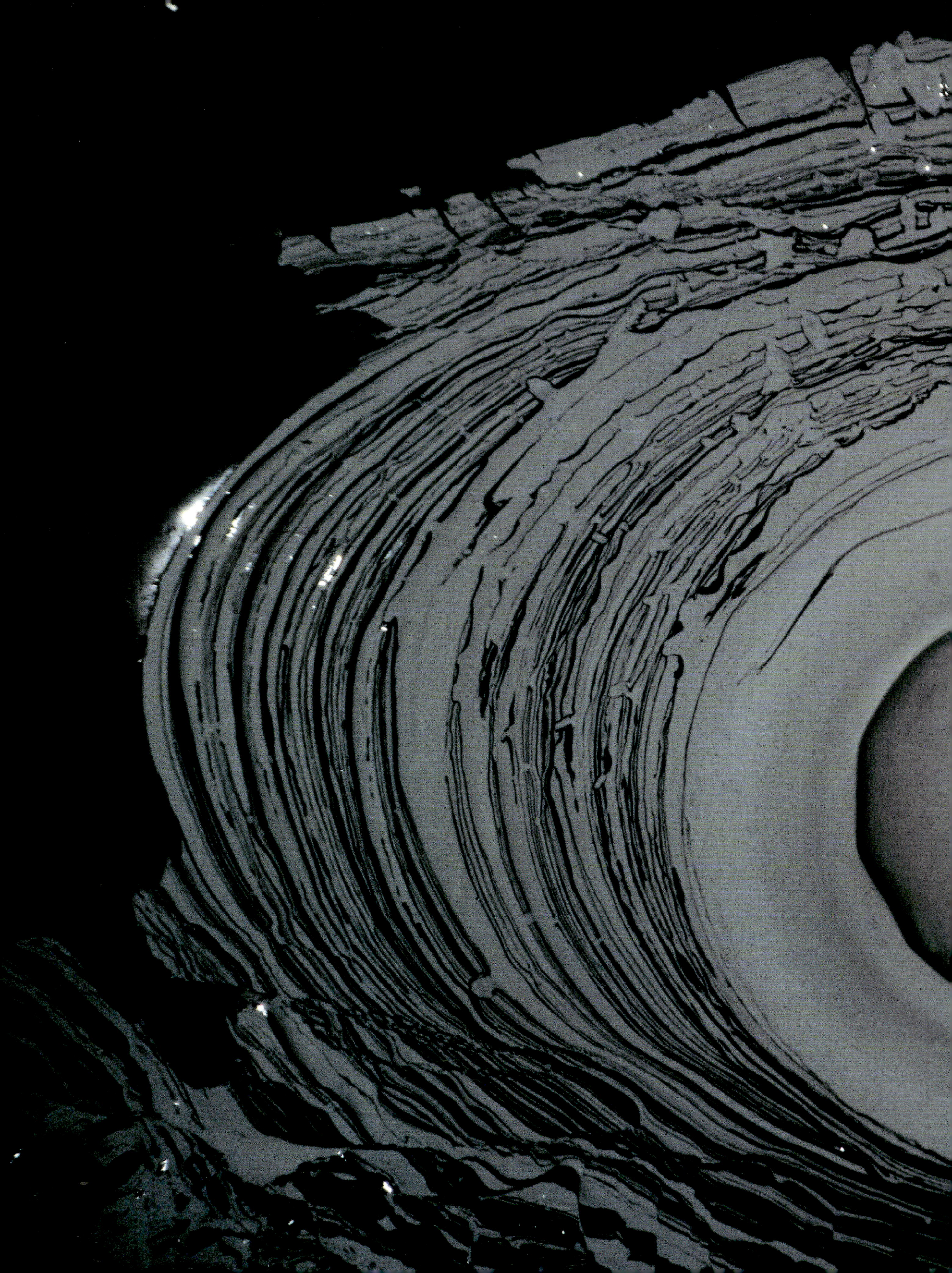

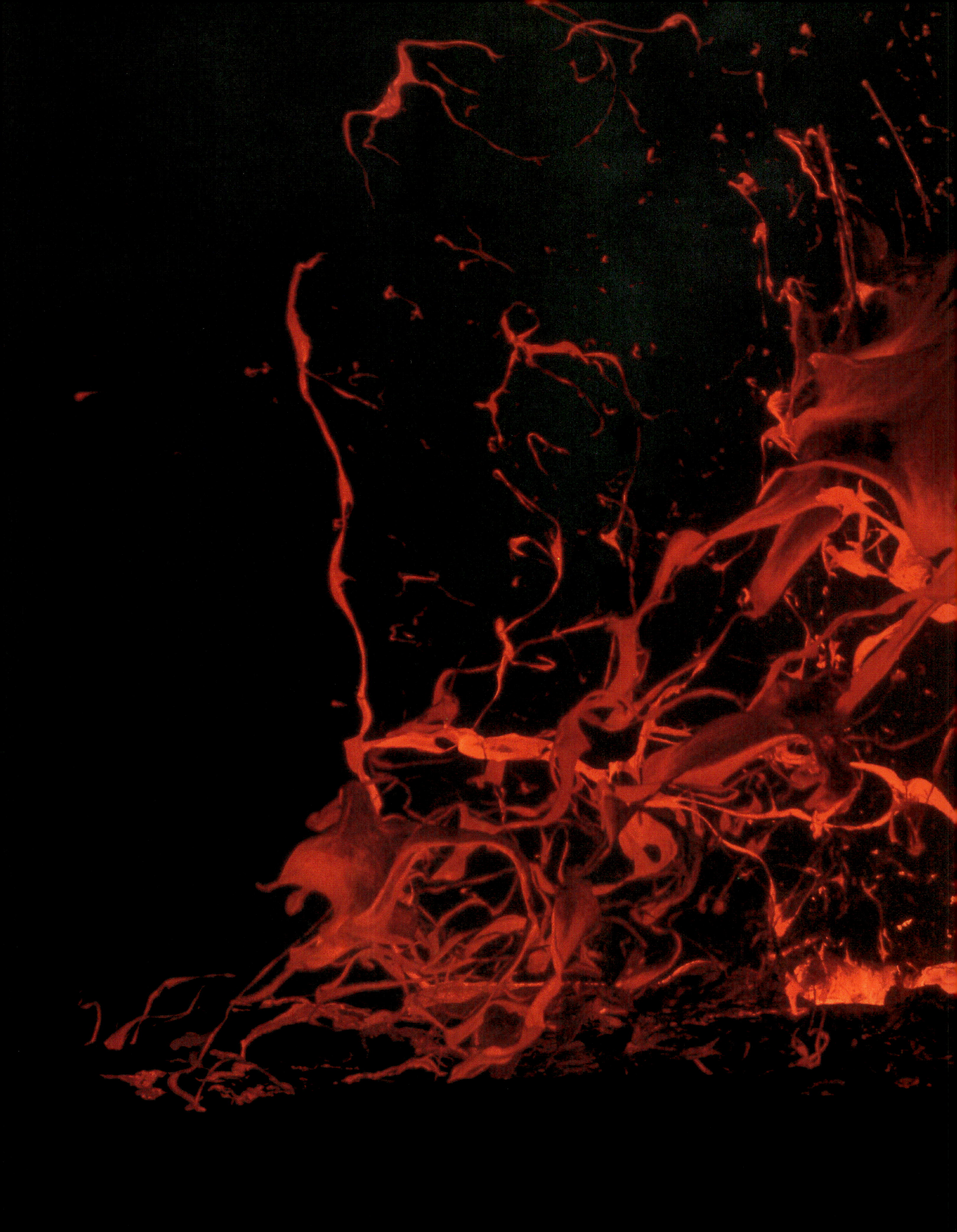

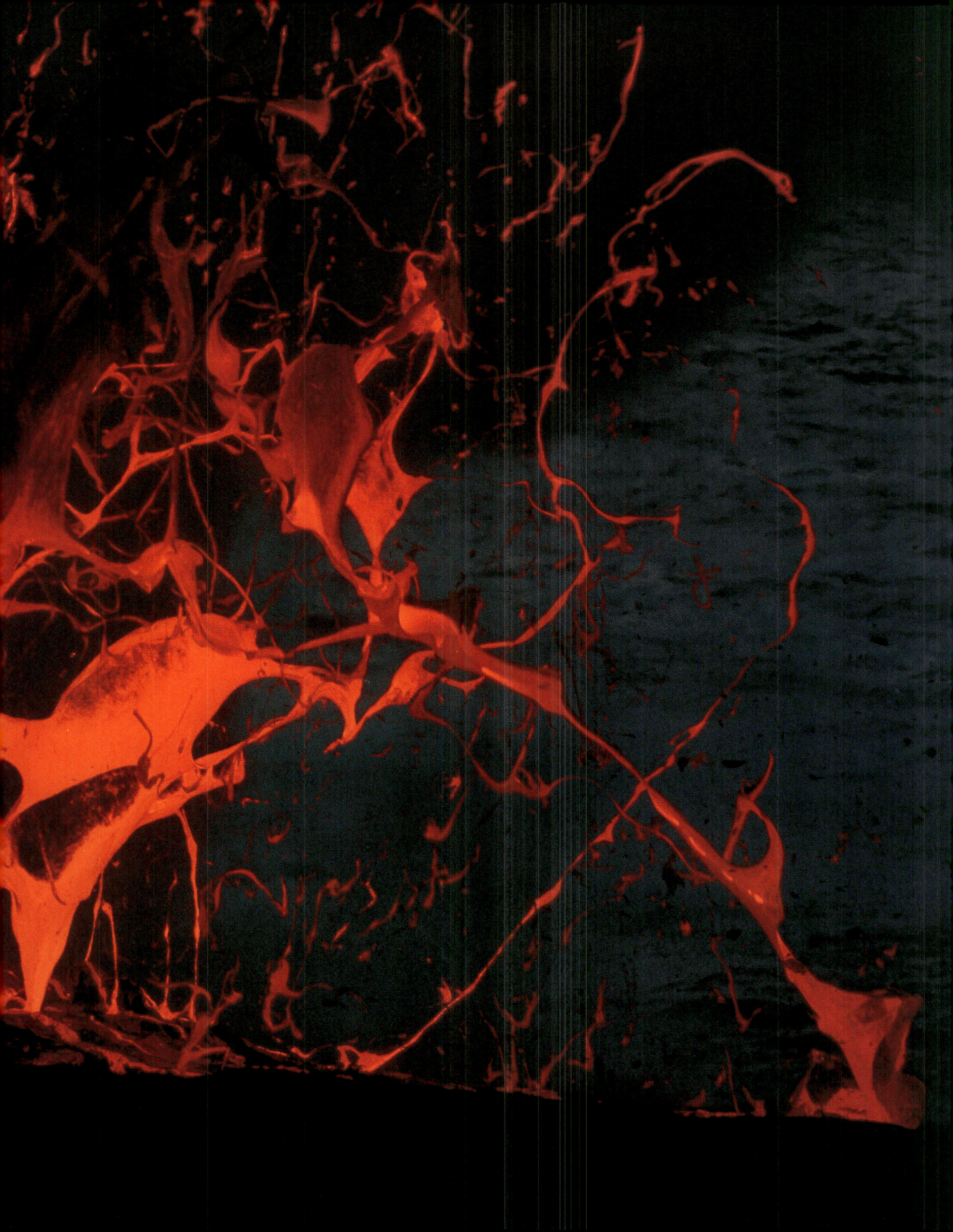

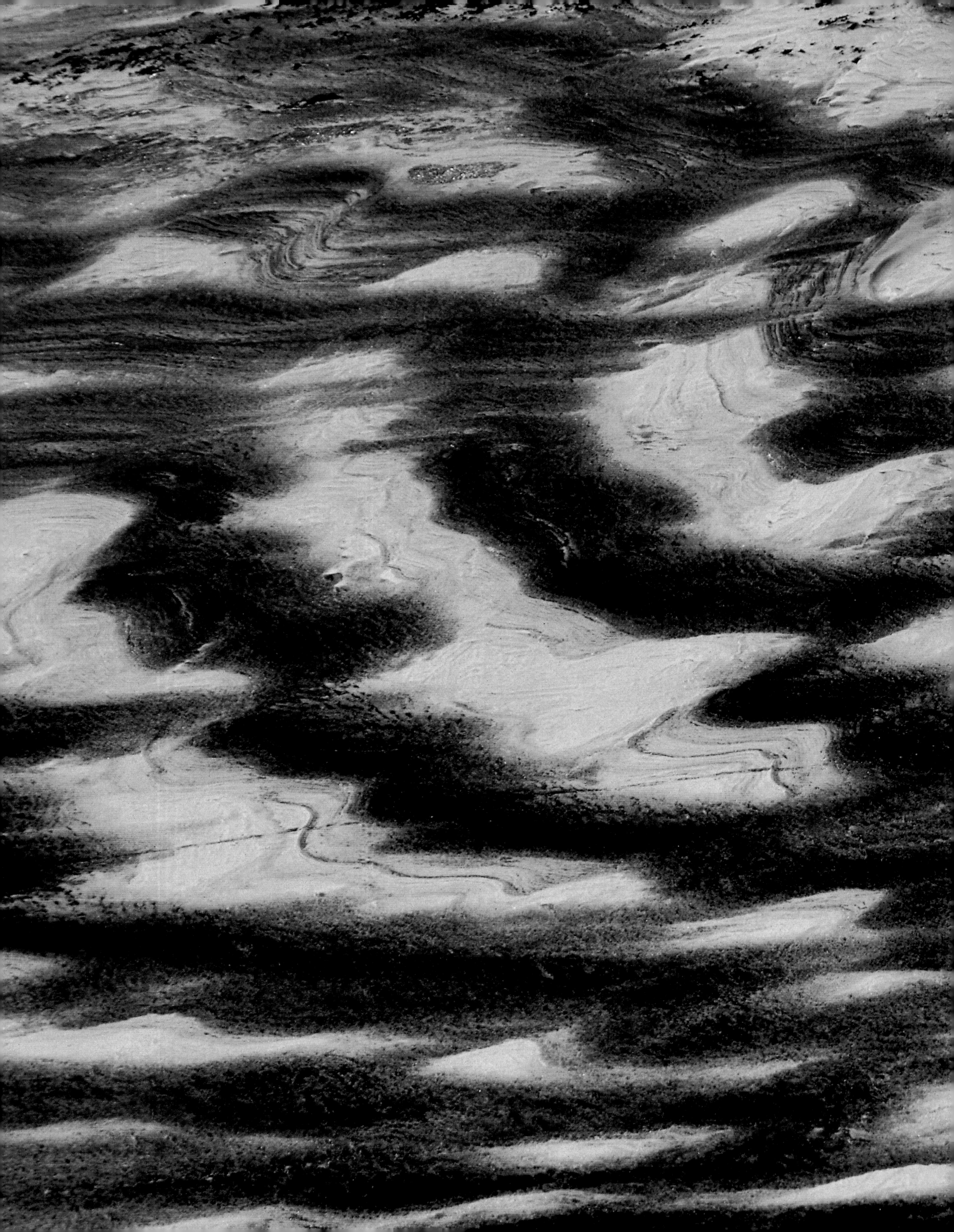

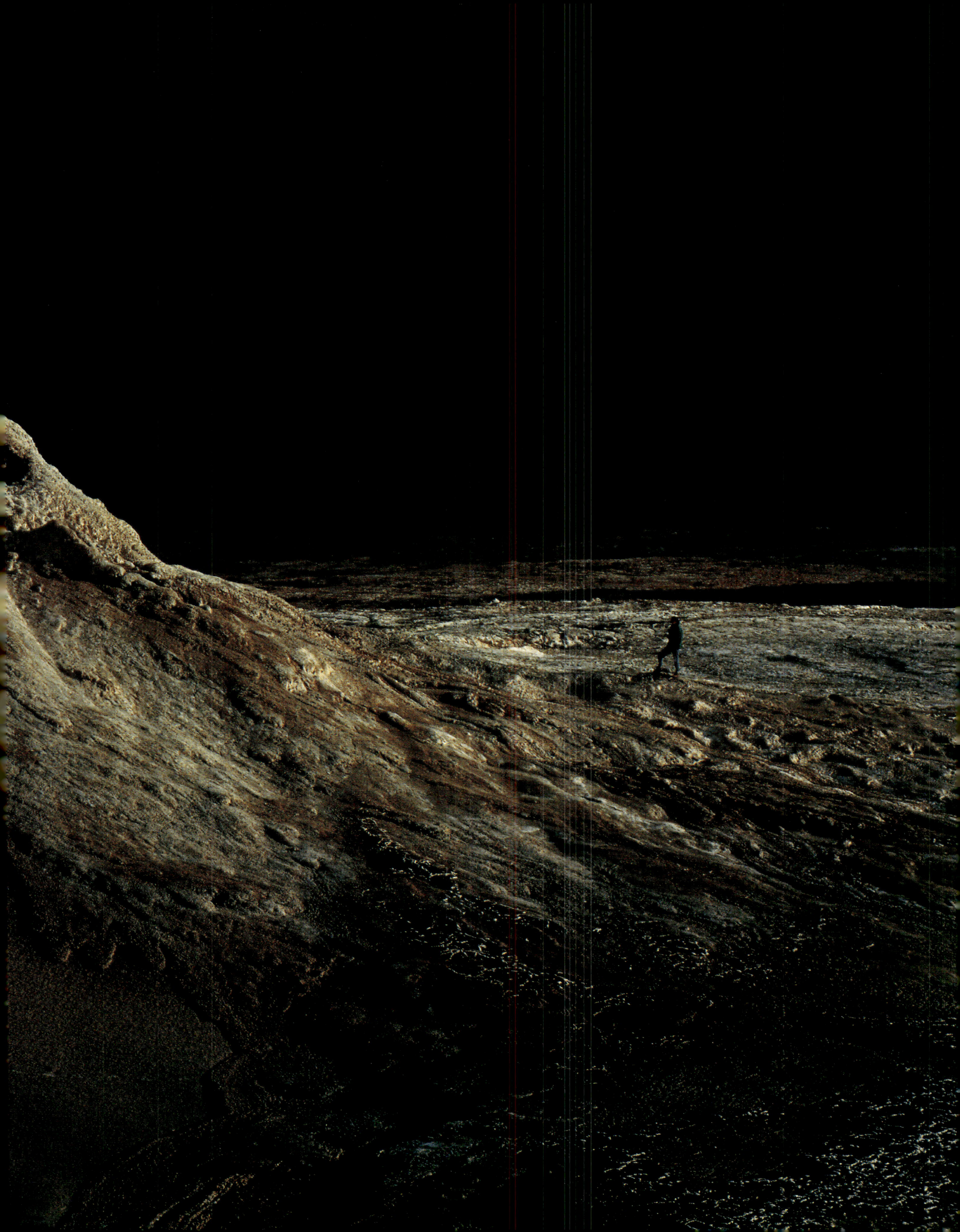

STOP

Glossar

Asche, vulkanische
Feinkörniger vulkanischer Auswurf, dessen mittlere Korngröße weniger als zwei Millimeter beträgt.

Basalt
Dunkles Gestein, das von Vulkanen mit Abstand am häufigsten gefördert wird. Beim Abkühlen von Strömen aus basaltischer Lava entstehen häufig Klüfte, die eine sehr regelmäßige Aufspaltung in sechsseitige, seltener fünfseitige Säulen hervorrufen.

Bims/Bimsstein
Meist helles, sehr blasiges vulkanisches Glas. Die aus kieselsäure- und gasreicher Lava schaumartig erstarrten Brocken sind so leicht, dass sie auf dem Wasser schwimmen.

Bombe, vulkanische
Bei einer Eruption ausgeworfener Lavafetzen, der beim Flug durch die Luft noch heiß war und oft kugel-, spindel- oder birnenartig verformt wurde. Die Größe der Bomben reicht von wenigen Zentimetern bis zu mehreren Metern.

Caldera
Durch den Einsturz einer entleerten Magmakammer entstandener Kessel von wenigen bis zu Dutzenden von Kilometern Durchmesser.

Dom
In der Vulkanologie ein mehr oder weniger halbkugelförmiges Gebilde aus Lava, die zu zäh ist, um davonzufließen. Wenn ein Vulkan in einer gewaltigen Explosion seinen Gipfel verloren hat, beginnt die Erneuerung mit einem Dom. Ein Dom kann jedoch auch seitlich an einem intakten Gipfel wachsen – eine gefährliche Situation, weil die Massen instabil sind und schließlich abstürzen.

Druckwelle, heiße
Mehrere 100 Grad heiße Wolke aus vulkanischen Gasen, Asche und wenigen kleinen Gesteinsfragmenten, die sich bei einer starken Explosion mit mehrfacher Orkanstärke seitwärts ausbreitet.

Erdkruste
Äußerste Schale der Erde. Ihre Stärke beträgt unter den Kontinenten 30 bis 50 Kilometer (unter Hochgebirgen bis 70 Kilometer), unter der Tiefsee nur 5 bis 10 Kilometer.

Erdmantel
Von der Erdkruste bis zum Erdkern in 2900 Kilometer Tiefe reichende Schale aus Gestein, das schwerer ist als das der Kruste. Ursprungsort des Magmas, das in Vulkanen an der Erdoberfläche austritt.

Eruption
Vulkanausbruch. Der Begriff wird sowohl für einen einzelnen Akt innerhalb einer länger anhaltenden Aktivität als auch für einen ganzen Ausbruchszyklus gebraucht.

Fumarole
Stelle, an der Wasserdampf und andere heiße Gase mit Temperaturen von oft mehreren 100 Grad austreten.

Gase, vulkanische
In Vulkangebieten vor, während oder nach Eruptionen freigesetzte Gase. Hauptbestandteil ist Wasserdampf, gefolgt von Kohlendioxid, Schwefeldioxid und Spuren anderer Stoffe wie Stickstoff, Wasserstoff, Kohlenmonoxid, Chlor, Fluor. Man geht heute davon aus, dass das gesamte Wasser auf der Erde und die Atmosphäre ihren Ursprung in vulkanischen Gasen haben.

Geysir
Springquelle, die in mehr oder weniger regelmäßigen Zeitabständen heißes Wasser auswirft.

Glutlawine
Mischung aus vulkanischen Gasen, Asche und Bruchstücken vulkanischen Gesteins, die den Vulkan hinabrast.

Glutwolke
Heiße Gase, die aus einer Glutlawine aufsteigen und dabei feine Ascheteilchen mit sich reißen. Während die Zerstörungen durch Glutlawinen meist auf die Täler beschränkt bleiben, können sich Glutwolken mit hoher Geschwindigkeit über die Talränder hinaus ausbreiten und auch noch in viel größerer Entfernung vom Vulkan Leben gefährden.

Heiße Quelle
Quelle, deren Wasser durch heißes Gestein erhitzt ist. Wie bei anderen Quellen handelt es sich um Grundwasser, dessen Vorräte durch Niederschläge immer wieder ergänzt werden.

Inselbogen, vulkanischer
Kette von Vulkan-Inseln entlang einer Plattengrenze, an der eine Platte unter eine andere gleitet.

Hot spot
Örtliche Aufschmelzungszone im Erdmantel, die an der Oberfläche über viele Jahrmillionen zu starkem Vulkanismus führt.

Karbonatit
Sehr seltene Art von Lava, die aufgrund ihres hohen Gehalts an Karbonaten nur halb so heiß ist wie andere Lava. In der Gegenwart wird Karbonatit nur vom Ol Doinyo Lengai in Tansania gefördert.

Lahar
Bei oder nach Vulkanausbrüchen entstehender Schlammstrom. Wasser von geschmolzenem Schnee oder Eis, von tropischen Regengüssen oder einem auslaufenden See am Gipfel des Vulkans transportiert Asche und Gesteinstrümmer bis hin zu riesigen Blöcken schnell hangabwärts. Durch Lahars werden noch Ortschaften gefährdet, die viele Kilometer weit vom Vulkan entfernt liegen.

Lapilli
Vulkanischer Auswurf mit einem Durchmesser von wenigen Millimetern bis zu wenigen Zentimetern.

Lava
Gesteinsschmelze, die bei einer Eruption an die Erdoberfläche gelangt.

Lavastrom
Weitgehend ohne explosive Tätigkeit an der Erdoberfläche ausfließende Lava. Als Lavastrom wird auch ein Gesteinskörper bezeichnet, der aus ausgeflossener Lava entstanden ist.

Lavatunnel
Röhrenförmiger Hohlraum in erstarrten Lavaströmen. Oft kilometerlange Tunnel entstehen gegen Ende einer Eruption dadurch, dass glühende Schmelze unter oberflächlich bereits verfestigter Lava abfließt und weiterer Nachschub ausbleibt.

Lithosphäre
Die äußere Schale der Erde, bestehend aus der Kruste und dem obersten Teil des Erdmantels. Die Lithosphäre ist keine geschlossene Hülle, sondern wie ein Mosaik aus Platten zusammengesetzt, die sich gegeneinander bewegen.

Magma
Geschmolzenes Gestein. Wenn Magma an der Erdoberfläche ausfließt, wird es als Lava bezeichnet.

Magmakammer
Mit Magma gefüllter Hohlraum in der Lithosphäre. Das Magma kann in der Kammer erstarren oder in noch flüssigem Zustand von Vulkanen ins Freie befördert werden.

Ozeanische Kruste
Erdkruste unter der Tiefsee. Sie besteht aus Basalt, der bei untermeerischen Eruptionen in den Mittelozeanischen Rücken gebildet wird. Der am Meeresboden geförderte Basalt macht rund zwei Drittel aller Lava auf der Erde aus.

Plattentektonik
Umfassendes Konzept in den Geowissenschaften, mit dem es erstmals gelang, die Dynamik der Erde zu verstehen und grundlegende Erscheinungen wie Erdbeben und Vulkanausbrüche, die Bildung von Gebirgen und Tiefseegräben befriedigend zu erklären. Grundlage ist die gut gesicherte Vorstellung, dass die äußere Hülle der Erde aus etwa 100 Kilometer dicken Platten besteht, die sich mit Geschwindigkeiten von wenigen Zentimetern pro Jahr verschieben, in den Mittelozeanischen Rücken wachsen und in den Tiefseegräben ins Erdinnere abtauchen.

Schlackenkegel
Rund um den Förderschlot eines Vulkans angehäufter Hügel aus Schlacke und Asche.

Subduktion
Das Abtauchen einer Lithosphärenplatte unter eine andere.

Tephra (Pyroklastika)
Alles von Vulkanen ausgeschleuderte und aus der Luft herabgefallene Material, unabhängig von der Größe der Stücke und ihrer Zusammensetzung.

Vulkan, aktiver
Ein Vulkan, der gerade ausbricht. Aber auch: ein Vulkan, der in historischer Zeit ausgebrochen ist und bei dem Experten mit weiteren Eruptionen in der Zukunft rechnen, auch wenn er zurzeit „schläft“.

AUTOREN

Markus Asam, 38, lebt als freier Reporter in Hamburg. Neben Veröffentlichungen in der *Zeit*, der *Frankfurter Allgemeinen Zeitung* und dem *stern* hat er mehrere Reportagen für GEO geschrieben. Als größte journalistische Herausforderung empfindet er, den Alltag der kleinen Leute angemessen zu schildern.

Carmen Butta, 39, ist regelmäßige GEO-Autorin. Statt mit Vulkanen beschäftigt sich die in Hamburg ansässige Italienerin sonst mit einer anderen Variante eruptiver Gewalt: Hauptthema der Egon-Erwin-Kisch-Preisträgerin und Filmemacherin ist die Mafia. Davon handelt auch ihr Buch *Jetzt gehörst du nicht mehr dieser Welt.*

Jacques Durieux, 52, hat die meisten Texte in diesem Buch verfasst. Seit er in seiner Jugend den aktiven Stromboli in Italien sah, ist er den rauchenden Riesen verfallen. Gemeinsam mit dem französischen Fotografen Philippe Bourseiller hat der Vulkanologe viele Feuerspeier der Erde besucht und immer wieder über sie geschrieben.

Peter-Matthias Gaede, 50, ist GEO-Chefredakteur. In seinen Reporterjahren bei GEO war einer seiner Schwerpunkte Lateinamerika. Von dort berichtete er über das Ende der Diktatur in Paraguay, die Kupferarbeiter von Chile, die Macht des Militärs in Argentinien und die Straßenkinder in Brasilien. 1981 erhielt er einen Theodor-Wolff-Preis, 1985 den Egon-Erwin-Kisch-Preis, 1988 den Journalistenpreis Entwicklungspolitik.

Uwe George, 61, kam bereits 1976 zu GEO und ist zuständig für Sonderthemen und Expeditionen. In der Tradition klassischer Forschungsreisender begibt sich der vielfach ausgezeichnete Journalist immer wieder auf die Spur spektakulärer Naturphänomene zwischen der Wüste Gobi und dem Galápagos-Archipel. Aus mehreren seiner Expeditionen entstanden Bücher in der GEO-Bibliothek, darunter auch *Geburt eines Ozeans.*

Erwin Lausch, 72, war zunächst Wissenschaftsredakteur beim *Spiegel* und *stern* und dann 15 Jahre lang Mitglied der GEO-Redaktion. Seit 1994 arbeitet der promovierte Botaniker freiberuflich und ist ein gefragter Spezialist auf dem Gebiet der Geowissenschaften. Für die GEO-Bibliothek schrieb er das Buch *Planet der Meere.*

Günther Mack, 65, begann seine Laufbahn beim *Deutschen Allgemeinen Sonntagsblatt*, ging dann als Textchef zum *Zeit-Magazin*, entwickelte ab 1988 GEO-Saison und arbeitete von 1992 bis Anfang 2001 als Redakteur bei GEO. Der vielseitige Schreiber ist der Redaktion auch weiterhin verbunden: als ausgewiesener Experte für entwicklungspolitische Themen, mit ebenso tiefen Kenntnissen in Geistes- und Naturwissenschaften.

Lars Nielsen, 36, war Redakteur für das *Manager Magazin*, die *Brigitte* und die *Financial Times Deutschland*. Zwischendurch reiste der Absolvent der Hamburger Journalistenschule durch die Welt und schrieb Reportagen. Heute ist er Chefredakteur von *Living at Home.*

Christoph Reuter, 33, wollte als Kind eigentlich Naturforscher werden, studierte dann aber Arabistik in Damaskus. Heute schreibt der Nahost-Spezialist neben *Zeit* und *stern* vor allem für GEO: Reportagen über Mekka-Pilger, Selbstmordattentäter, Haschischbauern und Wüstenphilosophen. Und manchmal auch über Vulkane, denn Ausflüge in den Wissenschaftsjournalismus reizen ihn ebenfalls.

Kathy Sawyer, 58, ist seit mehr als 25 Jahren bei der *Washington Post.* Die zweimal für den Pulitzer-Preis nominierte Reporterin wurde 1992 als erste Frau „National Space Writer of the Year". Für ihre Reise an den Meeresgrund musste die Raumfahrt-Expertin zunächst ein spezielles Ritual über sich ergehen lassen: Um sie in den Zirkel der „Alvin"-Fahrer aufzunehmen, überschüttete die Tauchboot-Crew sie mit Wasser und versteckte für mehrere Tage ihre Schuhe.

Wolf Schneider, 76, war Washington-Korrespondent der *Süddeutschen Zeitung*, erst Chef vom Dienst, dann Verlagsleiter des *stern*, Chefredakteur der *Welt* und langjähriger Leiter der Hamburger Journalistenschule. Inzwischen lebt der Autor von Reportagen, Essays, Polemiken und mehr als zwanzig Sachbüchern auf Mallorca und widmet sich mit Vorliebe historischen Themen.

Stefan Schomann, 39, haben in seinen meisten Reportagen vor allem die Menschen gefesselt. Für die Erkundung des ostafrikanischen Afar-Dreiecks lernte er, Steine zu „interviewen". Wenn der freie Autor nicht gerade für GEO, *stern*, *Zeit* oder *Brigitte* auf Reisen ist, lebt er in Berlin.

Quellenverzeichnis

Die Beiträge dieses Bandes sind in folgenden Heften von GEO erschienen:

„Erbe aus der Asche“ von Wolf Schneider in GEO EPOCHE Nr. 5, Seite 112
„Das große Feuerwerk“ von Erwin Lausch in GEO Nr. 4/2000, Seite 20
„Götter-Speisung“ von Jacques Durieux (Originalbeitrag)
„Gelbes Gold am Höllentor“ von Jacques Durieux in GEO Nr. 12/1992, Seite 64
„Der fruchtbar Furchtbare“ von Markus Asam in GEO Nr. 7/1992, Seite 132
„Heißkalte Mischung“ von Erwin Lausch in GEO Nr. 3/1997, Seite 18
„Baustelle Erde“ von Stefan Schomann in GEO Nr. 5/2001, Seite 20
„Die Weltmaschine“ von Uwe George in GEO Nr. 12/1995, Seite 84
„Abschied von Montserrat“ von Lars Nielsen in GEO SAISON Nr. 11/1997, Seite 124
„Nach dem großen Knall“ von Erwin Lausch in GEO Nr. 5/1990, Seite 100
„Einer, der kalt spuckt“ von Jacques Durieux in GEO Nr. 3/1994, Seite 132
„Blindflug“ von Jacques Durieux (Originalbeitrag)
„Katastrophen-Management“ von Jacques Durieux (Originalbeitrag)
„Eruption am Computer“ von Carmen Butta in GEO Nr. 9/1995, Seite 16
„Die längste Nacht“ von Wolf Schneider in GEO Nr. 7/1995, Seite 139
„Abstieg in das Inferno“ von Jacques Durieux /Christoph Reuter in GEO Nr. 8/1998, Seite 56
„Der Löwe erwacht“ von Peter-Mathias Gaede in GEO Nr. 3/1987, Seite 136
„Himmelwärts“ von Günther Mack in GEO SPECIAL Nr. 5/1998, Seite 120
„Lebenslauf eines Vulkans“ von Uwe George in GEO SPECIAL Nr. 6/1996, Seite 6
„Schwarze Raucher“ von Kathy Saywer in GEO WISSEN Nr. 24, Seite 54

Foto- und Bildnachweise

Alle **Fotos** sind von Philippe Bourseiller außer:

Yann Arthus-Bertrand/Altitude: Seite 170, 171;
Mary Evans Picture Library: Seite 292;
Maurice Krafft/Hoa-Qui: Seite 209, 211;
Barry Lewis/Agentur Focus: Seite 206, 207;
Aus: „Krakatau 1883“ von Tom Simkin und Richard S. Fiske,
Smithsonian Institution, 1983: Seite 290, 291
Urheberrechtlich geschützt:
Seite 41, 45, 46, 122, 123, 124, 125, 127

Zeichnungen von Alain & Izumi Cazalis: Seite 370–373

UNSER DANK

gilt an erster Stelle Jean-Louis Cheminée und der Gesellschaft „Images & Volcans".

Viele Bilder in diesem Buch sind für Zeitschriften entstanden, und wir möchten uns ganz besonders bei Peter-Matthias Gaede und Ruth Eichhorn von GEO bedanken sowie bei Christiane Breustedt von GEO SAISON. Außerdem danken wir Jean-Luc Marty und Sylvie Rebbot von GEO-Frankreich, Mercedes Velasquez von GEO-Spanien, Pascal Bessaoud und Yann Méot vom Figaro Magazine, Didier Rapaud und Guillaume Clavières von Paris Match, Frédérique Danglejean von VSD und Lello Piazza von Airone.

Dank an Heidi Johansson, Margot Klingsporn, Véronique Linares, Masako Sakata und Franca Speranza.

Danke den Vulkan-Beobachtungsstellen in Alaska, Ecuador, Hokkaidaido/Japan, Indonesien, Island, Kamtschatka/Russland, Neapel, auf den Philippinen, Hawaii und Réunion sowie den Vulkanologen und Wissenschaftlern Hervé Bertrand, Douglas Charley, Lucia Civetta, Minard Hall, Terry Keith, Michel Lardy, Andy Lockhart, Jack Lockwood, Isabelle Manighetti, Dan Miller, Patricia Mothes, Chris Newhall, Hiromu Okada, Clive Oppenheimer, Giovanni Orsi, Gudmundur E. Sigvaldason, Thomas Staudacher, Don Swanson, Nicolas Villeneuve und Hugo Yepes.

Und allen, die aus der Nähe oder aus der Ferne an den Expeditionen oder deren Organisation beteiligt waren: Claude Arié, Anne Arthus-Bertrand, Jean-Philippe Astruc, Jacques Barthelemy, Jòn Bjorgvinsson, Philippe Bohn, Monique Brandily, François Carthault, Franck Charel, Eric Christin, Pierre Cristiani, Arnaud de Wildemberg, Agnès Durieux, Dany Cleyet Marel, Hélène de Bonis, Franck Desplanques, Jennifer Fank, Alain Gérente, Sri Sultan Hamengkubuwono X., Nyoman Jiwa Hartana, Nathalie Hoizey, Françoise Jacquot, Bertrand und Elizabeth Krafft, Abdoulkader Mohamed Kémé, Janot und Jeanine Lamberton, Isabelle Lechenet, Françoise Le Roch, Thierry Machado, Pierre Alain Morand, Emmanuel Moreau, Isy Morgenstein, Alain Mussard, Frédéric Neema, Antonio Nicoloso, Philippe Patay, Jacques Picard, Stéphane Peyron, Philippe Poissonnier, Gloria Raad, Diane Sacco, Vincent Steiger, Rémy Tézier und Jean-Pierre von Der Becke.

Danke den Piloten, die uns die Luftaufnahmen ermöglicht haben: Jòn Björnsson, Yves Carmagnolles, Jean-Marie Lavaivre von Hélilagon, David Okita von Volcano Heli Tours, Nick Setton von East African Charter, Dan Spencer von Helimission. Dank an Icelandair, Pêcheurs d'images, F. L. P. Tokyo, Hoa Qui, North Face und Comptoir des déserts.

Dank jenen, die den Fotografen Philippe Bourseiller begleitet haben: Bruno Baudry von Fuji Film. Fast alle Fotos wurden auf Fuji Velvia – 50 ASA realisiert, einige auf dem Panoramafilm Fuji GX 617. Gero von Furchheim, Gaëlle Guoinguené und Dr. von Zydowitz von Leica. Philippe Bourseiller hat meistens mit Leica M6, Leica R6 2, Leica R8 und deren Objektiven von 19 mm bis 280 mm gearbeitet, die sich unter extremsten Wetterbedingungen und Temperaturen bewährt haben. Denis Cuisy, Leiter des Labors „Photo Rush Labo".

Ganz besonders möchten wir Hervé de La Martinière danken, der niemals an diesem Projekt gezweifelt hat, sowie seiner gesamten Mannschaft, die mit Leidenschaft an diesem Buch gearbeitet hat: Céline Moulard, Marianne Lassandro, Marie-Hélène Lafin, Barbara Lux, Nathalie Azoulai, Philippe Fouchard, Sophie Giraud, Valérie Roland und ganz besonders dem Art Director Benoît Nacci, dessen Freundlichkeit und Sensibilität diesem Werk eine Seele gegeben haben.

Ebenfalls danken wir Richard Lippmann und seinem Team von Quadrilaser, Kapp-Lahure-Jombart für den Druck und Sirc für das Binden.

Schließlich möchte Philippe Bourseiller seinem Freund Yann Arthus-Bertrand große Dankbarkeit aussprechen für dessen Unterstützung, Treue und Leidenschaft, die er mit großem Einsatz und unvergleichlicher Großzügigkeit geteilt hat; ebenso Pascal Bessaoud, der ihm die erste Reise mit Jacques Durieux ermöglicht hat.

Sollten wir jemanden nicht erwähnt haben, der uns bei unseren Expeditionen geholfen hat, entschuldigen und bedanken wir uns auf diesem Wege.

Aus einem Lavastrom am Kilauea auf Hawaii schießt eine kleine Flamme, in der Methan verbrennt

Die Wandmalerei in einer Straße der Stadt Baños in Ecuador zeigt den Vulkan Cotopaxi

Herausgeber: Peter-Matthias Gaede
Redaktion: Martin Meister, Ines Possemeyer
Lektorat: Torsten Engelhardt / Das Amt
Koordination: Ursula Arens
Grafik: Melanie Wolter
Titelgestaltung: Erwin Ehret
Schlussredaktion: Karola Schulte, Astrid Froese